böhlau

Roland Girtler

Allerhand Leute

Rinderzüchterin, Prinz,
Bordellbesitzer, Philharmoniker,
Landarzt, Wirtshausmusiker,
Fährmann

2016

BÖHLAU VERLAG WIEN KÖLN WEIMAR

Bibliografische Information der Deutschen Nationalbibliothek:
Die Deutsche Nationalbibliothek verzeichnet diese Publikation in der
Deutschen Nationalbibliografie; detaillierte bibliografische Daten sind
im Internet über http://portal.dnb.de abrufbar.

Umschlagabbildungen:
Burg: S.Leggio / Shutterstock; Arzttasche: pterwort / Shutterstock; Frau: Ola-ola /
Shutterstock; Ziehharmonika: nadiia / Shutterstock; Schiffsruder: Mr Doomits /
Shutterstock; Cello: Valeriy Lebedev / Shutterstock; Hochlandrind: jomason /
Fotolia

© 2016 by Böhlau Verlag GesmbH & Co.KG, Wien Köln Weimar
Wiesingerstraße 1, A-1010 Wien, www.boehlau-verlag.com

Lektorat und Korrektorat: Georg Hauptfeld und Christa Hanten,
Mediendesign, Wien
Umschlaggestaltung: Susanne Keuschnig, Büro für Gestaltung, Wien
Satz und Layout: Bettina Waringer, Wien
Druck und Bindung: Finidr, Cesky Tesin
Gedruckt auf chlor- und säurefreiem Papier
Printed in the EU

ISBN 978-3-205-20420-6

Inhalt

Albin Wiesenhofer von der Fuchsbartl-Banda – Musikant, Sammler und Forscher 151

Inhalt

Vorwort

Sieben außergewöhnliche Personen sind es, die ich in diesem Buch zu Wort kommen lasse. Zu ihnen gehören eine Schneiderin und Rinderzüchterin, die der hohen Politik den Spiegel vorhielt, ein Prinz, der Vaqueiro (Cowboy) und Tischlergeselle ist, ein ehemaliger Bordellbesitzer, der sich in der Wiener Unterwelt auskannte und ein weites Herz hat, ein Landarzt, der seinen Patienten ein guter Freund war, ein Philharmoniker, der weiß, dass zum Talent der Fleiß gehört, ein Wirtshausmusiker, der Briefträger war und Volksmusikforscher wurde, und schließlich ein Fährmann an der Donau, der seinen Gästen Teile aus dem Nibelungenlied aufzusagen weiß und mit einer Zille auf der Donau bis zum Schwarzen Meer ruderte. Diese sieben Personen erzählten mir Geschichten, die von Mut, Humor, Freiheitsliebe, Großzügigkeit, Fleiß, Menschenliebe und der Lust am Abenteuer künden. Ich danke ihnen, aber auch all jenen, die diesem Buch in irgendeiner Weise förderlich waren. Dazu gehören meine gütige Frau Gemahlin Birgitt, die das Manuskript aufmerksam las und nicht mit Kritik sparte, die Kellner im Café Landtmann in Wien, die uns mit Kaffee, Kakao und anderem gegen gutes Geld versorgten, die liebenswürdige Frau Dr. Eva Reinhold-Weisz vom Böhlau Verlag, der ich mich für vieles sehr verbunden fühle und der ich alles Schöne für ihre Zukunft wünsche, die Lektoren, die mich mit aller Strenge auf Ungereimtheiten hinwiesen, mein Freund Professor Gottfried Kneifel, der mir für dieses Buch Mut machte, aber auch unsere Dackeline Hera, die den Gesprächen mit diesen Sieben geduldig lauschte.[1]

Roland Girtler

---

[1] Methodisch bediene ich mich der kutursoziologischen bzw. kulturwissenschaftlichen Methode, wie ich sie in meinem Buch „Methoden der Feldforschung", Böhlau 2001, ausgeführt habe. Mir ist es wichtig, vor allem herauszuarbeiten, wie die betreffenden Menschen ihre Welt selbst sehen und nicht wie sie der Autor sieht. Ein besonderes Augenmerk lege ich auf Symbole und Rituale der Menschen, denn ohne diese gebe es keine Kultur.

Die Rinderzüchterin Ottilie Matysek

Vorgeschichte

Bei einer Tagung von Rinderzüchtern, die sich auf Hochlandrinder spezialisiert haben, lernte ich Ottilie Matysek kennen. Ich war vom Vorsitzenden des Züchtervereins, Friedrich Hardegg, zu einem Vortrag über die alte bäuerliche Kultur eingeladen worden. Begleitet wurde ich von meiner Gemahlin und unserer Rauhaardackeldame Hera. Im Publikum befand sich auch Ottilie Matysek, die mir interessiert zuhörte und von unserer Dackeldame begeistert war. Ich kannte sie schon aus Zeitungsberichten, sie hatte bei der Wahl des früheren UNO-Generalsekretärs Kurt Waldheim zum österreichischen Bundespräsidenten als sozialdemokratische Abgeordnete im burgenländischen Landtag eine wesentliche Rolle gespielt. Ihr Werdegang von der Damenkleidermacherin über die Pädagogin zur Schuldirektorin im Burgenland führte sie in den Landtag und weiter in die hohe Politik. Dadurch ergaben sich interessante Kontakte zu den Mächtigen des Landes, wie zum damaligen Landeshauptmann Theodor Kery ebenso wie zu Bundeskanzler Fred Sinowatz und vielen anderen Leuten – guten und hinterhältigen. Darüber und vieles mehr wird im Folgenden erzählt. Mich interessierte diese gescheite, gebildete Dame, die heute Züchterin von Hochlandrindern und mittlerweile auch eine etablierte Malerin ist. Also treffe ich sie am 27. September 2013 im Café Landtmann unweit des Wiener Burgtheaters wieder.

Im Kaffeehaus

Wir sitzen an einem Fenstertisch, und zunächst erzähle ich über die Idee zu diesem Buch, in dem auch ein Liechtenstein, ein Bordellbesitzer und andere interessante Leute vorkommen. Das gefällt Frau Matysek und sie zeigt sich erfreut. Sie ist eine jung gebliebene Dame mit Temperament, das aus ihren dunklen Augen sprüht. Man könnte meinen, sie wäre um 1960 geboren worden. Dies sage ich ihr auch, woraufsie lacht und beginnt, aus ihrem Leben zu erzählen.

Die kluge Schneidermeisterin und die Tourismusfachschule

Ich wurde 1939 geboren, nicht 1960. Es ist eh alles in den Zeitungen gestanden. Ich bin Wienerin, in Hietzing zur Welt gekommen. Mit zwölf Jahren verlor ich meine Mutter, sie starb bei einer Gallenoperation im Krankenhaus Lainz. Ihre Penicillin-Unverträglichkeit hatte man leider nicht erkannt. Sie ging elend zugrunde. Mein Vater, ein geborener Payerbacher, war zunächst Konditor, er hat zwei Weltkriege erlebt. Während des Ersten Weltkrieges war er eingerückt, dann bei den Wiener Verkehrsbetrieben angestellt. Er war 21 Jahre älter als meine Mutter und ein unglaublich wahrheitsliebender, strenger Mann. Nach dem Tod meiner Mutter hat er mich und meine jüngere Schwester allein erzogen, den Haushalt für uns drei musste ich übernehmen. Mein Traum, Pädagogin zu werden, war ausgeträumt. Nun hieß es durch väterliche Gewalt: Heraus aus dem Gymnasium! Er traf seine Entscheidungen über unser Schicksal und duldete keine Widerrede. Ich lernte, zu rebellieren und zu fragen, wie man es anders machen könnte, um Willkür nicht hilflos ausgeliefert zu sein. Also begann ich, das Schneiderhandwerk zu erlernen, doch Schneiderin wollte ich nicht werden. Mein Vater befand: Was nützt ein Studium, wenn man damit kein Brot verdienen kann. Das Madl soll zuerst einmal einen praktischen Beruf lernen. Das habe ich zähneknirschend unter Tränen befolgt.

(Die Strenge des Vaters war dann doch sinnvoll? Sie zögert, nickt und bejaht.)

Damals war es für mich wie eine Strafe, doch auch Motiv genug, es so schnell wie möglich bis zur Meisterin zu bringen. Mit 19 Jahren war ich es und habe mir in schlaflosen Nächten das Studium verdient, um Lehrerin zu werden. Meine erste Anschaffung war ein Magnetofon, ein großer Apparat, auf dem ein Band eineinhalb Stunden lief. Darauf habe ich die Lehrinhalte gesprochen und daneben genäht. Auf diesem Weg erwarb ich die Lehrbefähigung für berufsbildende Lehranstalten. Nun sollte ich als Probelehrerin an eine Privatschule ins Burgenland kommen. Ich war unglücklich, denn bis dahin hatte ich nicht einmal gewusst, wo der Ort Bruckneudorf liegt. Zum Gaudium meiner Mitkandidaten und -kandidatinnen spottete der damalige Klassenvorstand: „Die Otti kommt in das Kukuruz-Viertel."

Ich holte mir den Atlas, warf mich aufs Bett und weinte bittere Tränen, ich wollte nicht ins Burgenland. Ich schwor mir, ich bleibe dort nur die zehn Monate als Probelehrerin und gehe dann nach Wien zurück. An der Schule in Bruckneudorf herrschten jammervolle Zustände. Es gab dort drei kleine Klassen und drei Klassenlehrer. Die Schüler waren nicht viel jünger als ich. Die Schule gehörte einer Privatperson, die sie ererbt hatte und damit Geld verdienen wollte. Das klappte aber nicht so richtig. Daher wollte die Besitzerin das Gebäude einem Lebensmitteldiskonter verkaufen. Ich wusste, die Schule geht den Bach runter. Mir war schnell klar, der Betrieb muss wachsen – oder er steht vor dem Aus. Also waren entsprechende Aktivitäten zu setzen.

Mithilfe des Chemiefaser-Institutes Wien und der Unterstützung des Eigentümers der Belvedere-Krawattenfabrik, Kommerzialrat Walter Fiala, gelang es unter anderem, im Hotel Intercontinental an Modeschauen mit selbst kreierten Modellen teilzunehmen. Meine kleinen Landpomeranzen führten wunderschöne Modelle vor und die Modeschule Bruckneudorf war geboren! Mich begann zu interessieren, wie das „Projekt Privatschule" Burgenland weitergeht, also blieb ich. In der Zwischenzeit begann diese Art von Schulbetrieb auch der Besitzerin zu imponieren und sie betraute mich mit der Schulleitung. Unserem Schulgebäude vis-à-vis gab es eine frühere k. u. k. Bürgerschule, in der dislozierte Klassen der Handelsschule Bruck an der Leitha und eine Sonderschule untergebracht waren, außerdem ein Raum, den mir das Unterrichtsministerium zur Verfügung gestellt hatte. Kurz, Schulraum war für alle dringend erforderlich. Da stachen mir die Kohlenkeller in diesem Gebäude ins Auge. Kurz entschlossen nahm ich einen Privatkredit von 200.000 Schilling auf, um die Kellerräume in Klassen umzuwandeln. Die Ferien benutzte ich dazu, darauf zu achten, dass im Keller auch gearbeitet wurde.

(Der Kellner kommt, ich sage ihm, dass mir das Schlagobers vom Kakao im Magen liegt. Ich bitte um ein Wasser. Frau Ottilie rät zu Kamillentee.)

Es waren nun drei zusätzliche Klassenräume gewonnen. Im August sollte das Ministerium entscheiden (Sektionschef Dr. Adolf März war für Schulbauten zuständig), welche Schultypen welche Räume bekommen. Niemand ahnte, was unten im Keller gebaut wurde. Als die Delegation des Ministeriums vor dem historischen Gebäude aus den Limousinen ausstieg, stellte ich mich vor die Tür und sagte: „Herr Sektionschef, ich muss ein Geständnis machen! Dort unten im Keller werden Räume hergerichtet, die gehören aber mir, sie wurden von meinem Geld finanziert." Ohne Mut geht nichts. Was soll ich Ihnen erzählen? Der Sektionschef stand fassungslos vor dem Tor, ich dachte, ihn trifft der Schlag. Er sagte, es interessiert ihn nun nicht, was oben für Räume sind, die kennt er eh. Er wollte nur in den Keller, also stiegen die Herren Ministerialbeamten und die diversen Schuldirektoren mit mir hinab. Dort wurde geteert und gearbeitet, bei Sommerhitze! Da sagte der Sektionschef: „Wenn die Arbeiter wüssten, dass sie kein Geld bekommen, würden sie ihre Arbeit sofort niederlegen!" Er fügte hinzu: „Was glauben Sie, woher das Geld kommt?" Ich erwiderte: „Im Moment bin ich haftbar, ich habe mein

Wohnhaus belastet. Ich könnte mir vorstellen, dass das Unterrichtsministerium einen Teil übernimmt." März lachte lauthals: „In Österreich hat es eh noch keine Direktorin gegeben, die wegen einer derartigen Causa eingesperrt wurde! Ich bin gerade am Weg zum Kery, wenn der sich bereit erklärt, die Hälfte zu übernehmen, dann zahle ich die andere."

So entstand die „weiterführende höhere Schule", allerdings immer noch privat. Es war eine wirklich mörderische Arbeit und Belastung, doch ein unglaublicher Erfolg. Die idealistischen und enthusiastisch motivierten Lehrer taten beispielhaft mit und vertrauten mir. Wir arbeiteten besessen von der Idee, unserem Ziel näherzukommen, wir machten mehr Überstunden gratis, als wir Lehrverpflichtung hatten. Für eine mittlere Lehranstalt war die Schuldauer 3-jährig, und aufgrund stärkerer Nachfrage im Raum Bruck an der Leitha und im nördlichen Burgenland war mir klar, dass dieses Projekt nicht nur im mittleren Bereich zu führen war. Also häuften sich meine Überlegungen zu einer 5-jährigen Tourismusfachschule. Dies umso mehr, als Landeshauptmann Kery mich einlud, in die Politik zu kommen.

Ich wollte die Schule abgesichert wissen, verbundlicht, das heißt, der Bund finanziert Gebäude und Lehrer. Damit begann ein neuer Spießrutenlauf, zunächst mit Vorsprache beim Bürgermeister von Bruck an der Leitha, ob Interesse an einer Gemeindebeteiligung in Form einer Zusage von Grund und Boden für einen Schulneubau bestehe. Die Antwort war: Nein. Daraufhin sprach ich beim Bürgermeister von Neusiedl vor, der ganz begeistert war von der Idee. So entstand das Bundesschulzentrum Neusiedl, wie es heute dort steht. Fast 30 Jahre war ich dort Direktorin. Diese Position habe ich nicht durch die Politik bekommen, sondern mir selbst erarbeitet.

Die österreichische Gepflogenheit ist ja umgekehrt: Man hofft, über die Partei einen Direktorsposten zu bekommen. Auch als Abgeordnete ließ ich mich nicht vom Schulbetrieb freistellen, wie es möglich und

üblich ist, sondern ich arbeitete ununterbrochen an dessen Weiterent-
wicklung. Als ich wegging, gab es dort rund 80 Professoren und etwa
700 Schüler aus 49 Gemeinden in Niederösterreich und 48 im Burgenland. Dem Unterrichtsministerium musste ich Rede und Antwort stehen, warum ich die sogenannte Nähschule liquidiert hatte. Ich ließ sie
auf, weil ich überzeugt war, die Absolventen würden in Zukunft keine
adäquaten Jobs bekommen. Auch für die Gründung der 5-jährigen, zur
Matura führenden Fachschule, die im Bereich des nördlichen Burgen-
landes und Bruck an der Leitha ihre Existenzberechtigung bewiesen hat
und deren Absolventen in der Wirtschaft sehr begehrt sind, musste ich
mich den Schulbehörden gegenüber rechtfertigen. Die jungen Leute
kamen massenhaft in die Schule, aus dem Burgenland und aus Niederösterreich. Es ist mir oft passiert, wenn ich in ein Restaurant ging,
dass ein Kellner rief: „Frau Direktor, können Sie sich noch erinnern?“
Es war eine sehr schöne Zeit. Als die Schule vom Bund übernommen
wurde, konnte ich mir die Lehrer nicht mehr nach ihrer Leistung aus-
suchen, sondern das Parteibuch begann in zunehmendem Maß eine
Rolle zu spielen.

Ich war Lehrerin, Sekretärin, Direktorin, alles in einem, von der Früh
bis zum Abend. Aber ich wusste, es geht etwas weiter, schließlich gab
es in dieser Region keine derartige Ausbildung für junge Menschen. Es
war eine Freude, es war schön, ich habe es sehr gern getan.

Vor mir hatte niemand Ruhe, auch nicht der Helmut Zilk, er war
damals ORF-Direktor. Zu dieser Zeit planten wir mit den Schülerinnen
und Schülern in Breitenbrunn eine Traummodenschau – mit den tolls-
ten Modellen. Das musste natürlich bekannt werden. Also rief ich Helmut Zilk an und eröffnete ihm, dass ich mit meiner kleinen Landschule
eine Modenschau machen würde. Ich brauche unbedingt Radio oder
Fernsehen, er solle mir jemanden schicken. Mitten im Gespräch sagt
Helmut Zilk: „Hören Sie, Sie gefallen mir, wie schauen Sie denn aus?

(Sie lacht.) Wissen Sie was, ich schicke Ihnen ein Team." Er hielt sein Wort. Persönlich lernten wir einander erst später kennen, als er meine Kulturaktivitäten im Bezirk Neusiedl am See massiv unterstützte. Zum Beispiel eröffneten wir gemeinsam im Hotel Hilton die Kulturachse „Nördliches Burgenland – Wien". Das war eine gute Sache. Das war in groben Zügen die Geschichte meiner Schule, so ist sie entstanden.

(Sie zeigt mir eine Serviette mit Unterschriften.)

Das sind die Unterschriften der Entscheidungsträger im Unterrichtsministerium. Herr Sektionschef März schrieb, dass er mich immer unterstützen werde.

(Ist das beim Heurigen geschrieben worden?)

Nein, bei einem kleinen Essen in der Schule, wo natürlich auch gekocht wurde. Die hohen Herrschaften haben wir zum Essen eingeladen. Dem Sektionschef gefiel das: „Der Matysek müssen wir eine Schule bauen, vorher haben wir keine Ruhe." Die Schule war nicht im Bundesschulbauprogramm vorgesehen, die hätte es dort nie gegeben! Der damalige Unterrichtsminister Fred Sinowatz sagte in einer parlamentarischen Anfrage der ÖVP, als man sich meinen Direktorenposten einverleiben wollte: „Ohne diese Frau gäbe es das Bundesschulzentrum Neusiedl am See nicht."

Ich lese Ihnen ein paar Worte aus den Eröffnungsreden vor, wenn Sie wollen.

1. Sektionschef März
Wenn mich Frau Direktor Matysek anruft, bin ich immer sofort sprechbereit, ja, ich freue mich, wenn sie anruft, und ich habe sofort „Ja" gesagt zu ihren Ideen. Und, meine Damen und Herren, der Sieg hat immer viele Väter, im Fall des Bundesschulzentrums einen Vater und eine Mutter. Die Mutter ist Frau Direktor Matysek, und der Vater bin ich.

Ich war in Bruckneudorf, da gab es noch die Privatschule „Rier", und Frau Matysek hat dort von frühmorgens bis spätabends gearbeitet und um die Lehrer gekämpft. Denn eine Privatschule, die die Lehrer selbst bezahlen muss, kann nicht durch Schulgelderhöhung ausgeglichen bilanzieren. Dann hat sie mit Raummangel gekämpft. Ich kann mich noch an unsere erste Begegnung erinnern, wo wir in den Keller gegangen sind ... *(Er lacht.)*

2. Bürgermeister Johann Halbritter
Meine sehr geehrten Damen und Herren!
    Das Historische an diesem Schulzentrum ist die Tatsache, dass es nie geplant war.
    Von der Sicht der Gemeinde – man ist Lokalpatriot – man ist Burgenländer: Dieses Schulzentrum hätte sicherlich Bruck an der Leitha erobern können. Es war damals Frau Direktor Matysek, die den Anstoß gegeben hat, ob wir in Neusiedl am See Interesse an diesem Schultyp hätten.
    Wir hatten Interesse und haben über einen einstimmigen Gemeinderatsbeschluss 5,5 Hektar kostenlos zur Verfügung gestellt.
    Landeshauptmann Kery betont die ungewöhnliche Entstehungsgeschichte der Schule, die zu einem beachtlichen Wirtschaftsfaktor im nördlichen Burgenland wurde, als ehemaligem Lehrer hat ihm das ja imponiert.

Und schließlich danke ich den Festgästen und stelle Aktiva und Passiva gegenüber.
    Die Passiva hießen vor 25 Jahren: Existenzangst, Raummangel, Geldnot und Ausweglosigkeit.
    Die Aktiva: Zusammenhalt, Arbeitswille, Zukunftsglaube, Ideen und Glück, Verständnis von Dritten zu finden.
    Der Beginn war eigentlich sehr simpel: 3 Privatlehrer, 50 Schüler als

Abb. Historisches Entstehungsdokument des Bundesschulzentrums Neusiedl am See

Privatzahler, keine Sekretärin, kein Büro, 3 Wohnräume, in Schulklassen umfunktioniert, ein Schulerhalter, der sich davon das große Geschäft erwartete – und sich von der Schule erhalten lassen wollte. Selbst wenn Idealisten, wie das der Fall war, ihre Mehrdienstleistungen nicht in Rechnung stellten, musste ein solches Unternehmen ins Minus gewirtschaftet werden. Ein Abenteuer, meine Damen und Herren, das sich 1969 ins Nichts hätte auflösen sollen. Die Räume einem Supermarkt zu vermieten, wäre sicherlich das bessere Geschäft gewesen, und die Vorverträge waren bereits fixiert.

Es war der Mut der Verzweiflung, einen Tag vor der endgültigen Entscheidung einen höheren Beamten des Finanzministeriums zu bitten, uns einfach die Chance zu geben, unser wirtschaftliches Schicksal selber in die Hand nehmen zu dürfen, samt dem damaligen Schuldenberg.

Es ist Gott sei Dank geglückt, heute bereits Geschichte, aber damit begann erst der Kampf ums Überleben. Das ist in wenigen Worten – in trockenen Sätzen – die Rückschau auf so viel Leben, Begebenheiten, Begegnungen und eine Fülle von interessanten Persönlichkeiten.

Der Landeshauptmann und der Schritt in die Politik – Bruno Kreisky

(Wir kommen nun auf die Politik zu sprechen. Frau Ottilie gerät in die Fänge der Politik. Sie geht genial damit um, wie sie erzählt.)
Durch meine Schulaktivitäten hatte ich also den Landeshauptmann als obersten Chef des Landesschulrates für das Burgenland kennengelernt, Theodor Kery. Er war es, der mich in die Politik holte. Ehrenmänner und andere lernte ich auf beiden Seiten kennen, auf der schwarzen und auf der roten.
(Der Kreisky war für mich, den Girtler, ein Ehrenmann. Sie nickt.)
Bei Bruno Kreisky war ich ein paar Mal eingeladen, in der Armbruster-

gasse im 19. Bezirk in Wien. Er hat die Sozialdemokratie auch für junge kritische Menschen geöffnet – mit der Einladung, ein Stück des Weges mit ihm zu gehen. Er ließ kritische Geister zu Wort kommen, wie zum Beispiel einen Günther Nenning. Ich war sehr beeindruckt von Kreisky, er war ein hochintelligenter Mann. Mir sagte er, ich schau seiner ersten Jugendliebe sehr ähnlich, einem Mädchen aus Wien-Margareten. Ich wurde Abgeordnete im burgenländischen Landtag, im Parlament war ich nie. Anders als meine Vorgänger wurde ich nicht per acclamationem gewählt, sondern in einer geheimen Wahl. Zum Schluss kam ich in die Stichwahl. Ich muss also niemandem dankbar sein. Ich war gewählte Mandatarin im Wahlkreis Neusiedl am See. Meine Schule hatte ich schon gegründet.

Ausstellungen im Schloss Halbturn – Neid kommt auf

(Frau Ottilie setzt sich als Landtagsabgeordnete für Ausstellungen im Schloss Halbturn im Burgenland ein, um die Gegend im Rahmen einer Landesausstellung attraktiv zu machen. Doch es gibt Probleme.)

Eines Tages bekam ich einen Brief, unterschrieben von 13 Bürgermeistern aus dem Seewinkel, mit der Mitteilung, dass die jährliche Landesausstellung auf Schloss Halbturn aus wirtschaftlichen Gründen nicht stattfinden könne und alle Bezirksabgeordneten zu einer Aussprache mit den Bürgermeistern gebeten würden. In der Annahme, die anderen Kollegen würden kommen, fuhr ich zu dem Treffen, aber nicht einer von ihnen war da. Die Bürgermeister der Region Seewinkel, die sich von der Ausstellung einiges erwartet hatten, waren wütend. Und die Gastronomen des Bezirks Neusiedl hatten Befürchtungen, entsprechende Verluste hinnehmen zu müssen. Das war im Mai. Ich raste darauf sofort nach Wien und kontaktierte alle Museumsdirektoren, die mir unterkamen. In der Österreichischen Galerie Belvedere blieb ich hängen. Um es kurz zu machen: Wir hatten innerhalb von acht Wochen einen Katalog und eine Ausstellung mit dem Titel „Österreich zwischen den Kriegen".

(Sie zeigt mir begeistert Zeitungsartikel dazu mit Titeln wie: Die Kunst übersiedelt ins Burgenland. Oder: Vom Wunder zum Modell.) Hier steht alles drinnen. Es war nicht einfach, zu einem Katalog zu kommen, denn ein solcher kostet viel Geld. Zwei Dinge jetzt – hören Sie mir überhaupt zu? *(Ja!)* Der Direktor der Österreichischen Galerie, Hofrat Dr. Hubert Adolph, dem die Sache taugte, hatte eine Ausstellung fix und fertig in seinem Haus, allerdings ohne Katalog. Wie sollte man den finanzieren? Ich rauschte zum Androsch und weiß Gott zu wem und hatte in kurzer Zeit die Kosten für die Ausstellung und den Katalog beisammen. Allerdings mussten im Katalog auf den letzten Seiten Werbungen stehen. Heute nennt man das Kultursponsoring. Hofrat Adolph und die Mitarbeiter waren entsetzt, man könne doch keine Werbung in einen Katalog aufnehmen. Ich erklärte ihnen: „Ohne Werbung kommen wir zu keinem Geld."

Aber das Problem kam erst, denn die Ausstellung wurde zu einem Politikum, das mich letztendlich den Kragen kostete.

Beim Begräbnis des Vizebürgermeisters von Apetlon machte der zuständige Bezirksvorsitzende, Abgeordnete und Bürgermeister von Andau meinen Bürgermeistern Angst, indem er sagte: „Ihr werdet eine Ausfallshaftung übernehmen müssen. Ihr stürzt euch in Schulden, die Matysek macht euch pleite." Gott sei Dank wurde mir das erzählt. Ich grübelte Tag und Nacht über eine Lösung nach, wie man den Leuten die Angst nehmen könnte. Ich setzte mich mit den 13 Bürgermeistern zusammen und tüftelte mit ihnen einen Beitragsschlüssel über die Nächtigungszahlen der einzelnen Gemeinden aus. Aufgrund dessen kamen die Bürgermeister für die Kosten auf. So ganz nebenbei erfüllte mich diebische Freude, weil ich wusste, dass Kultur zu dieser Zeit im

Budget mancher Gemeinde mit nur einem Schilling ausgewiesen war. Die Ausstellung wurde zu einem Bombenerfolg. Alle Zeitungen waren voll mit der Geschichte. Hans Dichand von der Kronen Zeitung gefiel dies besonders. Genial! 30.000 Besucher konnten wir begrüßen, das war ganz schön beachtlich.

(In der Kronen Zeitung erschien ein lobender Artikel über die Ausstellung – Frau Matysek hat den Artikel mit und zeigt ihn mir.) So entstand eines aus dem anderen. Wissen Sie, was dann passierte? Ich hatte so viel Geld von dem Museumsverein, den ich gründen musste, dass ich den Bürgermeistern ihre Beträge wieder zurückzahlen konnte. Dadurch begann ich mir aber ernsthafte Gegner in der Politik zu schaffen. Das ist eh klar.

Ich musste lernen, bei Widerständen nicht zu verzweifeln, sondern nach Lösungen zu suchen. Diese Eigenschaft begleitet mich seit meiner Kindheit. Ich kann mich nicht zurückziehen und verzweifeln, ich muss halt schauen, wo es einen anderen Weg gibt. Und es gibt immer einen Weg. Man muss Menschen nur überzeugen können.

Ich machte mit dem Verein noch die Ausstellung „2000 Jahre Post" – mit dem Heinrich Übleis. Dazu gab es einen dicken Katalog, der auch entsprechend wissenschaftlich ausgearbeitet war und heute einen besonderen Wert hat. Das war wirklich toll. Ich hielt bei der Eröffnung dieser Ausstellung die Begrüßungsrede, dabei hat mich der intellektuelle Teufel geritten. So sagte ich unter anderem, dass es kein Zufall sei, dass dieses Schloss das Lieblingsschloss von Maria Theresia war, die es zeit ihres Lebens mit Männern ihrer Umgebung nicht immer leicht hatte oder so ähnlich. Ich sagte das sehr verklausuliert, aber am nächsten Tag war ich als Klubobfrau der SPÖ im burgenländischen Landtag abgesetzt. Weil ich sagte, dass ich mir das nicht gefallen lasse, ging es danach erst richtig los.

Noch etwas: Am Eröffnungstag marschierte ich mit dem Hofrat Adolph durch den Halbturner Schlosspark. Ich spürte schon, dass etwas gegen mich im Busch war und dass ich Probleme mit meinen Freunden bekommen würde. Daher schlug ich ihm vor: Es wäre schön, wenn weiterhin Ausstellungen in Halbturn durchgeführt würden, auch wenn ich einmal nichts mehr zu reden hätte. Damals entstand ein Deal, ich hatte nämlich das Museum des Belvedere zehn Jahre an Halbturn gebunden. Den Vertrag gibt es, und die Verantwortlichen im Belvedere gestalteten wirklich zehn Jahre lang die Ausstellungen in Halbturn, die erste war 1984. *(Wie ist das heute?)* Ich weiß es nicht, und ich will es auch gar nicht wissen. Mir tut das alles sehr weh. Eines muss ich aber noch festhalten: Ich ziehe meinen Hut vor Baron Waldbott, dem damaligen Besitzer, und den Mitarbeitern vom Schloss Halbturn. Die haben viele Stunden unbezahlt und sehr ordentlich gearbeitet. Der Baron hat uns fuhrwerken lassen, wie wir wollten, dadurch ist sehr viel entstanden. Es wurden alte Stallungen renoviert. Durch die Ausstellungen hatte der Verein ja Geld. Die Leute strömten ins Schloss. In neu renovierten Räumen wurden auch lebende Künstler präsentiert. So kam ich langsam darauf, auch selbst zu malen. Aber das ist eine eigene Geschichte.

Noch etwas zu Halbturn. Es gelang mir, Serge Sabarsky, ich weiß nicht, ob der Name Ihnen etwas sagt, für eine große Schiele-Ausstellung zu gewinnen. Der Amerikaner besaß in New York eine große Galerie und präsentierte gemeinsam mit Professor Rudolf Leopold mit viel Erfolg internationale Ausstellungen. Unter anderem hatte er eine umfangreiche Schiele-Ausstellung parat, die er mir für Halbturn zur Verfügung stellen wollte. Da das Land kein Geld hatte, sagte ich mir: Ich möchte mit dieser Ausstellung in das Haupthaus des Schlosses. Nachdem ich schon in Ungnade gefallen war, wurde mir von den zuständigen Herrschaften verboten, diese großartige Ausstellung, die kurz zuvor bei der Europalia in Brüssel gezeigt wurde, in das Schloss Halbturn zu holen. Stellen Sie sich das vor! Ich durfte in das Haupthaus nicht hinein! Ich

ließ trotzdem Einladungen ausschicken zu einer Pressekonferenz am
Eröffnungstermin. Am Muttertag, also einem Sonntag, bekam ich einen
Anruf von einem der höchsten Beamten des Unterrichtsministeriums.
Das müssen Sie sich vorstellen, welcher Beamte macht das?! Er sagte:
„Frau Matysek, Sie haben Einladungen verschickt zu einer Ausstellung
im Schloss Halbturn, dabei dürfen Sie dort doch nicht hinein." Ich
erwiderte ihm: „Herr Sektionschef, ich werde die Pressekonferenz machen! Die Kisten, in denen der Klimt und der Schiele verpackt sind,
die stelle ich im Schlosshof auf, und dort werde ich zu den Presseleuten
sagen: ‚Meine sehr geehrten Redakteurinnen und Redakteure! Wir befinden uns im Tourismusbezirk Neusiedl am See. Hier im Schloss sind
die leeren Räume, in denen die Ausstellung nicht stattfinden darf. Und
wir sitzen nun hier mit Klimt und Schiele, in Kisten verpackt, mit denen wir nicht hineinkönnen.'" Am selben Tag um 17 Uhr abends kam
erneut ein Anruf, der Sektionschef war am Apparat: „Frau Abgeordnete,
das Schloss ist geöffnet." Verstehen Sie jetzt, warum ich meinen Job losgeworden bin? *(Ich nicke und sage: Neid!)* Es war eine wunderbare Zeit.

(Sie zeigt mir Zeitungsartikel und weist auf ein Bild hin.) Hier ist er,
der Sabarsky. Er rief mich übrigens zwei Nächte später aus New York
an, er hätte gehört, es gäbe Probleme und die Ausstellung könne nicht
stattfinden. Ich konnte ihn beruhigen. Er war sich nicht zu gut, die Bilder selber aufzuhängen, ein toller Mann! Einziger Wermutstropfen: Der
zuständige Kulturlandesrat verbot den Lehrern, mit ihren Schülern die
Ausstellung zu besuchen – wegen moralischer Bedenken. Ausstellungen
sind etwas Schönes.

*(Ich erzähle von unserem Wilderermuseum in St. Pankraz und die Ge-
schichte mit den alten Gewehren. Die Gendarmerie hatte sie eingezogen,
aber mithilfe von Rechtsanwalt Werner Tomanek, der mich gratis in dieser
Angelegenheit vertreten hat, bekam ich sie zurück. Als Dank hängt nun sein
Bild im Museum. Das gefällt meiner lieben Gesprächspartnerin.)*

25

(Sie haben Ähnlichkeit mit einem Wildschützen, denn auch Sie sind eine Rebellin. Sie lacht.) Ich weiß nicht, ob ich eine Rebellin bin, aber seit Kindesbeinen bin ich ein harmoniesüchtiger Mensch. Doch wo ich auftauchte, gibt es oft Probleme, an denen ich nicht vorbeigehen kann.

(Das macht einen Rebellen aus.) Der Kabinettschef von Theodor Kery sagte zu mir: „Ich verstehe dich nicht. Du arbeitest so viel und hast viel Erfolg und setzt dich immer für die Schwachen ein. Das ist dein Fehler. Hau dich auf die Seite der Mächtigen." Darauf antwortete ich: „Das interessiert mich gar nicht."

(Ich erzähle vom Film „Vivat Zapata" – sie hat ihn auch gesehen. In dem Film geht es um einen Rebellen, der sich für die Armen einsetzt und den sie zum Schluss erschießen.) Mich wollten sie ja auch umbringen.

(Ich lade sie ein, einmal zu mir ins Seminar zu kommen.) Da komme ich gerne. Ich habe auch ein Buch geschrieben, es heißt „Die Machthaberer". *(Das Buch ist wohlbekannt.)* Es ist berüchtigt! *(Sie lacht.)* Als es herauskam, war die Hölle los.

(Ich erkläre das Wort Haberer, es kommt aus dem Hebräischen und heißt Freund.)

Die Absetzung als Klubchefin

Unmittelbar nach meiner Eröffnungsrede der Postausstellung in Halbturn erfuhr ich in den Frühnachrichten des ORF Burgenland von meiner Absetzung als Klubchefin. Ich fuhr darauf schnurstracks zum Landeshauptmann und fragte ihn: „Hallo, was ist los?" Er sagte: „Die Partei hat dich abgesetzt." Ich fragte: „Wer ist die Partei? Du bist der Chef! Vor 14 Tagen hast du meine Clubarbeit im Landtag noch gelobt und in den Himmel gehoben. Und jetzt bin ich abgesetzt. Ich möchte wissen, warum?" Kery konnte mir darauf keine Antwort geben. Auch keiner der anderen Herren konnte mir sagen, warum man mich abgesetzt hatte, dabei hatte mein damaliger Nachfolger als Klubchef kurz davor noch gesagt: „Chefin, eine solch schöne Klubarbeit haben wir noch nie gehabt." Gearbeitet wurde wie kaum vorher. Zu Mittag gab es ein Paar Würstel und dann wurde weitergearbeitet. Und plötzlich wusste jeder bei den Abstimmungen im Hohen Haus, warum er sitzen bleiben oder aufstehen sollte.

Im Verlauf der Diskussionen sagte mein Bezirkschef: „Die Zeitungen sind voll davon, es heißt immer nur Matysek, Matysek, in der Kultur, in der Wirtschaft, in der Schule. Da müssen doch die Leute glauben, alle anderen sind faul und deppert." Ich ärgerte sie wirklich. Da ich mich dank Ihres Engagements, Herr Girtler, jetzt wieder mit meiner Vergangenheit beschäftige, muss ich sagen, ich habe einige Herren schon provoziert.

Der Kabinettschef des Landeshauptmanns sagte zu mir: „Ich bitt dich gar schön, du kommst mir vor wie der heilige Sebastian. Du ziehst alle Pfeile auf dich. Warum machst du das?" Klar gab es Menschen, die mich unterstützten, wie Baron Waldbott und sein Oberverwalter Ing. Josef Ludwig, der war einmalig. So wie viele meiner Lehrer und die unglaublich großartigen Gemeinderäte aus Bruckneudorf, ihnen allen fühle ich mich heute noch zu Dank verpflichtet. Und wenn der Frank Stronach sagt, er hat viele Arbeitsplätze geschaffen, so kann ich sagen, ich habe nicht nur 80 Lehrerposten auf abenteuerliche Art und Weise neu geschaffen, sondern jährlich auch eine große Zahl von Maturanten, die wieder bessere Chancen bekommen haben.

(*Sie sind sehr tüchtig!*)

Jede Zeit hat ihre Leut! Ich machte mir nie Gedanken darüber, was ich sein wollte. Das warf mir auch der Kabinettschef vor: „Du willst nie etwas werden, die anderen sagen, sie wollen Landeshauptmann werden, du nicht." Ich sagte ihm, dass ich nichts werden wolle, sondern dass ich Freude an Herausforderungen und deren Bewältigung habe. Wenn ich sehe, dass etwas jammervoll beisammen ist, dann engagiere ich mich. Und ich hatte das Glück, Menschen überzeugen zu können, sodass sie mittaten und arbeiteten bis zum Umfallen.

(Wir kommen wieder zurück auf ihre Absetzung als Klubchefin.)

Den Grund für meine Absetzung habe ich bis heute nicht erfahren. Das konnte mir niemand sagen. Das war 1985, danach wurde das Ganze immer ärger. Die Journalisten blieben an der Sache dran. Egal, wo Bundeskanzler Sinowatz hinkam, die erste Frage war nicht, was er zum Beispiel in Russland erreicht hat, sondern, was mit der Matysek ist. Bei den Parteivorstandssitzungen war Sinowatz immer dabei, um zu schauen, dass alles so läuft, wie er sich das vorstellt. Dadurch war er mit eingebunden – und das war ein großer Fehler.

Zum Beispiel war der Parteitag in Güssing vor 700 Delegierten. Ich, noch Klubchefin in Ungnade, sitze in der ersten Reihe mit dem Vorsatz, keinesfalls das Wort zu ergreifen. Wenig später sagte Sinowatz als Hauptreferent: „Ohne Partei sind wir alle nichts." Meine Vorsätze sind dahin, ich fliege an das Rednerpult, versuche die Aussage meines Vorredners zu widerlegen, da ich der Meinung bin: Nicht wir sind ohne Partei nichts, sondern eine Partei ist umso mehr, als Ideen und Kraft in sie eingebracht werden. Schlag nach bei Kreisky! Sinowatz hörte sich meinen Beitrag noch an, ehe er mit Gerhard Zeiler, einem seiner damaligen Sekretäre, nach Moskau abreiste und mit den Worten quittierte: „Die Otti gehört weg, die hetzt die Funktionäre auf."

Ich gab nicht nach, im Gegenteil. In einem Vieraugengespräch erklärte ich dem Kanzler, wenn die Partei meine Sache nicht in Ordnung bringt, werde ich all meine Kraft, die ich bisher eingesetzt habe, so investieren, dass bei der nächsten Wahl nicht nur die Matysek aus dem Landtag fliegt, sondern auch der Landeshauptmann gehen muss. Da rann meinem Gegenüber der Schweiß herunter. Es war ein heißer Septembertag. Das werde ich nie vergessen. Außerdem sagte ich ihm, dass ich gar nicht abgewählt wurde. Wer hat mich abgesetzt? Dieses Gespräch fand an einem Freitag in Eisenstadt statt. Was machte der schlaue Fuchs? Am Montag darauf mussten sie mich einstimmig abwählen.

Leider sind viele Kulturaktivitäten nach meinem Abgang nicht fortgesetzt worden, so unter anderem der Internationale Joseph Joachim Violinwettbewerb, er war international sehr anerkannt und fand großes Medienecho. Viele Nationen entsandten Künstler.

(Sind Sie musikalisch?)

Eigentlich schon. Einer meiner Söhne hat sogar das absolute Gehör und hat Geige gelernt. Durch diese Kulturaktivitäten bin ich klüger geworden, Personen und Institutionen zu begeistern, damit sie Geld investieren. Kein Generaldirektor war vor mir sicher. Ich ließ mir einen Termin geben, erzählte mein Gschichterl und bat, das Projekt zu unterstützen. Abgelehnt hat eigentlich keiner.

(Frau Matysek, Sie strahlen ja Sympathie aus!) Nicht für alle! *(Sie lacht.)* Fragen Sie meine Freunde, die fanden mich nicht so sympathisch. *(Sie lacht weiter.)*

(Wenn eine fesche Frau kommt, die gescheit ist, imponiert das ja auch.)

Ja, das schon, aber man hat auch genug Neider.

Eines Tages kreuzte ich bei Hans Dichand auf, dem Herausgeber der Kronen Zeitung, des größten Mediums Österreichs. Als ich ihm von diesem Wettbewerb erzählte, lehnte er sich zurück und fragte: „Was wollen Sie jetzt?" Ich antwortete: „Ihre mediale und, wenn es geht, auch Ihre wirtschaftliche Unterstützung." Danach wurde wöchentlich in der Kronen Zeitung darüber berichtet. Dichand unterstützte das Projekt auch wirtschaftlich, auch wenn das keiner glaubte, weil viele meinten, er sei so geizig. Als meine Schule in Neusiedl eröffnet wurde, das war gerade zu dieser Zeit, kam der damalige Unterrichtsminister Sinowatz herein. Die Schule interessierte ihn nicht so sehr wie die Tatsache, dass die Kronen Zeitung jede Woche über mich schrieb. Von Hans Dichand erhielt ich sogar einen Brief, wie begeistert er darüber ist, junge Leute für Kultur zu animieren. Der Wettbewerb hat auch österreichische Preisträger hervorgebracht, unter anderem einen, der heute international noch gut unterwegs ist. Aber das ist nur eine Seitengeschichte.

Parallel dazu war die Eröffnung des großen Bundesschulzentrums. Ich ließ mich ja als Abgeordnete nicht freistellen, im Gegenteil, ich arbeitete darauf hin, die Schule zu verankern und verbundlichen zu lassen. Als sie noch eine Privatschule war, bezahlte ich die Gehälter der Lehrer über das eingenommene Schulgeld.

(Ist es gut, Schulgeld zu verlangen?)

Ja, ich bin auch für Studiengebühren, weil geistige Leistungen und Bildung etwas kosten müssen. Wenn ich vom Steuerzahler etwas verlange, muss ich dafür etwas bezahlen. Die besten Universitäten sind in den USA, dort wird von den Studenten viel Geld verlangt. Natürlich! Warum glauben Sie, gehen so viele in Privatschulen? Meine Eltern haben überlegt, ob sie mich überhaupt in das Gymnasium geben sollen, weil das so teuer war. Etwas bereue ich, das ich vorhin zu erzählen begonnen habe: Ich hätte die Schule nicht so früh verbundlichen lassen sollen. Solang ich die Lehrer privat anstellen konnte, war nur die Qualität ausschlaggebend. Weil ich einen auffallend leistungsfernen, pragmatisierten Lehrer jahrelang mitschleppen musste, habe ich einen ganzen Schultypus aufgelassen. Anders wäre ich ihn nicht losgeworden.

Enttäuschung in der Politik

(Wie sind Sie in die Politik gekommen?)

Mit der Schule, die ich aufgebaut habe, wurden viele Aktivitäten in Bildung, Kultur und Wirtschaft gesetzt. Diese „Kellerschule" war der Grundstein für das Bundesschulzentrum Neusiedl am See. Vor Kurzem feierte diese Institution, die sich mittlerweile in der Tourismusszene einen Namen geschaffen hat, ihr 30-jähriges Gründungsjubiläum, zu dem ich nicht einmal eingeladen wurde, ich als Mutter des Ganzen! Das tut schon weh. Noch dazu, weil niemand von den Herrschaften eine Ahnung davon hat, wie die Schule entstanden ist.

(Der Neid spielt da sicher eine Rolle.) Natürlich.

(Es ist eine Art Vater- bzw. Muttermord.) Das ist es.

Ich bin auch draufgekommen, dass einige Menschen, denen ich wirklich geholfen habe, später besonders bösartig waren. In der Politik war das überhaupt so. Kreisky hat nicht umsonst gesagt, Dankbarkeit sei keine politische Kategorie.

(Auch mir ging es so: Ein Student schrieb bei mir die Diplomarbeit. Er wurde dann Assistent an der Wirtschaftsuniversität und schimpfte über mich, obwohl ich ihm geholfen hatte. Er sagte, es ist nicht wissenschaftlich, was ich mache.)

So kann der Mensch sein.

(Aber nicht jeder. Ich habe mir vorgenommen, diesem früheren Studenten von mir, wenn ich ihn treffe, zu sagen, dass er ein übler Bursche ist.)

Der Schritt in den Landtag war nicht so einfach. Ich war zwar die Erste, die im Bezirksgremium geheim gewählt wurde, man kannte mich von meiner Schule her und ich war auch den Medien ein Begriff. Aber ich musste mir das Arbeitsgebiet als Abgeordnete mühevoll erarbeiten und wurde dann Klubchefin. Das war für mich die Position, die ich auch heute noch gerne ausüben würde. Das sagte ich auch dem Landeshauptmann: „Ich mache dir den Klubchef gratis, ich will gar kein Geld dafür." Da kann man wirklich gestalten und unglaublich mitmischen. Mit meinem Klub redete ich überall mit. Die Bauordnung wäre zum Beispiel ressortiert bei der ÖVP gewesen. Was habe ich gemacht? Ich schickte Einladungen an alle Gemeinden aus, die an der Bauordnung interessiert waren, an Architekten, an Baumeister usw. Und ich hielt bezirksweise Tagungen ab. Da stieß dann der ÖVP-Obmann auf mich und sagte: „Bist du narrisch? Willst du eine Revolution anzetteln, was machst du da?" In der eigenen Partei sagten sie: „Das wird ein Waterloo!"

(Mutig waren Sie.)

Das waren neue Wege, das war Revolution. Der Landeshauptmann meinte: „Das ist eine gefährliche Entwicklung." Die eigenen Leute sagten, das wird nichts, da geht kein Mensch hin. Doch die Kulturzentren in jedem Bezirk platzten aus allen Nähten, so viele Menschen waren dort. Das Rührende war, die Leute bereiteten sich schriftlich vor. Das geschah unter Landeshauptmann Kery, in seiner guten Zeit, da konnte man wirklich mitgestalten. Dennoch meinte er zu dieser Sache: „Die Leute so mitreden zu lassen, ist eine gefährliche Entwicklung." Später interessierte ihn das alles nicht mehr, das war schade.

(Ich erzähle von Claudia, die bei der Mühl-Kommune im Burgenland war und mit Kery erfolgreich für die Kommune verhandelt hat.)

Die Mühl-Kommune wurde von Kery ziemlich gefördert, das stimmt. Wenn ich also nichts gemacht hätte, bloß kassiert und alles abgenickt, wäre ich wahrscheinlich heute noch im Landtag. Der Dieter Kindermann von der Kronen Zeitung hat zu mir gesagt: „Warum machen Sie das? Sie könnten Unterrichtsministerin sein." Meine Antwort war: „Das will ich ja gar nicht."

(Schade, dass Sie das nicht geworden sind!)

Na, geh! Dort hätte ich mir wieder meine Hörndln abgestoßen. Ich habe meine Karriere eigentlich bewusst zerstört. So habe ich mich um Kopf und Kragen geredet.

Manès Sperber und die Kleingeister

In meinem Leben sind mir viele interessante Persönlichkeiten begegnet. Zu diesen gehörte auch der berühmte Schriftsteller Manès Sperber, mit ihm war ich befreundet. In vielen langen Gesprächen klang immer wieder eine große Traurigkeit durch, dass Österreich ihn nicht in die Heimat zurückholte. Er war Jude und hat mich mehrmals zu sich nach Paris eingeladen. Wir trafen einander auch in Zürich und in Wien. Die langen Telefonate zwischen Paris und Eisenstadt beendete er immer mit dem Satz: „Ottilie, wir haben jetzt alle Probleme dieser Welt gelöst. Ich werde Sie bald wieder anrufen." Bei einem seiner Wien-Besuche erzählte ich von der Absicht, in die Politik zu gehen. Es war Frühling, wir saßen unter den duftenden Fliederbüschen am Heldenplatz, wo er mich händeringend bat: „Ottilie, Sie sind doch so ein kluges Mädchen, lassen Sie die Finger von der Politik!" Ich wollte ihm zwar erklären, wie ich in die Politik hineingeschlittert bin, doch ich ließ es bleiben. Er gab mir einige seiner Bücher mit Widmungen und schrieb mir von seinen Reisen Karten. Wissen Sie, was er vor seiner Frau gesagt hat: „Ottilie, wenn ich 20 Jahre jünger wäre, ich würde um Sie kämpfen." Seine Frau boxte ihn dabei in die Seite.

(Sie sind ja auch eine interessante Frau!) Ja, vielleicht gewesen.

(Jetzt auch noch. Manès Sperber sah in Ihnen nicht nur eine charmante Frau, sondern auch eine Dame mit einem weiten Geist. Mit Kleingeistern wollten Sie offensichtlich nie etwas zu tun haben. Das gefällt mir.)

Nach seinem Tod antwortete mir seine Frau auf mein Kondolenzschreiben: „Frau Matysek, Sie können gar nicht erahnen, welche Fülle an Trauerbekundungen über mich hereinbricht, die ich nicht beantworten kann. Ihnen möchte ich dieses Schreiben übermitteln, weil ich weiß, dass Manès es so gewollt hätte, und weil ich weiß, dass Sie einen besonderen Platz in seinem Herzen eingenommen haben."

Kurze Zeit später trat der amtierende Kulturstadtrat von Wien schriftlich an mich heran, ihm eine Schiene zur Witwe Sperbers zu vermitteln, um dessen Nachlass erwerben zu können.

Die burgenländischen „Zombies"

Eine spannende Geschichte hängt mit dem Landtag zusammen. Ich war schon in Ungnade gefallen, als ein Journalist im Kurier an einem Sonntag titelte: „Matysek: die burgenländischen SPÖ-Abgeordneten sind alle Zombies." Als ich das las, glaubte ich, mich trifft der Schlag. Das hatte ich nie gesagt, was er schrieb, war offenbar eine bestellte Sache. Der Redakteur war davor zu mir in die Schule gekommen, um ein Interview mit mir zu machen. Es gab eine Fernsehaufzeichnung mit dem Landeshauptmann in der Sendung „Report" und in der Woche darauf eine mit mir. Der Kabinettschef des Landeshauptmanns hatte mich angerufen und gesagt, die Fragen, die Kery zu beantworten hatte, habe er eine Woche vorher bekommen, um sich vorbereiten zu können. Das ist doch kein echtes Interview, hatte ich gemeint, das ist ja so wie bei den Zombies. In dem Moment war der Journalist bei der Tür hereingekommen und hatte das aufgeschnappt. So entstand die Überschrift. Na, was glauben Sie, was los war. Eine Sondersitzung jagte die andere. Mein Parteiausschluss war besiegelt, nur habe ich mir das nicht gefallen lassen. Man saß zu Gericht über mich. Ich hätte einen Zeugen mitnehmen können, aber ich brauchte keinen. Es ging um die Zombies. Ich hatte den Redakteur schon so weit, dass er mir bestätigte, dass ich das mit den Zombies so nicht im Interview gesagt habe. Er gab mir das schriftlich, was ein Journalist normalerweise ja nicht tut. Dennoch wurde ich wegen meines Nichtausspruchs vom Parteigericht verurteilt. Ich sagte: „Hallo, Freunde, das mit den Zombies kann doch kein Grund für den Parteiausschluss sein." Ich wurde trotzdem ausgeschlossen. Ich sagte: „Das kann nicht sein, ich berufe dagegen." Da war die Hölle los. Die Zeitungen schrieben es. Es war ein Wahnsinn.

(So etwas macht ja Spaß auch. Sie lacht.)

Ich wüsste mir zwar einen besseren Spaß, aber es hat begonnen, mir Spaß zu machen. Das Beste war, wie Landesrat Karl Stix reagiert hat, er wurde später Landeshauptmann, nach vielen Turbulenzen. Gott hab ihn selig, wir sind derselbe Jahrgang. Er ist an Nierenversagen gestorben. Ich erfuhr erst viele Jahre später, dass er immer Angst hatte, ich könnte ihm seinen Lebensplan zerstören und wollte selber Landeshauptmann werden. Das wollte ich wirklich nicht. Ich hatte, wie man so schön sagt, eine ganz andere Lebensplanung. Stix war bei Gericht eine wesentliche Figur. Er sagte: „Ja, ich habe gestern, Sonntag, in vier Lexikons (!) nachgeschaut wegen des Wortes Zombie." In dem ganzen Irrsinn begann ich hellauf zu lachen, denn der Ausdruck „Lexikons" (statt Lexika) gefiel mir so. Landesrat Johann Sipötz begann zu brüllen: „Jetzt lacht sie auch noch!" Durch mein Lachen zertrümmerte ich ihnen die ganze Gerichtsverhandlung. Ein paar Tage später bekam ich einen Brief vom Landesgericht für Strafsachen Wien. Diese Briefe häuften sich.

Die Waldheim-Geschichte

(Kellner Engelbert kommt, ihm gefällt offensichtlich, dass Frau Matysek hier ist. Ich sage ihr, dass ich ein Buch über Kellner geschrieben habe.)

Ja, die Lebensschule ist die beste Schule.

(Ich erzähle, dass Engelbert dreimal um die Erde mit Schiffen gefahren ist. Er kennt alle Kirchen und Bordelle in der Karibik. Sie lacht herzlich. Die Geschichte über Waldheim und Sinowatz interessiert mich.)

Waldheim war vom Wesen ein eher harmlos wirkender Mensch, auf mich wirkte er wie einer, der nirgends anecken wollte, der es allen Recht machen wollte und sehr gläubig war. Persönlich lernte ich ihn erst später kennen.

(Ich schätze Waldheim, erzähle ich. Als er 1971 Generalsekretär der UNO wurde, war ich gerade in Indien. Dort hat man mir als Österreicher zum Österreicher Waldheim gratuliert. Ich erzähle über meine Forschung in Indien, meinen indischen Gürtel, den ich heute noch trage. Frau Matysek hat

von Indien keine gute Meinung, wegen der vielen Vergewaltigungen, von denen man in letzter Zeit las. Ich erwähne, dass so etwas in den Stämmen nicht vorkommt, da die soziale Kontrolle dort größer ist als in den Slums der Städte. Ich erzähle von meinem Test mit den Zuckerln in einem indischen Bauerndorf. Die Bauernkinder mussten sich in Reih und Glied aufstellen und jedes Kind durfte nur ein Zuckerl nehmen. Denselben Test machte ich im Slum von Bombay (Mumbay). Dort rissen mir die Kinder die Zuckerl aus der Hand und wollten mich zu Boden reißen, ihre Eltern haben bloß gelacht. Ich ergriff die Flucht. In den Städten besteht eher die Gefahr, dass Menschen kriminell werden. Was sagen Sie zu dem Test mit den Zuckerln?)

Das erinnert mich an die Zeit, als die Russen im Waldviertel einmarschierten. Ich lebte damals mit meiner Mutter dort, heute lebe ich mit meinen Hochlandrindern in der Nähe. Ein russischer Offizier kam auf mich zu – und gab mir mit vollen Händen Zuckerl. Meine Mutter zitterte dabei vor Angst.

(Ich erzähle ihr von C. B., den ich seit meiner Kindheit kenne und der mir sympathisch ist, auch wenn ich nicht alle seine Meinungen teile. Ich verstand nicht, dass er in der Waldheim-Sache die Agitationen vom damaligen Bundeskanzler Sinowatz gegen Waldheim derart heftig unterstützte.)

Ich kenne ihn auch, er hat mich auch einmal interviewt, aber politisch ist er etwas verbohrt.

(Ich halte fest, dass er aus einer katholischen Familie kommt und dann links wurde. Der C. B. hat die Sache mit dem Holz-Pferd gemeinsam mit dem Hrdlicka vorangetrieben, um auf die angebliche Aussage Waldheims hinzuweisen, dass nur sein Pferd bei der SS war. Ich füge noch hinzu, dass manche Leute von Liberalität oder Freiheit reden, selbst aber gegenüber anderen furchtbar stur sind.)

Und solche Kleingeister kommen dann in die wichtigsten Entscheidungspositionen und bestimmen über Schicksale. Wir leben in keiner echten Demokratie. Die Demokratie in Österreich ist noch eine sehr junge, die Leute glauben, Sie können mitreden und mitentscheiden. Aber das ist noch ein sehr weiter Weg.

Als ich in diese Waldheim-Sinowatz-Sache involviert wurde, wie ich noch erzählen werde, kam es, dass manche Leute im Burgenland sich nicht mehr trauten, mit mir zu reden.

(Bei mir war es ähnlich. Eine Studentin hat mir erzählt, vor über zehn Jahren war es politisch nicht opportun, bei mir ein Seminar zu besuchen.) Wahnsinn!

(Erzähle die Geschichte über mein Radduell mit einem Studenten: Er warf mir vor, ich sei ein Rechter, obwohl ich dies gar nicht bin. Er erschien deshalb nicht zum Duell.)

Bei der vorher erzählten Parteivorstandssitzung ging es natürlich auch um die bevorstehende Bundespräsidentenwahl. Es gibt keine Zufälle im Leben. Ich schrieb mit, wie in jeder Sitzung, weil ich ein extrem visueller Mensch bin.

Der bekannte Journalist Alfred Worm berichtete über diese Sitzung im Profil. Er schrieb, dass Bundeskanzler Sinowatz gesagt hätte, man müsse die Bevölkerung vor der Präsidentschaftswahl auf die braune Vergangenheit Waldheims aufmerksam machen. Im Lauf der Jahre kommt doch vieles ans Licht, so weiß ich inzwischen auch, wer Worm über diese Sitzungen regelmäßig informiert hat. Einer, der sich immer nach außen bedeckt hält, sein Leitspruch: „Die Drecksarbeit lasse ich immer andere machen." Sinowatz las das im Profil und hat Worm, wie er mir später anvertraute, auf Anraten des H. F. geklagt. Dr. Walter Schuppich, sein Verteidiger, meinte dazu: der größte Fehler seines Lebens. Darauf folgte eine Prozesslawine. Auch ich erhielt eine Zeugenladung. Ich ging also in das Landesgericht und bat den Richter: „Bitte, Herr Rat, ich möchte nicht aussagen, ich habe momentan Probleme genug am Hals." Der Richter sagte: „Frau Matysek, wir nehmen die Personalien auf und Sie geben überall dort Antwort, wo Sie glauben, dass es

Ihnen nicht schadet." Worm sprang auf und sagte: „Die Matysek ist eine pragmatisierte, unkündbare Lehrerin, die kann doch aussagen." Über mich wussten die Zeitungsleser binnen kurzer Zeit alles und mehr. Der Kläger war anfangs vertreten durch Dr. Herbert Schachter, später durch den Präsidenten der Rechtsanwaltskammer Dr. Walter Schuppich. Schachter attackierte mich schwer, aber ich sagte nicht viel. Eine Frage des Richters war, ob in der betreffenden Sitzung über die bevorstehende Bundespräsidentenwahl gesprochen worden war. „Natürlich wurde darüber geredet", sagte ich, „ist doch klar, wenige Monate vor der Wahl." Die nächste Frage war nach dem Inhalt. „Das sollen Ihnen andere erzählen, ich möchte jetzt gehen", antwortete ich.

(Das ist spannend!)

Es wird gleich noch viel spannender. Der Richter fragte noch, ob es eine Mitschrift gäbe. Ich sagte: „Möglicherweise. Ich schrieb zwar immer mit, aber die Mitschrift müsste ich suchen." Zu der Zeit hatte es auf meinem Bauernhof einen Brand gegeben und ich wusste nicht, ob Unterlagen beschädigt worden waren. Dann war ich entlassen. Draußen vor dem Gerichtssaal stand eine Gruppe Journalisten, darunter Dr. Anneliese Rohrer von der Presse, eine gescheite, scharf formulierende Dame. „Na", sagte sie, als sie mich sah, „Frau Matysek, jetzt wird man bald gegen Sie Klage wegen falscher Zeugenaussage erheben." Ich sagte: „Warum, Frau Rohrer?" Sie antwortete: „Weil der Sinowatz, der Kery und die anderen von der Landesregierung alle ausgesagt haben, dass kein Wörtchen in dieser Sitzung über die Bundespräsidentenwahl gefallen ist." Ich sagte: „Da muss ich schauen, ob ich etwas notiert habe." Darauf meinte sie: „Dann sperren Sie die Mitschrift in einen Safe. Es wird gefährlich." Nun ging ich und dachte mir: Erledigt, ich kann mich anderen Dingen widmen. Meine Mitschrift war nicht verbrannt. Ich fand sie Wochen später unter vielen Unterlagen im Haus. Ich wurde neuerlich vom Landesgericht für Strafsachen zur Zeugeneinvernahme geladen, mit dem Zusatz: „Mitschriften, Aufzeichnungen etc. sind unbedingt mitzunehmen." Alfred Worm meldete sich inzwischen telefonisch bei mir. Ob ich eine Mitschrift hätte, er würde sie gerne sehen. Daraufhin trafen wir uns im Café Europa im 1. Bezirk. Er war ein sehr intelligenter Mann mit einem etwas spröden Charme. Ich traute ihm nicht über den Weg und war vorsichtig.

„Frau Matysek", meinte er, „wenn Sie eine Mitschrift haben, hätte ich Sie gerne. Es wird Ihr Schaden nicht sein." Ich sagte zu ihm: „Eines können Sie mir glauben, Herr Worm, eine Mitschrift habe ich, aber ich gebe sie Ihnen nicht." Darauf sagte er: „Wann immer Sie mich brauchen, Sie können auf mich zählen." Ich antwortete: „Ich wünsche mir bloß, dass ich Sie nie brauche."

Schriftgutachter am Werk – Professor Roland Graßberger blamiert sich

Neue Gerichtsverhandlung, neue Zeugeneinvernahme, meine Mitschrift hatte ich mit. Sie sollte mit den Parteiprotokollen verglichen werden. Der Richter befand, ich solle mich in ein Kammerl setzen und beides vergleichen. Aus meinem Gefühl heraus schlug ich vor: „Herr Rat, ich weiß nicht, ob ich das gut schaffe. Ist es nicht besser, wenn Sie das Protokoll der Partei in Händen haben und ich verlese meine Mitschrift. Dabei können wir schauen, ob beides übereinstimmt." Er akzeptierte meinen Vorschlag. Ich verlas die Mitschrift, und es stimmte eigentlich alles überein bis auf die besonders heiklen Punkte. Der erste: Sinowatz sagt: „Die Golser sind alles Faschisten." Im Parteiprotokoll war dies jedoch nicht erwähnt. Sinowatz sprang auf: „Herr Rat, so etwas habe ich nie gesagt. So etwas denke ich nicht einmal." Sein Anwalt sagte: „Frau Matysek, wenn man lügt, muss man schon intelligenter lügen." Der nächste umstrittene Punkt in der Mitschrift: Sinowatz sagt:

„Der Weinbaupräsident Mauß zeichnet sich durch mangelnde Intelligenz aus." Sinowatz springt wieder auf und ruft, so denke er nicht einmal. Dann lese ich die Passage vor, man müsse die Bevölkerung rechtzeitig vor der Wahl auf Waldheims braune Vergangenheit aufmerksam machen. „Nein, das hat er nie gesagt", schreit der Anwalt, und an mich gewendet: „Frau Matysek, wir werden sehen, wer letztendlich verurteilt wird. Das werden Sie sein, wegen falscher Zeugenaussage." Der Richter ersucht mich, ihm die Mitschrift auszuhändigen, dem komme ich nach.

Ich gehe, setze mich ins Auto und starte. Es gibt keine Zufälle – im selben Moment höre ich im Mittagsjournal Landesrat Stix: „Die Matysek ist Lehrerin, sie hat die Mitschrift sicher gefälscht." Ich schaltete den Motor wieder ab und stürmte in das Gerichtsgebäude, es war 12 Uhr 30. Zum Glück war der Richter noch anwesend. Ich sagte zu ihm: „Herr Rat, ich kann Ihnen die Mitschrift nicht überlassen. Sie müssen sie mir wieder aushändigen." „Frau Matysek, wozu brauchen Sie die Mitschrift?" Darauf ich: „Das weiß ich noch nicht, aber ich muss sie unbedingt wieder haben." Das Wunder geschah, ich bekam meine Mitschrift, musste aber dem Richter versprechen, sie innerhalb von 14 Tagen zurückzubringen. Also fuhr ich nach Hause und überlegte mir, was ich tun sollte. Ich telefonierte bei Sachverständigen herum. In der Verhandlung war beschlossen worden, dass der Gutachterpapst Graßberger meine Mitschrift bewertet. Um zu prüfen, ob die inkriminierten Passagen möglicherweise später eingefügt wurden. Sie glauben gar nicht, was es alles gibt, um ein Schriftstück zu begutachten. Was man damit alles machen kann! Ein Sachverständiger aus Wien sagte: „Frau Matysek, wenn der Professor Graßberger das Gutachten macht, wird österreichweit Ihre Mitschrift niemand auch nur einmal angreifen. Der ist sonst ruiniert." Ich fragte: „Was mach ich in meinem Fall? Könnten Sie das nicht übernehmen?" „Um Gottes willen, das mache ich nicht", sagte er und fügte hinzu: „Sie müssen ins Ausland. Entweder nach Wiesbaden in das Bundeskriminalamt oder nach Basel, zum Professor Dr. Ernst Martin, der ist Experte für Urkunden und Kriminaltechnik. "

(Haben Sie befürchtet, dass Graßberger das Gutachten gegen Sie schreibt?)

Ich konnte es damals nicht sagen, mittlerweile schon, aber ich sage es jetzt noch nicht. Zwei Tage später stand ich im strömenden Regen mit meiner Mitschrift in Basel vor einer Villa im Zuckerbäckerstil. Professor Martin öffnet mir, ein gut aussehender, grauhaariger Mann, hochgewachsen. Er bietet mir einen Platz in seiner sehr hübschen, mit Büchern und Akten gefüllten Bibliothek an. Ich erzähle ihm von meinem Anliegen. Er lehnt sich zurück und fragt mich, bis wann das Gutachten fertig sein soll. Ich sage, ich muss die Mitschrift dem Richter innerhalb von 14 Tagen zurückgeben. Danach erst werde er sie Graßberger geben. Martin fragt mich in bestem Schweizerdeutsch: „Frau Matysek, wie haben Sie sich das denn vorgestellt? Schauen Sie sich um, ich muss hier einige Gutachten schreiben für das Landgericht Basel, einige für Zürich und so weiter. In einem halben Jahr kann ich Ihnen ein Gutachten anfertigen."
„Bitte", flehe ich: „Ich brauche das Gutachten innerhalb von 14 Tagen."
Der Professor beginnt zu lachen.

Er ließ Basel und Zürich warten. Innerhalb einer Woche war das Gutachten in Wien, ein Privatgutachten. Und die Mitschrift händigte ich, wie versprochen, innerhalb von 14 Tagen dem Richter wieder aus. Sie wurde zum Beispiel 24 Stunden mit 60.000 Lux Lichteinwirkung bestrahlt, in verschiedenen chemischen Lösungen gebadet, um zu sehen, ob etwas verändert oder eingefügt wurde, und so weiter. Professor Martin hatte meine Mitschrift für in Ordnung und korrekt in einem verfasst befunden.

Nun kam es zur nächsten Ladung in das Landesgericht, in einen neuen Verhandlungssaal. Es war ein heißer Sommertag. Anwesend waren Professor Graßberger, Anwälte des Klägers, Alfred Worm und viele Journalisten.

(Einmalig, das ist ja beinahe Weltgeschichte!)

Einen Tag vorher erhielt ich einen Anruf von einem grünen Parlamentsmitarbeiter. Auf seine Frage: „Wie geht es Ihnen denn?" sagte ich: „Gut, morgen ist Gutachter Graßberger am Zug. Der wird bestätigen, dass die Mitschrift in Ordnung ist." Die Antwort: „Wo leben Sie eigentlich? Der Dicke *(Anm.: Sinowatz)* hat mit dem Graßberger schon geredet. Es schaut nicht gut für Sie aus." Ich sagte darauf: „Das glaube ich nicht. Graßberger hat schon ein Alter, der braucht sich nicht bestechen zu lassen." Darauf der Grüne: „Ja, aber er hat Familie und Verwandte."

Also jetzt war mir schon ein bisserl anders. In der Verhandlung war Graßberger einem Tobsuchtsanfall nahe, als er sah, dass vor ihm schon ein anderer die Mitschrift begutachtet hatte. Dann erklärte man mir, dass das Gutachten aus Basel nichts zählt für die österreichische Jurisprudenz. Ich sagte: „Das Gutachten habe ich für mich machen lassen." Graßberger schrieb dann seine Expertise so, dass man es so oder so auslegen konnte. Ich denke da an Nestroy, der gesagt hat: „Ich sage nicht so oder so, sonst könnte einer kommen und sagen: Ich hab so oder so gesagt." Thomas Chorherr von der „Presse", der auch dort war, schrieb am nächsten Tag einen großen Artikel auf der ersten Seite mit der Überschrift: „Sind die Matysek Papers gefälscht?" Auf die Frage des Richters an Graßberger, ob es in Österreich oder außerhalb Österreichs noch Instanzen gäbe, die diese Schrift begutachten bzw. neue Verfahren anwenden könnten, nannte dieser das Bundeskriminalamt Wiesbaden. Nun sagte der Richter, die Mitschrift geht nach Wiesbaden. Da dachte ich mir: „Um Gottes willen, Wiesbaden ist rot, der Sinowatz ist rot – und ich bin tot."

(Sie lacht herzlich.) Wenn ich gewusst hätte, dass meine Mitschrift eine solche Bedeutung erhält, dann hätte ich das Geschreibsel schöner geschrieben. Die Mitschrift ging also nach Wiesbaden. Es kam neuerlich zu einer Verhandlung. Anwesend waren Sinowatz, Anwälte, Worm, und ich als Zeugin, wie immer ohne Anwalt. Zu dieser Verhandlung, die im großen Schwurgerichtssaal stattfand, waren die Gutachter aus

Wiesbaden gekommen, einer für Psychologie, einer für Handschrift. Graßberger führte aus: „Die Passage über Waldheim wurde in heftiger Erregung geschrieben." Er wollte damit offenbar meine Mitschrift in Zweifel ziehen. Die Herren aus Wiesbaden argumentierten in ihren Ausführungen Graßberger in Grund und Boden und bewiesen, dass er sogar die Schreibflüssigkeit des Faserschreibers mit der eines Kugelschreibers verwechselt hatte. Das war ein Waterloo für Graßberger. Am Ende der Gerichtsverhandlung sprang er auf und rief in den Saal, dass er trotzdem recht habe. Wer weiß, was mit meiner Mitschrift passiert wäre, hätte ich sie nicht zurückverlangt. Jedenfalls ist Worm aufgrund meiner Mitschrift freigesprochen worden. Diese Geschichte war groß in allen Zeitungen, meist am Titelblatt. Michael Jeannée von der Kronen Zeitung stürzte sich nach der Urteilsverkündung auf mich und schrieb zwei Seiten über diese Geschichte. Für ein Foto sollte ich das Victory-Zeichen zeigen. Ich sagte, dass ich das nicht mache. Er meinte, der Androsch hat das auch gemacht. „Bin ich der Androsch?" Dann war Friede, ich war mittlerweile aus der Partei ausgeschlossen. Da ich weiter an der Schule als Direktorin tätig war, bekam ich natürlich alle Gemeinheiten zu spüren, zu denen meine „Freunde" fähig waren. An der Schule hing ich wirklich, das tue ich bis heute.

Noch ein Gschichterl muss ich einfügen. Der Richter vernahm 48 Zeugen aus dieser Parteivorstandssitzung, in der die Worte fielen, Waldheims braune Vergangenheit müsse man öffentlich machen. Die Zeugen hatten sich offensichtlich abgesprochen, denn ihre Aussagen waren nahezu ident. Der Richter war wütend, als er sah, dass das eine geschobene Sache war. Die zwei Passagen – die eine über den Weinbaupräsidenten Erich Mauß und die andere über die Golser –, die beide in Abrede gestellt wurden, fanden sich zufällig auch in kleinen Notizen von zwei Delegierten, nur die Waldheim-Passage fehlte. Ich bekam in dieser Zeit klarerweise viele Anrufe und anonyme Drohungen. Was ich nicht wusste, war, dass der Staatsanwalt aufgrund dieser Verhandlungen und Erkenntnisse den Kläger und andere wegen falscher Zeugenaussage angeklagt hatte. Da ist das Ganze erst wirklich losgegangen. Fred Sinowatz und sieben oder acht hohe Würdenträger wurden angeklagt. Und ich musste immer wieder als Zeugin in zahlreichen Gerichtsverhandlungen aussagen. Meiner Bitte an einige Richter, mich der Aussage entschlagen zu dürfen, da ich ja nichts Neues sagen könne, wurde nicht stattgegeben. Die Anklage des Staatsanwaltes gegen den Bundeskanzler wegen falscher Zeugenaussage war für mich besonders belastend. Ein sehr gut informierter Politiker, er ist heute schon in Pension, teilte mir mit, dass die Chancen für den Kanzler, freigesprochen zu werden, sehr gut stünden, er habe den Verteidiger gewechselt. Der Präsident der Rechtsanwaltskammer, Walter Schuppich, habe im engeren Kreis prophezeit, er werde mich bei laufender Verhandlung zerlegen, außerdem sei der Richter BSA-Mitglied. *(Anm.: Bund Sozialistischer Akademiker)* Nach einer etwas unruhigen Nacht, in der ich mir das Zerlegen sehr dramatisch vorstellte, also die Verhandlung im Grauen Haus. Der SPÖ-nahe Richter war sehr kurz angebunden, sehr präzise, sehr streng. Auf seine Fragen durfte ich nur ganz prägnant antworten, jedes Abschweifen wurde sofort unterbrochen und zurückgewiesen.

Schuppich attackiert mich in der Verhandlung extrem unfair, er wird vom Richter unterbrochen: „Herr Präsident, unterlassen Sie die Attacken auf eine Zeugin, ich verklage Sie sonst bei Ihrer eigenen Kammer." Das für diese Verhandlung neu eingeholte Gutachten aus Zürich bestätigt meine Mitschrift. Nach meiner Einvernahme, ich soll am Gang warten, kommt der Konzipient des Präsidenten auf mich zu, zuckt entschuldigend die Schultern, man habe sonst nichts in der Hand. Wieder in den Gerichtssaal gerufen, soll ich in der letzten Reihe Platz nehmen. Den Anträgen nach neuen Zeugenladungen wird nicht mehr stattgegeben. Der Richter zieht sich zurück. Nach langem Warten betritt er den Verhandlungssaal, setzt die Richterkappe auf, schlägt mit dem Richterhammer auf und erklärt Fred Sinowatz im Namen der Republik für schuldig. Wie auf Kommando drehen sich alle Anwesenden nach mir um. „Dreht euch wieder zurück, ich will das alles nicht, ich habe den ganzen Waldheim-Irrsinn nicht erfunden. Ich habe keinem geraten zu klagen, macht euch eure Intrigen alleine", schießt es mir durch den Kopf. Sogar Kreisky war als Zeuge einvernommen worden.

(Dackeline Hera krabbelt am Boden herum, Ottilie hat Sympathien für Rauhaardackel und sagt:)
Schönes Mädi. Das ist ein lieber Hund. Wo war ich stehen geblieben?

Landesrat Stix hatte offenbar Angst, seinen Aufstieg zum Landeshauptmann zu versäumen. Schuld daran war Kery, der überall herumerzählte, der nächste Landeshauptmann wird eine Frau. Das wusste ich alles nicht. So kam Stix auf eine tückische Idee, in der zwei Dinge zusammenkamen, das Emotionale und das Politische. Es sollte dokumentiert werden, dass jemand, der so aufmüpfig argumentiert und handelt, betoniert, erledigt, ins Zwielicht gestellt werden muss. Meine Mitschrift sei zwar in Ordnung, aber die betreffenden sieben Seiten seien alle in einem nachgeschrieben worden, dagegen komme man nicht an. Da dachte ich mir: Jetzt bist du wirklich erledigt. In dem neuen Prozess wegen falscher Zeugenaussage wurde ein neues Gutachten aus Zürich angefordert. Als auch das stimmte, wurde argumentiert, ich hätte alles nachgeschrieben. Da kam der Richter auf die Idee, man müsse die Anwesenheitsliste dieser Parteivorstandssitzung mit der Mitschrift vergleichen. Ich dachte, das ist eine Katastrophe, weil ich ein Mensch bin, der einen Haufen Schreibgeräte mit sich trägt, oder wenn die Anwesenheitsliste am Beginn der Sitzungen durchgegangen war, hatte ich mir meist vom Nachbarn ein Schreibgerät ausgeliehen und damit unterschrieben. Es kam zu einer neuerlichen Zeugeneinvernahme. Da so viele internationale Medienvertreter anwesend waren, waren die Gerichtssäle immer größer, bis wir schließlich im großen Schwurgerichtssaal ankamen. Auch Kreisky war geladen, die Journalisten knieten vor ihm. Er erzählte dem Richter Geschichten über seine internationalen Missionen und Verbindungen, zur Sache selbst sagte er nichts Konkretes. Mitten in diese Verhandlung hinein kam ein Telegramm aus Wiesbaden: Meine Unterschrift in der Anwesenheitsliste war mit derselben Flüssigkeit geschrieben wie die Mitschrift. Damit war meine Mitschrift legitimiert. Bis zum Oberlandesgericht ging diese Causa, meine „Freunde" beriefen immer wieder und versuchten, meine Glaubwürdigkeit zu zertrümmern. Es gab böse Artikel über mich in manchen Zeitungen, aber auch wertschätzende. Und, wie gesagt, ich wurde massiv bedroht. Dann kam der Spruch des Oberlandesgerichts, indem ein 3-Richter-Senat einer einzigen Zeugin mehr Glauben schenkte als der gesamten Parteispitze, die geschlossen zugunsten des damaligen Bundeskanzlers aussagte, der daraufhin rechtskräftig zu einer Geldstrafe von 360.000 Schilling verurteilt wurde. Landeshauptmann Kery und sechs oder sieben weitere hohe Würdenträger wurden ebenfalls rechtskräftig verurteilt. Dieses Beispiel wurde seither exemplarisch des Öfteren in juristischen Fachkreisen vorgetragen, unter anderem vom ehemaligen Präsidenten des Oberlandesgerichts Wien (Grundlagenseminare für Sachverständige). Bezugnehmend darauf ist nicht die Anzahl der Zeugen für die richterliche Entscheidung relevant, sondern es gilt der Grundsatz der freien Beweiswürdigung (§ 272 ZPO).

(Haben Sie Sympathiezuschriften bekommen?)

Ja, ich habe viele Ordner mit Briefen aus ganz Österreich und dem angrenzenden Bayern.

Waldheim ist durch die Mitschrift rehabilitiert

(Die ganze Waldheim-Geschichte war meiner Meinung nach überflüssig, es erhebt sich ja die Frage, ob Waldheim ohne diese Kampagne überhaupt Bundespräsident geworden wäre? Was hat Waldheim dazu gesagt?)

Zufällig überholte Waldheim mich einmal im Innenhof der Burg mit seinen Leibwächtern. Er begrüßte mich: „Gnädige Frau, man müsste Ihnen einen Orden verleihen. Sie haben für die Demokratie in Österreich sehr viel getan." Darauf erwiderte ich: „Herr Präsident, auf Titel und Orden lege ich keinen Wert, ich bin mein eigenes Markenzeichen."

(Aber der Waldheim war dankbar!)

Ja, mein Gott, er war dankbar auf seine Art. Der Waldheim war der Waldheim bis an sein Grab.

(Mein Onkel, der in den Krieg musste, hat einmal gesagt, der Waldheim war beim Militär einer, der Papiere weitergegeben hat, aber sonst nichts.)

Genauso sehe ich ihn auch. Er war offensichtlich angepasst.

(Er hat gesagt, er hat seine Pflicht getan ...)

Das ist ja das, was ich sag, ich hätte an seiner Stelle Worte des Bedauerns und das Eingestehen von möglicher Schuld artikuliert. Für mich als „Spätgeborene" war diese Thematik bis zu diesem Zeitpunkt kein Thema, da selbst in höchsten politischen Gremien Verantwortungsträger nicht ohne Stolz von ihrer „braunen Vergangenheit" erzählt haben. So berichtete zum Beispiel mein Sitznachbar im Landesparteivorstand mit leuchtenden Augen von seiner Berufung in die Napola. Auch der Landeshauptmann sprach stolz von seinen Sportaktivitäten aus jener Zeit. Weiters war Landeshauptmann Leopold Wagner aus Kärnten stolz darauf, ein „hochgradiger Hitlerjunge" gewesen zu sein. Dieses dunkle Kapitel österreichischer Geschichte transparent aufzuhellen, wird noch vieler unvoreingenommener Forschungsarbeit bedürfen.

Kritik und die Idee zum „Haberer"-Buch

Oscar Bronner präsentierte in der Galerie Würthle seine Schüttbilder aus Amerika. Ich ging mit meinem kleinen Rauhaardackel zur Vernissage, um mir die Werke anzusehen. Mitten in einem interessanten Gespräch mit Dr. Robert Liska stürzte Leon Zelman vom Jewish Welcome Service Vienna auf mich zu und begann mich vor allen Leuten anzubrüllen. „Wie können Sie die Mitschrift aushändigen? Und wenn Sie tausendmal mitgeschrieben haben, hätten sie es verschwinden lassen, verbrannt oder ins Klo geworfen." Ich wusste nicht, was er hat. Dr. Liska wollte mich verteidigen, ich sagte aber: „Lassen Sie ihn!" Die Gattin eines renommierten Wiener Psychoanalytikers, die mitgehört hatte, kam auf mich zu, sie war eng befreundet mit einem hohen österreichischen Würdenträger. Sie, eine Jüdin, umarmte mich und sagte: „Otti, mach dir nichts draus. Weißt du, der Leon war im Auftrag vom NN mit den Unterlagen vom Waldheim unterwegs nach New York. Er hat dem Fred Sinowatz auch geraten, den Worm zu klagen. Komm wieder einmal zu mir auf einen Kaffee, ich werde dir die Geschichte erzählen."

Zwischendurch schrieb ich mein Buch. Es war ein Schnellschuss, einfach aus dem Grund, weil des Öfteren das, was ich gesagt hatte, nicht korrekt in den Medien wiedergegeben wurde. Ich erkannte mein eigenes Interview oft nicht wieder. Der erste Verlag sagte zunächst, das Buch sei interessant, er würde es gerne herausbringen. Kurze Zeit später hieß es, aus Gründen der Staatsräson könne man das Buch nicht veröffentlichen. Darauf marschierte ich zum Orac-Verlag, dieser riskierte es. Da waren schon die Häscher unterwegs. Aber es gelang nicht, das Buch zu verhindern. Es wurde übrigens ein Bestseller und rangierte monatelang auf Platz eins in mehreren Bestsellerlisten. Es wurde unter drei verschiedenen Manuskripttiteln aufgeteilt, um einer Beschlagnahmung zu entgehen. Insgesamt wurden ungefähr 16.000 Bücher verkauft.

(Das ist eine wilde Geschichte!)

Ja, es ist eine wilde Geschichte aus meinem kleinen Leben. Ich habe mir das nicht gewünscht und auch nicht ausgesucht, aber da halte ich es mit den alten Chinesen: Hadere nicht mit deinem Schicksal, nimm es an und mach das Beste daraus.

Emigration aus dem Burgenland

Ich emigrierte aus dem Burgenland, ich sah keine Zukunft für mich, es wäre auch zum Nachteil der Schule gewesen. Die Feindseligkeiten waren zu offenkundig. Wenn jemand von den Roten mich anredete und mir sagte, dass er mich trotzdem schätze, meinte ich nur: „Geh weiter, sonst schadest du dir und deiner Familie." Das war damals wirklich schlimm. Im Bewusstsein vieler Funktionäre erschien nicht ich, sondern die Verurteilten als Opfer. Herbert Krejci, damals Generalsekretär der Industriellenvereinigung, meinte, er bewundere zwar die Matysek, sie sei ihm aber unheimlich, weil sie einen Bundeskanzler und einen Landeshauptmann auf dem Gewissen habe. So wurde das transportiert.

Frau Matysek wird Malerin – Waldheim kauft ein Bild

Später eröffnete ich im Schloss Halbturn einen Kunsthandel, damit verwirklichte ich mir einen Jugendtraum. Ich begann mit Antiquitäten, zuerst im Burgenland. Baron Waldbott war begeistert von der Idee der neu gegründeten „Kulturvereinigung Nördliches Burgenland", in einem Seitentrakt des Schlosses, dem „Knappenstöckl", lebende Künstler zu präsentieren. Das war eine schöne, lebendige Zeit.

In Wien eröffnete ich mit meinem Sohn ein kleines Kunstgeschäft im 1. Bezirk. Später begann ich selbst zu malen. Gezeichnet hatte ich immer schon gern. Eine kleine Anekdote gibt es noch, die sich darauf bezieht, wie ich zu malen begonnen habe. Es war ein grauslicher Wintertag im März. Schneeregen fiel vom Himmel. Ich stand im Geschäft und dachte mir: Was machst du hier, es kommt kein Mensch. Ich blätterte einen Katalog vom Dorotheum durch und sah ein Bild von Kokoschka, ein Stillleben. Es zeigte ein totes Hendl mit ein paar Blumen, Ausrufungspreis waren 1,2 Millionen Schilling. Da dachte ich mir, das kannst du auch. Ich suchte in den gelben Seiten des Telefonbuches ein Geschäft für Künstlermaterial und fand eines in der Schottenfeldgasse. Ich fuhr sofort hin und kaufte ein: Leinwände, Staffelei, Pinsel, Farben und weiß der Kuckuck, was sonst noch. Ob es das Geschäft heute noch gibt, weiß ich nicht. Die Sachen verfrachtete ich in mein Auto und fuhr nach Payerbach an der Rax in mein Haus. Dort begann ich zu malen. Allerdings richtete ich mich nicht an Kokoschka aus, sondern kopierte die Schwertlilien der Tina Blau, einer wunderbaren Landschaftsmalerin des 19. Jahrhunderts. Das Bild gefiel mir recht gut. Es ist unverkäuflich. Als Thema für mein nächstes Bild war ein Schwertlilienbeet zwischen Landesgericht und Nationalbank vor mir nicht sicher.

Mit Öl begann ich, jetzt male ich in Mischtechnik. Bekannte, die meine Bilder sahen, wollten sie kaufen. Bald eröffnete ich meine erste Vernissage, natürlich im Hilton, wie es sich gehört. Über 15 Jahre sind seitdem vergangen. Es ist also nicht das eingetreten, was manche meiner „Freunde" erhofft hatten. Im Gegenteil, mein Name nützte mir zum ersten Mal. Einer der ersten Käufer meiner Bilder war der Bundespräsident. Meine Vernissagen in den Schlössern Vösendorf und Reichenau, im Casino Baden oder im Alten Rathaus in Wien fanden regen Zuspruch und erfreuten sich großer Beliebtheit.

Der Bauernhof im Waldviertel und die Hochlandrinder

Im Waldviertel krempelte ich einen Bauernhof in ein Atelier um. Auf den Bauernhof kam ich durch Gespräche mit einer Bekannten. Sie hatte mich schon lange gedrängt, ich solle sie doch im Waldviertel besuchen. Es war an einem heißen Sommertag. Um mich abzukühlen, schwamm ich in einem Moorteich weit hinaus, legte mich auf einen mit Moos bewachsenen „Findling" und sagte zu „dem da oben": „Danke, lieber Gott, das hast du schön gemacht." Hier wollte ich mich mit meiner Malerei zurückziehen. Im Nachbarort gab es einen alten Hof, den die Eigentümerin niemandem verkaufen wollte. Und dann kam ein Anruf, es war März, an einem Schneeregentag. Die Bäuerin zeigte meinem Sohn und mir das Gebäude. Man kann in Worten nicht schildern, wie es da aussah. Verfallen war das Haus und nass. Es waren arme Kleinhäusler, die früher hier gewohnt hatten. Ziegen und eine Kuh hatten sie. Der Kuhstall war salitrig und es stank. Sechs Hektar Land waren dabei, total verwildert und verkommen. Als mein Sohn, die Bäuerin und ich nach der Besichtigung des Hofes so im Schneeregen gingen, kalt war es und schiach, da sagte die Bäuerin: „Wissen S' was, Sie sind mir sympathisch. Wenn sie den Hof wollen, Sie können ihn haben." Er war nicht so teuer, wir wurden bald handelseins. Dann begann das Abenteuer. Ich dachte mir zuerst, ich kann das Häusl retten, aber das war nicht möglich. Der Hof ist ein Dreiseithof, aber klein. Die Steine sind alt. An dem Haus arbeiteten meine Söhne, aber auch Bauern mit. Jeden Sommer halte ich dort einen Kunstkurs für Maler aus ganz Österreich bis nach München ab.

Vor Jahren beschäftigte ich mich in meiner „Kulturvereinigung Nördliches Burgenland" mit Professoren der Universität für Bodenkultur mit Themen der Landwirtschaft. Unter anderem auch mit einer Studie über das nördliche Burgenland, das angrenzende Niederösterreich und die Zucht von Hochlandrindern. Jetzt züchten wir bereits seit einigen Jahren diese Ur-Rasse und durften vor einigen Tagen wieder zwei Kälbchen begrüßen. Besonders glücklich bin ich über unser „Flaschenkind", das als Zwilling von der Mutter verstoßen wurde und dem weder Wissenschaft noch praktizierender Tierarzt mehr als 14 Tage Überlebenschance gaben. So zog ich mit Sack und Pack ins Waldviertel, betreute das Kälbchen rund um die Uhr und bläute ihm täglich ein, dass es überleben müsse. Mittlerweile ist es acht Monate alt, heißt „Felicitas", ist in die Herde integriert und erfreut sich bester Gesundheit.

Worte von Persönlichkeiten, die ihren Berufsweg begleiteten

Theodor Kery (Landeshauptmann Burgenland)
„Frauen können keine Verantwortung tragen." *(Ich konnte ihn vom Gegenteil überzeugen.)* „Das Einzige, was mich an dir stört, dass du größer bist als ich." „Du hast das männlichere Hirn von uns beiden." *(Damals war ich gekränkt.)*

Jolly Ofenböck (stellvertretender SPÖ-Klubobmann im Parlament)
„Otti, mach dir nichts draus. Du bist so a schenes Madl, zu wos brauchst du de Partei."

Hellmut Andics (Buchautor)
„Wenn i so ausschau wie Sie, arbeit ich nicht so viel, sondern lass die Männer an mir vorbeiziehen und zupfe mir die besten heraus."

Fred Sinowatz (Bundeskanzler) im Bundesparteivorstand vor höchsten Delegierten des Staates auf die Frage von Jolly Ofenböck: „Was treibt ihr denn da im Burgenland mit der Otti?" Antwort: „Das ist alles nur aus verschmähter Liebe passiert."

Erwin Pröll (Landeshauptmann Niederösterreich)
„Das Einzige, was mich an dir stört, ist die Tatsache, dass du nichts von mir brauchst."

Abgeordneter und Bürgermeister einer Eisenstädter Gemeinde nach einem anstrengenden Vormittag über die Bauordnung

„Chefin, heit hob i a Glück g'hobt, i hob den ganzen Vormittag deine Beine bewundern können."

Manès Sperber (Schriftsteller)
„Ich bin nicht misstrauisch geworden, aber ich habe gelernt, vieles in Frage zu stellen."

Gedanken danach

(Frau Matysek, der es im Kaffeehaus zu gefallen scheint, fügt ihren Ausführungen lächelnd hinzu.)
Jetzt wissen Sie fast alles von mir. Ich bin neugierig, wie Sie in meine Gschichterln eine Ordnung hineinbekommen.

Jedenfalls war es spannend für mich, mit dieser kühnen, genialen, feurigen, witzigen, von Geist sprühenden und von den Künsten beflissenen Dame zu sprechen. Ihr Leben ist ein bewegtes. Der Tod der Mutter, die Bomben im Krieg, das Sirengeheul und das Überleben in den Luftschutzkellern prägen die Kindheit von Ottilie Matysek. Sie sprengt die Enge, die durch die Lehre als Schneiderin vorgegeben ist, sie wird Lehrerin. Das ist ihr zu wenig. Sie beglückt das Burgenland mit einer Schule. Sie gerät in das Räderwerk der Politik. Sie bleibt sich stets selbst treu, sie lässt sich durch Intrigen, üble Machenschaften und Lügen nicht beirren. Sie bringt die politische Männerwelt durcheinander. Sie unterschätzt die „Haberer" in der Politik. Ihre charmante Art, mit dem Leben umzugehen, und ihr verwegener Augenausdruck kann Frauen und Männer verwirren, aber auch begeistern. Sie ist eine wahre Dame, die zu ihren Freunden hält und sich von denen, die ihr Übles wollen, nichts gefallen lässt. Jene, die sie verabscheut, und dazu gehört eine hochgestellte Persönlichkeit im öffentlichen Leben, lässt sie es merken. Jene aber, die ihre Sympathie genießen, können damit rechnen, zu ihren Ausstellungen, in denen ihre prächtigen und farbenfrohen Bilder zu sehen sind, eingeladen zu werden. Die höchste Ehre, die einem Menschen wohl widerfahren kann, ist, von Frau Matysek gebeten zu werden, bei der Eröffnung einer ihrer Ausstellungen einführende Worte zu sprechen. Ich kenne einen früheren Minister, er hatte mit den Finanzen zu tun, der dieses Glück hatte. Für mich jedenfalls war es ein Vergnügen, mit Ottilie Matysek, der begeisterten Züchterin von Hochlandrindern und Freundin aller Rauhaardackel, interessante Stunden im Kaffeehaus verbracht zu haben. Auch unserer Dackeldame Hera, für die Frau Matysek stets nette Worte parat hatte, hat es gefallen.

Kurze Zeit später ein Telefonat

„Hallo, ich war nach 30 Jahren wieder im Landhaus Eisenstadt, beim jetzigen Landeshauptmann Hans Niessl, einem Lehrer. Ich wollte ihm von unserem Buch erzählen und über die Entstehungsgeschichte meiner Schule. Im Hinterkopf hatte ich wohl das Gefühl, dass entweder kein Gespräch zustande kommen würde oder es zu einer eher abweisenden Pseudo-Kommunikation kommen könnte. Das Gegenteil war der Fall. Ich fühlte mich fast in Kreisky-Zeiten versetzt. Die Mutter des Landeshauptmanns hat übrigens auch die private Nähschule in Bruckneudorf besucht. Sehr beeindruckt verließ ich langsam meine ehemalige Wirkungsstätte. Danke, Herr Landeshauptmann, vielleicht wird das der Weg einer neuen, offenen Sozialdemokratie. Es gibt genug begeisterungsfähige junge Menschen, die darauf warten, ein Stück des Weges mitgehen zu können."

Vaqueiro und Tischlergeselle – Gundakar Prinz von und zu Liechtenstein

Begegnung an einem Fenstertisch

Gundakar Prinz von und zu Liechtenstein, Nachfahre des Königs von Portugal, Magister der Wirtschaftsuniversität Wien, Tischlergeselle, Vaqueiro (Cowboy) in Brasilien und Gutsbesitzer bei Neulengbach, lernte ich durch meinen Freund Hans Hofinger kennen, ebenso wie ich Absolvent des Gymnasiums Kremsmünster. Zwischen Gundakar, einem Herrn mit Witz und weitem Verstand, und mir entwickelte sich ein freundschaftlicher Kontakt. Ich freute mich, mit ihm über sein Leben sprechen und darüber schreiben zu dürfen. Auch mit seiner sympathischen Frau, sie ist mit dem französischen Königshaus verwandt, und einer seiner hübschen Töchter kam ich in ein spannendes Gespräch.

Unser erstes Treffen fand an einem Frühlingstag im Café Landtmann an einem Fenstertisch mit Blick auf den Ring statt. Zunächst sprachen wir über Medikamente. Als Sohn eines Landarztes habe ich eine gewisse Abneigung gegen das Einnehmen von zu vielen Tabletten. Frei nach Leonardo da Vinci fügte ich hinzu: „Hüte dich vor Ärzten und Apothekern." Gundakar meinte, oft widerspräche ein Medikament dem anderen, das gehe so lange, bis man tot sei.

Ich erzählte von Hans Kudlich, dem „Bauernbefreier" von 1848. Er half seinem Vater auf dem Gut der Fürsten Liechtenstein in Mähren, einen Acker zu bestellen. In seiner Autobiografie schrieb er später, dass er die Wühlmäuse, die dort lebten, nicht erschlagen hätte, da der Vater nicht Eigentümer des Ackers gewesen sei, sondern der Fürst Liechtenstein. Daher sah er in den Wühlmäusen seine Verbündeten gegen den Fürsten. Sein Bruder sei außerdem ein Wilderer in den Wäldern der Liechtensteiner gewesen. Hans Kudlich sei zum Revolutionär geworden, weil der Fürst ihm nicht erlaubt hatte zu heiraten. Damals, vor der Revolution von 1848, hätte er als Sohn eines untertänigen Bauern beim Grundherrn anfragen müssen, ob er heiraten dürfe. Gundakar lächelte dazu, er fand die Geschichte typisch für die Zeit. Dann begann er, über sein Leben zu erzählen.

Geboren am 1. April – die noble Verwandtschaft – „blaues Blut" floss in der Bäckerstraße

Geboren wurde ich am 1. April 1949 im Rudolfinerhaus in Wien Döbling. Ich habe auch eine Zwillingsschwester, wir sind zweieiige Zwillinge. In der Schwangerschaft meiner Mutter konnte der Arzt nicht feststellen, dass sie Zwillinge auf die Welt bringen werde. Damals gab es noch keine Ultraschalluntersuchung wie heute. Meine Mutter war überzeugt davon, dass es Zwillinge seien, sie spürte es, doch ihr Arzt war gegenteiliger Meinung. Bei der Geburt wäre ich fast erstickt, wovon ich jetzt noch manchmal träume. Es war ein Geburtstrauma. Mein Vater sagte allen Verwandten, er sei am 1. April Vater von Zwillingen geworden. Keiner glaubte ihm, man hielt dies offenbar für einen Aprilscherz. Meine Schwester lebt heute in Berlin, sie ist Hausfrau und hat zwei Kinder. Verheiratet ist sie mit einem deutschen Industriemanager, er ist nicht von Adel.

Als ich einmal wegen eines Auszuges aus dem Taufbuch zur Pfarre Döbling ging, weil ich heiraten wollte, merkte ich, dass die Dame im Sekretariat ein Problem hatte. Ich sagte zu ihr: „Ich brauche einen Auszug aus dem Taufbuch, ich möchte heiraten." „Aha, Sie möchten heiraten", sagte sie und schaute in das Buch. „Naja, aber Sie sind doch verheiratet." Ich erwiderte: „Mit wem denn?" Sie belehrte mich: „Mit dem Herrn Sowieso." Sie erschrak und wurde rot: „So ein Blödsinn, das geht ja gar nicht, sie sind ja ein Mann." Sie hatte sich geirrt, sie hatte den Namen des Mannes meiner Zwillingsschwester statt bei ihrem Namen neben meinem eingetragen.

(Solche Sachen können einem passieren. Er lacht.)

Mein Vater ist in der Steiermark geboren und aufgewachsen, gestorben ist er 2004, meine Mutter 2009. Mein Großvater Alfred war als Kavallerieoffizier im Ersten Weltkrieg eingerückt. Die Großmutter war eine Prinzessin von Oettingen-Wallerstein, die von Oettingen sind angeblich Bastarde der Staufer. Unser Familienbesitz stammt von meinen Großeltern her. Vinzenz Liechtenstein, ein bekannter Politiker, war ein Cousin von mir, leider ist er auch schon verstorben. Meine Mutter stammte aus Regensburg, eine geborene Thurn und Taxis. Meine Frau ist eine Orléans aus dem französischen Königshaus. Sie ist mit mir verwandt, eigentlich bin ich ihr Großonkel. Heiraten musste sie mich trotzdem, weil ich es so wollte *(scherzt er)*. Ich bin ein Cousin vierten Grades ihrer Großmutter. Meine Kinder sind also Onkel und Tanten ihrer Mutter. Über eine andere Verwandtschaft bin ich auch ein Onkel meiner Frau und über noch eine andere Linie irgendwie ihr Cousin. Und ihr Ehemann bin ich auch *(meint er lächelnd)*.

Aufgewachsen bin ich in Niederösterreich, und das kam so: Der Onkel meines Vaters war der damals in Liechtenstein regierende Fürst Franz, der den großen Fideikommiss und den kleinen Tertiogenitur-Fideikommiss in Neulengbach besaß. Nach seinem Tod ging Letzterer an meinen Vater, nach dem damals herrschenden Fideikommissrecht, das 1938 per Gesetz abgeschafft wurde. Wir sind sieben Geschwister. Fast alle Liechtensteins haben viele Kinder, wir sind also sehr fruchtbar. Es gibt heute rund 150 Liechtensteins. Mein Vater war der direkte Vetter des verstorbenen Fürsten Franz Josef von Liechtenstein. Die vier Söhne von Franz Josef sind Vettern zweiten Grades zu mir. Unsere Großväter waren Brüder. *(Ich werfe ein, dass es von den Habsburgern angeblich 600 gibt.)* Das wird schon stimmen, wenn man alle Außenbezirke einbezieht. *(Er lacht.)*

(Ich erzähle die Geschichte von Erwin Degelsegger, dessen Großvater ein Habsburger sei, der seine Großmutter, eine Magd, geschwängert hätte.)

Ich sagte zu meiner Frau einmal, als uns in Bad Ischl im Kaffeehaus eine Kellnerin bediente, dass diese dem Aussehen nach von den Habsburgern abstammen könnte. Mein Großvater pflegte immer, wenn es um solche Vermutungen ging, zu sagen, das betreffende uneheliche Kind sei ein „Malheurchen", also ein Missgeschick von dem oder dem.

Einer meiner Vettern und ich fuhren einmal als junge Studenten in Wien der Feuerwehr nach, um zu schauen, wo es brennt. Die Polizei sperrte alles ab und schickte die Leute weg. Wir gingen trotz der Absperrung dorthin, wo es brannte. Am nächsten Tag kaufte ich die Kronen Zeitung, und wen sah ich auf dem Titelblatt? Uns beide als „neugierige Wiener"!

(Während Gundakar mir diese Geschichte erzählte, kam eine Dame auf uns zu. Sie grüßte mich freundlich, doch ich konnte mich nicht an ihren Namen erinnern. Als ich Gundakar als Prinz von und zu Liechtenstein vorstellte, antwortete sie heiter, sie heiße Andrea von und zu Leitner. Sie belustigte sich also über die Adelstitel, doch Gundakar lachte herzlich dazu. Ihm gefiel ihre Reaktion.)

Ein anderes Mal war ich wieder mit meinem Vetter in der Bäckerstraße. Dort gingen drei Burschen, richtige „Pülcher", auf ihn los und drängten ihn in die Ecke. Ich wollte ihm helfen, da sprang der Kleinste auf mich und versetzte mir einen Kinnhaken, sodass ich mir in die Lippe biss. Er lief sofort weg, sonst hätte ich ihn gepackt. Die Polizei erfuhr davon. Damals gab es eine Zeitung, die hieß WieWo, in der stand in großen Lettern: Blaues Blut floss in der Bäckerstraße. *(Wir beide lachten.)*

Kindheit bei Neulengbach

Zwölf Kilometer von Neulengbach entfernt liegt Schloss Dietersdorf. Hier wohnten die Eltern, meine sechs Geschwister und ich samt Personal. Der jüngste Bruder ist heute Finanzberater in Frankfurt, mein jüngerer Bruder hat einen Forstbetrieb in der Steiermark, meine Zwillingsschwester lebt in Berlin, eine andere Schwester in München. Meine jüngste Schwester lebt in Wien, sie ist mit Pater Sporschill und der Caritas verbunden. Ein Bruder lebt in Deutschland, wo er einen Betrieb aufgebaut hat.

Ich übernahm unseren Forst- und Gutsbetrieb, nicht nur, weil ich der Älteste bin, sondern weil mich das wirklich interessierte, sonst hätte mein Vater ihn einem anderen übergeben. Studiert hatte ich vorher Bankwesen. Schon in der Schulzeit ist es vorgekommen, dass mich jemand wegen meiner Herkunft gepflanzt hat, dann konnte er gleich zu einer Rauferei antreten. Ich war kein schlechter Raufer und ließ mir nichts gefallen. Grundsätzlich verstand ich mich mit meinen Schulkollegen aber gut. In der Volksschule gab es keine Probleme. Der Direktor Loidolt war ein netter Kerl, ich habe ihn geschätzt, er war aber ein bisserl cholerisch. Wenn jemand etwas anstellte, haute er mit seinem Stecken auf die ausgestreckten Handflächen des Schülers. Das Ärgste war, wenn man die Hand zurückzog und er danebenschlug. Wir fanden das lustig, er aber wurde zornig. Man musste die Hand nochmals ausstrecken und er haute dann auf den Handrücken. Über solche Aktionen der Lehrer, die es mit uns nicht leicht hatten, haben wir uns eher belustigt. Mir würde es aber nicht einfallen, zu sagen, der Lehrer hätte mich misshandelt. Grundsätzlich habe ich gute Erinnerungen an meine Volksschulzeit, an die Schulfreunde, die Lehrerinnen und Lehrer.

Im Internat in Salzburg – die Nilpferdpeitsche – als Tischlergeselle

Mein Bruder und ich besuchten das Werkschulheim Felbertal in Salzburg und waren dort im Internat. Ich maturierte an dieser Schule, gleichzeitig erlernte ich wie jeder Schüler auch ein Handwerk. Diese Schule war von einem Russen mitbegründet worden, einem Freund des Reformpädagogen Kurt Hahn, auf den auch die Internatsschule Schloss Salem in Deutschland und die schottische Privatschule Gordonstoun zurückgehen. Felbertal war im Prinzip dasselbe System, trug nur keinen so eleganten Namen.

Wie mein Maturazeugnis aussah, weiß ich nicht mehr. Ein Riesenstern war ich in der Schule nie. Es war hart, manchmal hatte ich bis auf die zwei letzten Schularbeiten im Jahr meist nur Pinsche *(Anm.: Fünfer)*. Ich wusste, nun geht es um die Wurst. Dann lernte ich ordentlich, schrieb schließlich ein Gut oder Sehr gut und kam durch.

(So war es auch bei mir. Wenn ich lernte, ging es gut. Ich war ein eher schlechter Schüler.)

Es ist ja unpädagogisch, wenn man den Kindern sagt, dass man ein schlechter Schüler war. *(Die Tochter sitzt lächelnd dabei.)* Ich gaukelte den Kindern nie vor, dass ich ein guter Schüler war. Ich sagte auch nicht, dass ich ein schlechter Schüler war, sonst hätten sie geglaubt, sie müssten mir nacheifern. Nach dem Tod meines Vaters las ich die Berichte der Schule über mich an die Eltern. Sie mussten Blut geschwitzt haben, weil ich so schlecht lernte! Bekam ich einen Fünfer, musste ich mich plagen, um auf einen Vierer oder Dreier zu kommen. Und so weiter. Aber ich kam immer durch.

(So ging es mir auch, ich verweise auf mein Maturazeugnis und erzähle von der Religionsnote Sehr gut bis zur achten Klasse, weil ich in der vierten Klasse das Konzil von Nicäa wusste. Ich hatte unter der Bank im Buch nachgesehen. Die Tochter lacht. Leider werfe ich ein Glas um, die Scherben

liegen auf dem Tisch. Das ist zu dumm, ich rufe nach dem Kellner, er solle mir helfen. Herr Erwin nimmt es gelassen. Ich erzähle von einem Professor, der sich weigerte, mit mir auf ein Glas Bier zu gehen, weil ich einmal ein Bierglas umgeworfen und ihn dabei beschmutzt hatte. Ich rede leider zu viel mit den Händen und da kann so etwas passieren. Gundakar fällt dazu eine Geschichte ein.)

Als ich ein Student war, hatten wir wenig Geld, dennoch ging ich einmal mit meinem Vetter Dominik in eine Strip-Bar. Wir dachten, mit 18 Jahren müssten wir endlich einmal ausprobieren, wie es in einer solchen Bar zugeht. Wir hatten gerade so viel Geld mit, um ein Getränk zu zahlen. Dominik redete auch so wie du mit den Händen und warf dabei sein Glas um und es brach ein Stück ab. Wir hatten Angst, das Glas bezahlen zu müssen, denn wir hatten zu wenig Geld mit. Dominik stellte daher das Glas so hin, dass man nicht sah, was passiert war. *(Er lacht.)* Wir mussten das Glas Gott sei Dank nicht bezahlen.

Wenn wir schlechte Noten im Gymnasium hatten, wurden wir von meinem Vater durchgehauen und zwar mit einer Peitsche aus Nilpferdleder, die meine Eltern von einer Ägyptenreise mitgebracht hatten. Wenn ich schlechte Noten im Gymnasium bekam, hieß es: Hose runter.

(Gundakar lacht, ihn dürften solche Sachen nicht sehr getroffen haben.)
Mein Vater war äußerst sparsam. Mein Bruder und ich wunderten uns daher, dass er immer zwei Zimmer im Hotel nahm, wenn er uns in Salzburg besuchte. In dem einen wohnte er, das andere mietete er deshalb, weil er einen allein in diesem Zimmer versohlte, während der andere im anderen Zimmer warten musste. Der jüngere Bruder musste zuerst antreten. Später war dies alles meinem Vater sehr peinlich, wie er uns sagte. Er konnte sich nicht anders helfen wegen der schlechten Noten und glaubte, ein paar auf den Hintern würden uns guttun. Für uns selbst war das eine Gaudi. Als er mich einmal durchhaute, brach der Peitschenstiel ab. Plötzlich hing die Peitsche so komisch herunter.

Der Spuk war zu Ende und wir gingen dann köstlich essen. Schließlich brachte er uns wieder in die Schule.

In der Schule gab es drei Möglichkeiten, ein Handwerk zu erlernen: Schlosserei, Tischlerei und Radiomechanik. Die Schüler kamen aus allen Gesellschaftsschichten: Bauern, Arbeiter, Aristokraten, alles bunt gemischt. Ich lernte viele interessante Menschen kennen. Entschieden habe ich mich für die Tischlerei und auch die Gesellenprüfung abgelegt. Den Gesellenbrief habe ich noch!

(Ich bitte ihn um eine Kopie.) Das kann ich machen. Ich werde den Brief suchen.

(Ich beneide dich, Geselle zu sein. Kannst du das Tischlerhandwerk heute noch?)

Ich kann es schon noch. Wir hatten lange Zeit einen Betriebstischler. Als er in Pension ging, fanden wir keinen guten Ersatz. Alle waren immer baff, wenn ich sagte: „Da machen Sie halb verdeckte Zinken." Oder: „In diesem Fall machen Sie eine Gratverbindung, damit das Holz stabilisiert wird." Sie wunderten sich immer, dass ich wusste, wie man es richtig machen muss. So muss man etwa den Kern aus dem Holz herausschneiden, damit es sich nicht wirft. Alle Holzverbindungen konnte ich ihnen sagen.

Das Schloss und die Freude an der Land- und Forstwirtschaft

(Wir sprechen über Schlösser, in denen der Adel wohnte. Ich erzähle von meinem Vorfahren Franz Girtler, geboren um 1750 in Böhmen, er war Bauer und brachte es zum Verwalter auf den Gütern der Grafen Swéerts-Sporck, die ein Schloss in Lissa an der Elbe besaßen. Er hatte sich in den Kopf gesetzt, dort Orangen und andere Früchte anzubauen, doch ohne viel Erfolg. Dem Grafen dürfte dies gefallen haben. Es ist anzunehmen, dass Franz Girtler das Schloss auch von innen gekannt hat. Die Beziehung der Girtlers

zu Schlössern war jedoch eine andere als die der Liechtensteins, meine ich. Gundakar nickt.)

Das Schloss in Dietersdorf in Niederösterreich unweit von Sieghartskirchen gehört heute mir, wir wohnen aber nicht dort. Ich möchte das Schloss einmal restaurieren lassen, im Moment steht es leer. Manchmal sind die Kinder dort. Wenn viele Freunde kommen, weichen wir auch dorthin aus. Der Großonkel, Eigentümer des Fideikommisses, zu dem das Schloss gehörte, war selbst nie dort. Im Schloss wohnte lediglich das Personal und auch das Forstamt war eine Zeit dort untergebracht.

Auch das Schloss Neulengbach gehörte seit 1828 den Liechtensteins, wurde aber verkauft, nachdem diese Linie ausgestorben war. Bis zuletzt wohnte ein Familienmitglied in diesem Schloss. 1912 brannte es aus, es stand damals leer. Dann setzte man wieder ein Dach darauf und verkaufte es an die Gemeinde Wien. Die verkaufte das Schloss an einen Verein weiter, der es aber nicht halten konnte. Der jetzige Besitzer ist ein Grazer, der auch nicht im Schloss wohnt, es steht weiterhin leer.

Im Schloss in Dietersdorf wuchsen wir also auf. Viel Personal hatten wir nicht, nur Kindermädchen, Köche und Leute, die aufräumten. Mit den Kindermädchen war es oft sehr unterhaltsam.

Mein Vater war Jurist und Forstingenieur. Wir ließen Holz schneiden und verkauften es an Händler. Unser Besitz, den mein Vater verwaltete, bestand aus 2.300 Hektar Forst und 300 Hektar Landwirtschaft. Auch in der Steiermark hatten wir ein Revier, das gehört jetzt meinem Bruder. Ich habe 2.100 Hektar geerbt, meine Schwestern 500 Hektar. Meinen Besitz verwalte ich selbst, das ist mein Job. Unsere Forstgüter liegen in Niederösterreich und in der Steiermark. Ein Revier ist seit dem 17. Jahrhundert in unserer Familie. Es grenzt an die Gründe des Stiftes Klosterneuburg. Die anderen Güter wurden um 1823 aus der Konkursmasse der Grafen Fries gekauft, einer der wohlhabendsten Familien der

Monarchie. Es dauerte nur drei Generationen, dann starb der letzte Graf Fries in Paris in einem Armenhaus.

(Ich erzähle vom Tierarzt Kummer, der in einem Schloss der Liechtensteins in der Steiermark den Hund einer Dame behandelt hat, die das Vorbild für die Gräfin Mariza in der Operette war.)

Das war meine Großtante. Sie war die Frau von Johannes Liechtenstein, dem Bruder meines Großvaters.

(Er erzählt weiter über seine Jugend.)

In Neulengbach ist die Verwaltung unseres niederösterreichischen Besitzes. Die Landwirtschaft betreiben wir in Eigenregie, mit eigenem Verwalter, eigenen Maschinen und allem. Ohne EU-Ausgleichszahlungen könnten wir unter derzeitigen Bedingungen nicht überleben. Unser Betrieb ist seit über 16 Jahren biologisch ausgerichtet, nicht aus ideologischen Gründen, sondern weil die Marktsituation für biologische Produkte unserer Meinung nach die günstigere ist. Realistisch gesehen, kann es eigentlich keine biologischen Produkte geben, da die Umwelt verschmutzt ist. Wir arbeiten aber nach den Vorschriften. So stehen wir, glaube ich, auf dem Markt besser da. Die Forst- und Landwirtschaft ist meine Sache, ebenso die Farm in Brasilien.

Die Farm in Brasilien

Der Besitz in Brasilien umfasst 3.400 Hektar, die ich ebenso verwalte. Dort züchte ich Vieh, und zwar indische Zebus. Das Zebu ist in Indien ein heiliges Tier. *(Gundakar fügt scherzend hinzu:)* Ich bin eigentlich Brahmane, denn ich züchte heilige Kühe. In Brasilien werden die Rinder in Schlachthöfen geschlachtet. Das Land ist der größte Rinder- und Fleischproduzent der Welt, mit 160 Millionen Rindern. Die größte Schlachthofkette der Welt gehört einer brasilianischen Gruppe. Die schlachten pro Jahr 90 Millionen Rinder.

(Ich bin Vegetarier und esse nur gewilderte Sachen. Dies amüsiert Gundakar. Regt sich niemand auf über deine Farmen in Brasilien? Es heißt ja, dass zu viel abgeholzt wird, dies wäre ein Schaden für die Umwelt?)

So sagen manche, aber ich glaube es nicht. Ich kenne Brasilien seit 30, 40 Jahren, kann das aber nicht nachvollziehen.

Meine Beziehung zu Brasilien geht auf meinen Ururigroßvater zurück, er war König von Portugal *(Dom João VI.)*. Von diesem stammte der brasilianische Kaiser Dom Pedro ab, der Leopoldine aus dem Hause Habsburg heiratete. Dom Pedro war der Sohn von Johann VI., jenem portugiesischen König, der vor Napoleon aus Portugal nach Rio geflohen ist. Er war der einzige Monarch, der sich Napoleon nicht gebeugt hat. Mit dem ganzen Hofstaat kam er nach Brasilien, das damals portugiesisch war. Sein jüngerer Sohn Miguel blieb in Portugal. Da Portugal und Brasilien nicht in Personalunion regiert werden durften, wurde Miguel König von Portugal. Von Miguel stamme ich ab, er heiratete eine Dame aus dem Hause der Fürsten Löwenstein-Wertheim-Rosenberg. Zwischen den beiden Brüdern gab es in Portugal später einen blutigen Bürgerkrieg, den mein Ururgroßvater Dom Miguel verlor. Sein Sohn Miguel, mein Urgroßvater, ging dann nach Österreich ins Exil, wo meine Großmutter mit ihren Geschwistern aufgewachsen ist.

Die Kritik der Kaiserin Zita am portugiesischen König

Zita, die Frau von Kaiser Karl, dem letzten österreichischen Kaiser, war eine direkte Cousine meiner Großmutter. Die Mutter von Zita war eine Braganza, sie entstammte dem portugiesischen Königshaus.

(Im Buch von Albert von Margutti, einem Adjutanten von Kaiser Franz Joseph, ist zu lesen, Kaiserin Zita habe sich beklagt, dass der König von Portugal ohne Widerstand seinen Thron aufgegeben hat, er hätte dafür kämpfen

müssen. Margutti fügt jedoch kritisch hinzu, dass sie und Kaiser Karl auch nicht für den österreichischen Thron gekämpft haben.)

Dieses Zitat interessiert mich, ich werde die Stelle heraussuchen. Politisch-historische Situationen kann man im Nachhinein nur schwer beurteilen. Einer kann der gescheiteste Politiker oder Monarch sein und im Nachhinein als Trottel hingestellt werden, weil alles schiefgegangen ist. Während der Dumme, der nichts bemerkt hat und nicht wusste, was passiert, überlebt und als der genialste Politiker gefeiert wird. Das hängt davon ab, wie man es gerade beurteilt.

(Kaiser Ferdinand, der Vorgänger von Franz Joseph, sagte nach seiner Abdankung, als die Österreicher gegen die Preußen verloren hatten: „Einen Krieg verlieren hätte ich auch können".)

Das klingt sehr philosophisch und weise.

(Wir kommen zurück auf Gundakars Aufenthalte in Brasilien.)

Wegen meiner Verwandtschaft ging ich also nach Brasilien. 1972 war ich das erste Mal dort. Die Sprache hatte ich von den Großeltern gelernt, auch mein Großvater in Regensburg sprach gut Portugiesisch. Er war der Fürst von Thurn und Taxis, seine Frau war eine portugiesische Prinzessin. Ich war sehr oft bei meinen Großeltern und habe diese Sprache immer im Ohr. Meine Großmutter hatte noch eine portugiesische Hofdame, die Condessa de Castello, mit der sie in ihrer Sprache geredet hat. Ich war auch öfter mit den Großeltern in Portugal.

Gundakars Tante erscheint brasilianischen Lastwagenfahrern als Engel

(Ich erzähle von meiner Enkelin Freya, die in Santiago in Chile einmal mit einer Finnin und einer Schwedin spazieren ging, alle drei sind groß und blond. Ihnen kam ein Chilene auf dem Fahrrad entgegen. Als er die drei Grazien sah, fiel er vor lauter Schauen vom Fahrrad.)

Das ist fast wie die Geschichte mit meiner Tante, der Schwester meiner Mutter, die auch nach Brasilien auswanderte. Sie war zart und klein, aber sehr sportlich. Ihr Bruder, also mein Onkel, hatte eine Farm in Brasilien, er fuhr einen Opel Blitz, ein Auto, das angeblich für schlechte Straßen tauglich war und vorne auf der Stoßstange eine Seilwinde hatte. Mit diesem Auto war meine Tante oft unterwegs.

Zwei Brasilianer waren damals mit ihrem Lastwagen im Dschungel im Morast stecken geblieben, weitab von einer Siedlung. Beide hatten schwere Malaria, nichts mehr zu trinken und zu essen. Sie dachten, sie müssten sterben. Zufällig war meine Tante mit dem Opel Blitz unterwegs, traf auf die beiden und fragte, was los sei. Also erzählten sie ihr Unglück. Die Tante befestigte die Seilwinde an einem Baum und zog den Lastwagen aus dem Morast. Dann fragte sie die beiden, ob sie noch etwas brauchen. Sie antworteten: „Nein, wir sind so froh, dass Sie uns geholfen haben." Sie stiegen in ihr Lastauto und konnten ohne Probleme wegfahren. Eine Woche darauf hörte die Tante in der Stadt, dass zwei Männer erzählt hätten, sie seien im Urwald mitten in der Nacht stecken geblieben und hätten jegliche Hoffnung aufgegeben.

(Der Kellner Rudi unterbricht unser Gespräch, er bringt das Essen, das Gundakar bestellt hat, dieser bindet sich eine Serviette um. Ich meine, mein Vater habe es auch immer so gemacht.)

Es schauen zwar immer alle, wenn ich mir die Serviette umbinde, aber Hauptsache, die Krawatte bleibt sauber.

(Er erzählt weiter.)

Die zwei im Lastauto hätten sich, wie sie weiter erzählten, zum Sterben vorbereitet. Auf einmal sahen sie ein Licht im Wald, es kam näher und näher und schaute wie ein Himmelsfahrzeug aus. So etwas hatten sie noch nicht gesehen. Es blieb stehen, die Tür ging auf, ein kleiner Engel stieg aus und fragte, ob er helfen könne. Mit einem Gerät zog er den LKW aus dem Morast und fragte, ob sie noch etwas bräuchten, was sie verneinten.

Der Engel stieg wieder ein und fuhr weg, das Licht des himmlischen Fahrzeuges verschwand im Urwald. Sie waren gerettet. Aufgrund dieser Geschichte wusste meine Tante, dass sie der rettende Engel gewesen war.

Angestellte und Landwirtschaft

(In den landwirtschaftlichen Betrieben benötigte man in früheren Zeiten eine große Anzahl von Mägden und Knechten. Wie ist es heute?)

Früher hatten wir viele Angestellte, jetzt sind es weniger, es wurde viel rationalisiert. Ich erinnere mich an die Zeit bald nach dem Krieg, wir waren noch kleine Kinder. Damals hat meine Mutter zu Weihnachten für die Kinder aller Mitarbeiter die Bescherung ausgerichtet. Diese fand im größten Saal des landwirtschaftlichen Betriebes in Neulengbach statt, am Steghof, wo früher die Grundherrschaft war.

Den riesigen Vierkanter gibt es heute noch, als Zentrum der Landwirtschaft, mit allen Maschinen. Jetzt haben wir keine Milchwirtschaft mehr, nur mehr Ackerbau und Mastviehzucht mit Mutterkuhhaltung. Wir haben das Murbodner Rind, eine gefährdete Rasse. Früher hatten wir 180 Stück Vieh, jetzt haben wir nur mehr 30 Mutterkühe. Der Stand wird heute bei 50, 60 Stück sein.

Viel mehr als die Landwirtschaft ist die Forstwirtschaft unsere Lebensgrundlage.

(Man sagte mir, solange es im Gebirge Wilderer gab, war der Wald in Ordnung.)

Das ist schon möglich. Wilderer gibt es bei uns auch. Von einem weiß ich es sicher, dass er bei uns wildert, und zwar nur bei uns. Ich kann ihn aber hier nicht detailliert beschreiben, sonst erkennt er sich wieder. Der Mann war früher Forstarbeiter bei uns.

Die nahe Verwandtschaft der hohen Adeligen

(Obwohl es den Adel formal nicht mehr gibt, scheinen Hocharistokraten bis heute darauf zu achten, innerhalb ihrer sozialen Schicht zu heiraten. Wir reden über Markus Habsburg, mit dem ich befreundet bin, der allerdings eine Bauerntochter geheiratet hat, was eher selten zu sein scheint.)

Die Frau von Markus ist sehr tüchtig, das weiß ich aus eigener Erfahrung. Markus ist auch mit mir eng verwandt. Die Habsburger sind überhaupt eng verwandt mit den Liechtensteins.

(Ich erzähle von Elisabeth von Bayern, die mit einem Kuefstein verheiratet ist, sie ist eine nette Dame. Sie hat mir erzählt, dass ihr Vater mehr Habsburger unter seinen Ahnen hat als ihre Mutter, eine geborene Habsburg.)

Das kann schon sein. Wir sind auch verwandt mit Sachsen-Coburg-Gotha. Das weiß ich deshalb, weil meine Kinder in England die Schule besuchten. Als einmal ein Lord Windsor in die Schule kam, fragte der Headmaster meinen Sohn, der jetzt in Kanada studiert, wie er mit dem englischen Königshaus verwandt sei. Mein Sohn wusste zwar, dass wir mit dem Königshaus verwandt sind, aber nicht, wie. Wir zeichneten daher den Stammbaum auf, daraus geht hervor, dass ich ein Cousin sechsten Grades von Prinz Charles bin. Ich lernte ihn schon kennen, er ist ein sehr netter Herr. Man sagt, er werde immer wieder aufs Korn genommen, weil er viel zu wenig Anglikaner sei, er denke viel zu sehr katholisch. Außerdem sei er keiner Freimaurerloge beigetreten, was ihm übel genommen wird. Die englischen Könige waren traditionell Freimaurer.

(Ich halte fest, dass sich Prinz Charles für den Umweltschutz einsetzt.)

Ich muss sagen, ich habe zum Umweltschutz ein zwiespältiges Gefühl. Ich setze mich schon dafür ein, aber es darf keine politische Ideologie oder Doktrin sein. Jeder Bauer ist im Prinzip ein Umweltschützer.

Die Zigeunergrammatik des Ururgroßvaters

(Als ich Gundakar den von Zigeunerprinzessin Luminita in Hermannstadt ausgestellten Ausweis zeige, aus dem hervorgeht, dass ich Ehrenmitglied der Zigeuner von Hermannstadt bin, erzählt er etwas, das mich überrascht und freut.) Mein Ururgroßvater, ein Habsburger, schrieb die erste Zigeunergrammatik, er sprach auch ihre Sprache. Es war dies der Erzherzog Joseph, er war Palatin von Ungarn, der Stellvertreter des ungarischen Königs. Der erste Sohn der in Ungarn lebenden Habsburgerfamilien hieß in der Regel Joseph.

(Ich hätte diese Zigeunergrammatik gerne. Vielleicht könnte man sie wieder veröffentlichen.)

Das kann man machen, eine Neuauflage wäre sicher interessant. Ich muss schauen, ob ich sie in Vaduz habe oder ob mein Bruder sie hat.

(Einige Tage später bin ich wieder im Café Landtmann. Ich sitze an dem breiten Tisch am Ende des Saales unter dem Spiegel, mit Magistra Iovanca Gaspar, einer lieben Bekannten. Sie ist eine Zigeunerin aus Rumänien und hat bei mir Soziologie studiert. Dabei ist auch Professor Dr. Marcel Courthiade, ein Erforscher der Zigeunersprachen, der selbst rund zehn Sprachen spricht. Er ist Professor am Institut national des langues et civilisations orientales – Sections de langue et civilisation rromani in Paris. Ich plaudere mit den beiden.

Gundakar kommt hinzu, mit dem ich mich hier treffen wollte, um ihn mit Marcel bekannt zu machen. Marcel ist an Gundakar interessiert, da dessen Ururgroßvater die erwähnte Zigeunergrammatik verfasst hat. Übrigens hat Iovanca Gaspar mir erlaubt, das Wort Zigeuner zu gebrauchen, dem ich eine schöne Klangfarbe geben will. Als ich Marcel frage, woher er komme, antwortet er: „Aus einem kleinen Dorf, das man, so glaube ich, Europa nennt."

Marcel freut sich über die Bekanntschaft und erzählt, dass ein Vorfahre einer ihm bekannten Zigeunerfamilie mit Gundakars Ururgroßvater kor-

respondiert habe, und zwar auf Rromani. Es gibt einige Briefe des Erzherzogs, die Antworten darauf sowie eine Anzahl weiterer an ihn gerichteter Schreiben, alles auf Rromani. Dazu Tonbandaufzeichnungen, gelesen von den Enkeln der Verfasser dieser Briefe. Marcel ist Mitherausgeber einer in Buchform herausgegebenen Sammlung dieser Briefe und der CD.

Gundakar ist begeistert. Die Zigeunergrammatik hat er mit und borgt sie mir. Es ist die deutsche Übersetzung des ungarischen Originals. Marcel hält fest, dass er auch diese Übersetzung hat und fügt hinzu: „Ihr Ururgroßvater hat aber auch noch ein anderes Buch geschrieben, es heißt ‚A Cigányókrol‘.“ Gundakar ist überrascht, er kennt dieses Buch nicht. Marcel meint, er habe eine Xerokopie davon und würde Gundakar eine Kopie dieser Kopie schicken, wenn er wolle. Es sei auf Ungarisch geschrieben, man könne aber die Struktur lesen: Religion, Familie, Stämme usw. Marcel erzählt Gundakar, der nun erheblich stolz ist auf seinen Ururgroßvater, dass dieser auch Mitglied der Gypsy-Society in England war und sogar Sanskrit beherrschte. Gundakar freut sich sichtlich über diese für ihn neuen Erkenntnisse über seinen Ururgroßvater. Von diesem weiß er eigentlich nur so viel, dass er sich sehr für Geschichte und für Sprachen interessiert hat.

Ich finde dieses Gespräch höchst spannend und werde versuchen, mehr darüber zu erfahren. Als ich meine, man könne diese Zigeunergrammatik doch wieder auflegen, werde ich von Marcel darin bestärkt, auch er hält eine Neuauflage für wichtig. Diese Grammatik sei wohl nicht die erste, die stamme schon aus dem Jahr 1825. Auch diese hat Marcel fotokopiert und will sie wieder auflegen. Ich meine zu Gundakar, dass dies alles höchst spannend sei. Er erwidert, er habe so etwas noch nicht erlebt und sei ganz überrascht, was ich da eingeleitet habe. Das freut mich. Hoffentlich wird es etwas mit der Neuauflage. Etwas später meint Gundakar zu mir:)

Das Treffen hat mich sehr gefreut. Ich konnte wirklich viel lernen von den beiden. Marcel kennt sich aus, er ist wirklich ein Spezialist.

Noble Großzügigkeit und Political Correctness

(Ich erwähne, dass mein Vater, der Landarzt, oft meinte, man müsse großzügig gegenüber anderen Menschen sein, schädlich sei ein enger Horizont. Gundakar stimmt zu.)

Großzügigkeit ist ungemein wichtig, ich erzog meine Kinder in diesem Sinn und achtete darauf, dass sie an vielem Interesse haben. Ein enger Horizont ist das Ärgste. Kleinkarierte Leute sind unangenehm.

(Wir kommen auf die heute oft als problematisch empfundene Political Correctness.)

Das ist arg. Für mich ist ein Neger ein Neger, ein Zigeuner ein Zigeuner. Das ist ja nichts Abwertendes. Political Correctness hat mit Macht zu tun. Gewisse Leute wollen andere zwingen, so zu reden oder zu handeln, wie sie es für richtig befinden. Bei den Nazis war es nicht viel anders.

(Mich ruft jemand am Handy an, ich bitte, er möge in einer Stunde wieder anrufen, denn ich plaudere mit einem Prinzen von und zu Liechtenstein im Kaffeehaus. Ich sage dann zu Gundakar, dass ich jetzt mit seinem noblen Titel auf den Tisch haue.)

Eine Tante von mir sagte, als man sie fragte, wie man sie anreden solle: „Mir ist alles recht, nur bitte nicht Allerwerteste."

(Wir beide lachen. Das ist eine gescheite Antwort, solche Geschichten gefallen mir.)

(Herr Rudi serviert ab. Am Teller von Gundakar liegt noch ein Paradeiser, den ich schnell verspeise. Gundakar lacht.) Ich ließ ihn nur als Anstandsparadeiser liegen.

(Ich erzähle über den Artikel, den ich über Otto Margulies, einen jüdischen Burschenschafter, der um 1925 im Gesäuse abgestürzt ist, in der jüdischen Kulturzeitschrift David und gleichzeitig in der Aula publiziert habe. Wegen der Publizierung in der Aula hatte ich Schwierigkeiten. Ich wurde von der damaligen sozialistischen Staatssekretärin Brigitte Ederer

im Parlament gemaßregelt. Van der Bellen, er war damals noch nicht im Parlament, schrieb ihr daraufhin und verteidigte mich.)

Das ist anständig von Van der Bellen. Ich fragte mich oft, wie er wohl ist.

(Ich erzähle auch von dem Fahrradduell, zu dem ich einen Studenten forderte, der mich beleidigt hat, weil ich in der Aula schrieb. Er erschien aber nicht.)

Das sind Feiglinge.

(Conrad Seidl schrieb im Standard eine nette Glosse zu meiner Fahr-rad-Forderung.)

Herr Seidl schaut sehr unabhängig aus. Man kann auf gewisse Sachen gar nicht anders reagieren als eben humorvoll.

Die Banken, Brasilien und die Ehre

(Wir kommen auf das Studium von Gundakar zu sprechen.)

Während meines Studiums war mir nicht bewusst, dass ich einmal mit Landwirtschaft zu tun haben würde. Das interessierte mich auch nicht, sondern nur das Bankwesen. Zuerst studierte ich an der Hochschule für Welthandel, ich wurde für die Bank ausgebildet. Nach dem Studium arbeitete ich zunächst bei der Oberbank in Linz, dann ging ich nach Hamburg zur Deutsch-Südamerikanischen Bank, von dort kam ich schließlich nach Sao Paulo. In dieser Zeit kaufte ich die Farm in Brasilien. Um diese bewirtschaften zu können, studierte ich, nachdem ich bei der Bank gekündigt hatte, in England ein Jahr Landwirtschaft.

Das Bankwesen übte auf mich einen großen Reiz aus. Dafür braucht man vor allem einen guten Hausverstand. Eigentlich geht es nur darum, billiger einzukaufen und teurer zu verkaufen. Grundsätzlich muss etwas übrig bleiben, das ist alles.

(Ich erzähle, dass ich bei einer bekannten Wirtschaftswissenschafterin

gelesen habe, dass es zwei Typen von Wirtschaftern gibt. Die einen verlassen
sich auf Statistiken und Modelle, die anderen gehen auf die Straße und
schauen, was sich da abspielt.)

Es kommt viel auf das Bauchgefühl an, das stimmt schon.

(Hängt deine Absicht, nach Brasilien zu gehen, mit deinen Vorfahren
zusammen?)

Vielleicht. Ich schlug schon in der Volksschule vor meinen Mitschü-
lern den Atlas auf, zeigte auf Brasilien und sagte, dass ich dort einmal
sein würde. Als ich nach Sao Paulo geschickt wurde, konnte ich mich
schon in Portugiesisch verständigen. Jetzt spreche ich Portugiesisch wie
meine Muttersprache. Zweimal im Jahr fahre ich für drei bis fünf Wochen nach Brasilien, ich bin sehr gern dort. Die Brasilianer sind ein sehr
angenehmes Volk, eine bunte Mischung vieler Volksgruppen in allen
Schattierungen. Schöne Frauen gibt es, hässliche aber auch. Zunächst
wohnte ich bei einem Freund, bis ich eine eigene Wohnung fand.

(Ich erzähle von unserem Schimacher Emil Milichowsky aus Spital am
Pyhrn, der während des Zweiten Weltkrieges auf dem deutschen Panzerschiff
Admiral Graf Spee war. In seiner Werkstatt hing ein Bild, das ihn als Ma-
trosen zeigt. Wir reden über das Schicksal des Schiffes und dessen Besatzung.)

Der Kapitän Hans Langsdorff hat sich erschossen, nachdem er das
Schiff im Río de la Plata bei Montevideo versenkt hatte. Die Besatzung
hat er vorher in Sicherheit gebracht. Unter den deutschen Offizieren
im Heer und bei der Marine waren auch tolle Burschen mit großem
Ehrgefühl. Meine Frau ist die Ehren-Schutzpatronin einer Einheit fran-
zösischer Gebirgsjäger. Diese hatten sich im Zweiten Weltkrieg irgendwo verschanzt und wurden schließlich von deutschen Soldaten total
aufgerieben. Die Franzosen ergaben sich jedoch nicht. Von der ganzen
Einheit gerieten die letzten fünf Männer in Gefangenschaft, die übrig
geblieben waren. Der Kommandierende General Adolph Strauss suchte
diese tapferen Franzosen extra auf und ließ zu ihren Ehren eine seiner

Kompanien vor ihnen paradieren. Das ist doch toll! Er wusste, das sind Leute, die muss man ehren.

(Solche Leute wie den General hat es sicher viele gegeben.)

Weißt du, dass die 1. russische Nationalarmee, die auf deutscher Seite gekämpft hat, nach dem Zweiten Weltkrieg nach Liechtenstein ins Exil gegangen ist? Ihr Kommandeur war Boris Smyłowski, ein russischer Adeliger und ehemaliger zaristischer Gardeoffizier.

(Wir reden über die Kosaken, die von den Engländern in Kärnten, an der Drau, an die Russen ausgeliefert wurden. Nach falschen Versprechungen übergaben sie ihre Waffen und wurden dann ausgeliefert.) Eine Schweinerei.

(Ich erzähle von meiner Radtour nach Timau in Friaul und dem Kosakenkreuz in der dortigen Kirche, das von einem deutschen Offizier bezahlt wurde. Aus Dankbarkeit dafür, dass die Leute von Timau – eine deutsche Sprachinsel, Tischelwang auf Deutsch – den Kosaken geholfen hatten.)

Interessant. Auch bei den Kosaken gab es anständige und tüchtige Leute.

(Ich meine im Sinne von Viktor Frankl, dass Anständige und Unanständige überall gleich verteilt seien, in allen Parteien und Gruppen.)

Ich habe überhaupt ein Problem mit rechts und links in der Politik. Ich kenne mich damit oft nicht aus. Die Nazis waren eigentlich Linke, sie waren ja National-Sozialisten. Es gibt weder rechts noch links, sondern nur Leute, die denken, und Leute, die nicht denken. Kleinkarierte und Nichtkleinkarierte.

Der freundliche Nachbar und Gundakars fünf Kinder

(Ich sitze wieder im Landtmann, es ist ein freundlicher Oktobertag. Gundakar kommt mit seiner charmanten Frau und seiner hübschen Tochter, einer Studentin der Wirtschaftswissenschaften. Wir reden über das Denkmal vor dem Südtor des Stiftes Heiligenkreuz, eine Sonnenuhr mit einem Gnomon

aus spiegelndem Edelstahl und einem Mosaik, die Heiligen Drei Könige darstellend. Gundakar ließ dieses Kunstwerk herstellen, bei der Weihe hielt er vor andächtigen Leuten eine schöne Rede. Wir sprechen nun über Gundakars Familienbesitz bei Neulengbach und auch über seine Nachbarn, mit denen er sich zu verstehen scheint.)

Ich traf einmal einen Mann, der mich nicht kannte. Als ich ihn fragte, wo er wohne, sagte er, sein Haus und sein Grund grenzen an den Besitz der Liechtensteins in Neulengbach. Er nannte mir seine Adresse und erzählte mir, er heiße Widerhofer, sein Großvater war Professor Hermann von Widerhofer, dieser war Leibarzt der Kinder des österreichischen Kaiserhauses und jener Arzt, der den Tod von Kronprinz Rudolf feststellte. Nach ihm ist übrigens auch ein Weg in Bad Ischl benannt, wo er eine schöne Villa hatte. Ich hatte große Lust zu sagen: „Herr Doktor, ich habe Sie schon einmal nackt gesehen." Als ich nämlich einmal bei dem beschriebenen Haus vorbeifuhr, sah ich eine Frau und einen Mann, die eine Bank über eine Stiege hinuntertrugen. Sie ging vorn, er hinten, er war splitterfasernackt. Dieses Bild habe ich heute noch vor meinen Augen. Ich schwieg aber!

(Ich frage die Tochter Gundakars nach ihrem Studium.)

Ich mache jetzt den Master an der Diplomatischen Akademie.

(Sehr gescheit! Gundakar erzählt weiter:)

Das ist meine zweite Tochter, wir haben ja fünf Kinder, drei Mädel und zwei Buben.

(Mir ist aufgefallen, dass die Männer, die Abenteurer sind oder kleine Gauner, meist nur Mädchen oder zumeist mehr Mädchen als Buben als Nachkommen haben. Der Hermann Walder in Osttirol, er kommt aus einer Wildererfamilie, hat nur Madeln.)

Was schließt du daraus?

(Vielleicht schaut die Natur, dass verwegene Männer tüchtige Töchter haben.)

76

Es gibt eine biologische Theorie, die deiner widerspricht. Sie hat mich interessiert. Ein Zoologe, der über Vögel und andere Tiere forschte, stellte fest, dass sich der attraktivere Teil eher durchsetzt, obwohl er mehr gefährdet ist, weil er schön ist. Das heißt, wenn bei den Vögeln das Männchen schöner ist als das Weibchen, dann gibt es mehr Männchen. Ist das Weibchen schöner, gibt es mehr Weibchen, weil sie gefährdeter sind. Jetzt würde ich sagen, wenn der Wilderer der mehr gefährdete Teil bei den Eltern ist, so müssten Wilderer mehr Söhne haben. Das ist komisch, das widerspricht deiner Theorie. Bei uns ist es ziemlich ausgeglichen, wenn wir noch ein sechstes Kind bekommen hätten, wäre es wahrscheinlich ein Bub geworden. Offensichtlich ist meine Frau gefährdeter als ich, weil sie attraktiv ist, daher haben wir drei Mädchen.

(Gundakar fällt eine Geschichte ein, die zum Thema Mann und Nachkommenschaft passt.)

In Brasilien kannte ich einen Saatguthändler. Er kam zu mir und erzählte über einen kleinen Mann, der auch anwesend war, er sei ein großer und erfolgreicher Viehzüchter. Diesem wiederum sagte er, ich sei mit dem Kaiser von Brasilien, mit den Habsburgern und mit Caroline von Monaco usw. verwandt. Der Viehmann saß neugierig da, schaute mich andauernd abschätzend an und meinte dann begeistert: „Wenn das ein Zuchtbulle wäre, dann erst wäre er einen Batzen Geld wert." *(Wir beide schmunzeln.)*

Noch eine Geschichte fällt mir ein. Ich fuhr einmal zu meinem Großvater, dem Vater meiner Mutter, der wollte, dass ich bald heirate. Nach einem Fest wollte ich bei meinen Großeltern übernachten und nahm ein Mädchen mit, das ich nett fand, mich aber nicht weiter interessierte. Dem Großvater hätte es sehr gepasst, wenn ich dieses Mädel geheiratet hätte. Er sagte zu mir: „Dieses Mädel wäre doch etwas für dich." Darauf antwortete ich: „Nein, nein, ich habe nicht die geringste Lust, sie zu heiraten." Dann sprach er wieder zu mir: „Gundakar, überleg dir, jeder Mensch ist wie eine Kommode mit vielen Laden. Macht man eine Lade auf und es ist nichts drinnen, macht man sie wieder zu. Dann macht man die nächste Lade auf. Ist ein bisserl was drinnen, greift man hinein und schaut, ob es etwas Interessantes ist. Wenn nicht, macht man die Lade wieder zu. Man sucht so lange weiter, bis man eine volle Lade findet. In dieser sind viele gute und wertvolle Sachen, Dokumente, Antiquitäten und Schmuck, Schokolade usw. In dieser Lade wühlt man mit Wonne. Und wenn du jemanden kennenlernen willst, so schau, dass du vor allem volle Laden findest."

Aloys von Liechtenstein und Karl Lueger

(Wir kommen darauf zu sprechen, dass bei uns jeder das Recht hat, seine Meinung frei zu äußern.)

Das ist sehr wichtig. Wir leben aber in einer Zeit, in der man oft sehr aufpassen muss, welche Worte man verwendet.

(Ich kannte Professor Walter Simon, er stammt aus einer jüdischen Familie. Während des Krieges war er emigriert. Er hat Karl Lueger, den früheren Bürgermeister von Wien, verteidigt und gesagt, die Gegner Luegers wären die Bodenspekulanten, die den Grüngürtel um Wien, für den er sich eingesetzt hat, am liebsten verbaut hätten.)

Lueger gehörte zu den Christlichsozialen, so wie auch Aloys von Liechtenstein, der Bruder meines Urgroßvaters. Er sympathisierte mit Lueger und machte auch ähnliche Äußerungen wie dieser. Er wurde von den Sozis sehr geschätzt, weil er sehr sozial war.

(Das Lainzer Krankenhaus wurde von Lueger gebaut, er suchte die besten Plätze aus für Krankenhäuser. Er ist in der Lainzer Anstaltskirche dreimal dargestellt.)

Lueger war sicher, wenn man Fotos von ihm sieht, ein eitler Bursche, aber sonst war er ein großer Mann.

Aloys von Liechtenstein heiratete eine Engländerin – die Adoptivtochter von Lord und Lady Holland, Mary Fox. Man weiß bis heute nicht genau, wer diese Adoptivtochter war.

Das Spiel mit Namen – Begegnung mit der Polizei – der Schlagersänger „Von"

Einmal fuhr ich mit dem Auto bei Gutenstein, mit meiner Frau und unseren fünf Kindern. Das Auto war ein Betriebsfahrzeug, daher stand im Zulassungsschein der Name meines Vaters, Dipl.-Ing. Dr. Prinz Hans-Moritz von Liechtenstein. Wir fuhren die Straße bergauf, ich beschleunigte und war ein bisserl zu schnell. Die Polizei hielt uns auf, wollte den Führerschein und die Papiere sehen. Ich übergab sie und sah im Rückspiegel, wie der eine Polizist dem anderen ein Zeichen gab. Dann kam er zu mir und fragte: „San Se, hm, hm, haben Sie studiert?" Ich antwortete: „Ja!" Der Polizist fragte weiter: „San Sie a ‚von'?" Ich bejahte. „Und san Sie a Doktor? San Sie a Akademiker?" Ich sagte wiederum: „Ja, ich bin Magister." Dann wollte er nochmals wissen: „San Sie a Doktor?" Ich musste nun ein bisserl lügen und bejahte wieder. Noch war er nicht zufrieden: „San Sie a Adeliger, san Sie a Prinz?" Das konnte ich mit ruhigem Gewissen bestätigen. Nun meinte der Polizist: „Dann fahren Sie weiter!" *(Alle lachen.)* Ich fuhr weiter und sagte zu meinen Kindern: „So macht man es." *(Er lacht schallend.)*

Ich muss dir noch eine Geschichte aus Brasilien erzählen. Dort gibt es einen Schlagersänger, der Ronny Von heißt. Er stammt, glaube ich, aus Holland. Wenn man in Brasilien mit einem Autobus fährt, muss man einen Ausweis vorlegen. Bei mir steht: Gundakar Albert von und zu Liechtenstein. Das Mädchen, das das Dokument überprüft, schreibt: Gundakar Albert Von. Dann schaut sie mich an und fragt: „Sind Sie

79

ein Verwandter von Ronny Von?" Ich darauf: „Ja, er ist ein Vetter von mir." Sie errötet: „Könnten Sie mir bitte ein Autogramm geben?" Ich habe mit „Gundakar Von" unterschrieben.

Das Leben als Vaqueiro und Diamantenschürfer

Meine Güter in Brasilien verwalte ich selbst, daher bin ich zweimal im Jahr dort. Das bedeutet viel Arbeit, manchmal ist es stressig, aber es macht auch Freude. Meine Tochter fährt jetzt im September mit mir nach Brasilien.

(Die Tochter fügt hinzu, dass sie gemeinsam über die Pampa reiten werden.)

Meine Tochter kann gut reiten, ich auch, aber man muss in Übung bleiben. Ich habe einen Westernsattel wie die Vaqueiros, wie man die Cowboys dort nennt. Das ist ein tiefer Sattel, über dem ein Schaffell liegt und in dem man sehr bequem sitzt. Man muss einen richtigen Sitz haben wie ein Ritter, weil man mit dem Lasso arbeiten muss. Die Vaqueiros ziehen die Kuhhäute ab, spannen sie auf Stöcke und stellen sie so in die Sonne. Die Haut wird gespannt wie ein Tipi, ein Indianerzelt. Schließlich werden Streifen aus der Haut geschnitten, in die Länge gezogen und aus jeweils sechs Lederstreifen ein runder Zopf geflochten. Das ist das Lasso, es kann auch als Peitsche verwendet werden.

In Brasilien habe ich auch Diamanten geschürft, gemeinsam mit einem Partner, der aus dem Libanon stammt. Er war ein Nachbar und brachte mich auf die Idee. Der Hauptort des Diamantenschürfens heißt Diamantino, dort kann man aber auch Gold finden. Mit zwei großen Dieselmotoren von zwei Lastwagen – Mercedes waren die besten – wurden Pumpen betätigt. Je eine Pumpe war auf einer Lafette angebracht. Mit der einen wäscht man den Schotter heraus, mit der anderen werden die Diamanten herausgefiltert. Wir haben mit zehn Leuten gearbeitet, die notwendigen Geräte wurden von mir bezahlt, ich war aber nicht immer dort. Mein Partner erzählte mir oft, wie gut er die Diamanten verkauft hätte, es laufe hervorragend. Geld gab er mir allerdings nie. Einmal zeigte er mir den größten Diamanten, den wir gefunden hatten, dieser war so groß wie meine Fingerspitze, leicht gelblich, mit etwa acht Karat. Den verkaufte er auch, Geld sah ich wieder keines. Ich war ihm nicht böse, da ich aber kein Geschäft mit den Diamanten machte, dachte ich mir: „So, jetzt höre ich auf." Ich fuhr zu meinem Partner und sagte: „Wir machen hier dicht, das bringt zu wenig. Wir bauen die ganzen Sachen ab." Die Maschinen wurden verkauft. Der Partner war stinkbeleidigt, doch der Ärger legte sich allmählich, wir sind noch immer Freunde.

Der Sandler und die Aristokraten – die Widmung im Strich-Buch

(Mir gefällt die Buntheit der Welt. Sogar Sandler haben manchmal etwas Aristokratisches an sich. In gewisser Weise ähnelt ihr Benehmen den Aristokraten, zumindest was die Einstellung zur körperlichen Arbeit anbelangt. Auch sie haben eine noble Distanz zur körperlichen Arbeit. Gundakar lächelt.)

Manche Sandler können wahre Philosophen sein. Ich kann mich an einen erinnern, den ich in Brasilien kennenlernte, er konnte zwölf Sprachen, dennoch lebte er auf der Straße. Wenn man mit einem Sandler redet, kann man von ihm viel Gescheites hören. Das ist unglaublich, sogar auf dem Gebiet der Astronomie und der Sprachen kennen sich manche aus.

(Ich erzähle von Richard Steiner, der in der Wiener Unterwelt eine Rolle spielte und im Gefängnis griechische Philosophen las. Ich erwähne, dass ich bei meinen Studien in der Welt der Gauner und Dirnen immer auf Distanz zu diesen Leuten war, ich nahm daher auch öfter meine Frau zu Interviews

mit. Ich nehme die Gelegenheit wahr und schenke Gundakars Tochter mein Buch „Der Strich". Ich bitte sie, dies nicht als Unhöflichkeit anzusehen. Sie antwortet freudig: „Nein, nein! Das Buch interessiert mich sehr, weil ich in Südamerika viel über Prostitution von Jugendlichen gearbeitet habe." Gundakar und seine Frau Gemahlin bekommen mein Buch über die Karrieren. Ich überlege, welche Widmung ich in die Bücher schreiben soll. An Gundakar gewandt, frage ich: „Soll ich schreiben, der Prinzenfamilie gewidmet? Welche Titel wollt ihr?" Gundakar erheitert sich. Zunächst meint er:)

Gundakar ist ein althochdeutscher Name, er bedeutet so viel wie einer, der vor dem Heer zog. Mir fällt dazu eine Geschichte ein: Mein Urgroßonkel ging 1848 über den Graben, er wollte in einem Geschäft etwas kaufen, in dem er sehr bekannt war. Da sagte der Inhaber zu ihm: „Durchlaucht, wir können Ihnen heute nichts verkaufen, heute haben wir Revolution. Kommen Sie morgen wieder!" *(Wir lachen herzlich.)*

(Wir kommen auf unsere Ehefrauen zu sprechen. Ich gestehe, dass meine Frau sich manchmal über mich ärgert.)

Das haben die Frauen so an sich. Als alle fünf Kinder noch zu Hause waren, war ich außerhalb der Schusslinie. Jetzt, wo wir zwei allein sind, bin ich dauernd in der Schusslinie. Wenn ich zum Beispiel auf das Tischtuch patze, ärgert sich meine Frau. Wenn früher kleine Flecken am Tischtuch waren, hat sie das übersehen, da den Kindern größere Patzer passierten. Jetzt schaut es anders aus.

(Ich erzähle die Geschichte von Tante Claire und dem Tischtuch. Die Tante lud öfter arme Studenten zum Mittagessen ein. Damit diese ungeniert einen Braten genießen konnten, nahm sie am Beginn des Essens mit einem Löffel etwas Bratensaft und träufelte diesen auf das Tischtuch, mit den Worten: „Guten Appetit, meine Herren!" Dann langten die Gäste unbekümmert zu, ohne Rücksicht auf irgendwelche Patzereien beim Essen. Gundakar lacht.)

Das ist sehr nett. Das ist sehr nobel.

(Ich komme auf die Widmung zurück und lese sie vor: Heute ist der 4. 7. 2014. Für den edlen Gundakar und die ihn begleitenden Damen in Verehrung bei einem gemäßigten Zechgelage im Café Landtmann überreicht.) Sehr gut! *(Das Strich-Buch widme ich nur der Tochter: Für die liebenswürdige Maria-Immaculata im Café Landtmann ergebenst überreicht. Mit der Bitte um wohlwollende Einsicht.)*

Wenn es nobel zugehen soll, vor allem bei Anreden, kann einem allerhand passieren. Bei einer großen Treibjagd teilte der Forstmeister die Leute ein und sagte: „Die Treiber fahren mit dem Traktor und die Herrschaften gehen per penis." (!) Der Mann verwendete gerne Fremdwörter, und da hat er das falsche Wort erwischt, er wollte sagen „per pedes". *(Alle lachen.)*

(Ich frage nach: „Hätte ich bei der Widmung ‚Prinzessin' schreiben sollen?") Nein.

(Ich meine zu Gundakar, dass ich mich freue, ihn kennengelernt zu haben, und verteile an die Damen und an ihn Mozartkugeln.

Gundakar und die Ahnentafel

(Gundakar, den ich wiederum im Café Landtmann treffe, zeigt mir eine Ahnentafel, zunächst die der Habsburger, die eng mit den Liechtensteins verwandt sind.)

In dieser habsburgischen Ahnentafel bin auch ich zu finden. Da ist der Erzherzog Joseph, der die Zigeunergrammatik verfasst hat.

(Er zeigt auf einen Bruder von Kaiser Franz I. als römisch-deutschem Kaiser bzw. Franz II. als Kaiser von Österreich ab 1804. Ich füge ein, dass es bemerkenswert ist, wenn man heute bewusst das ‚deutschem' weglässt und nur vom ‚römischen' Kaiser spricht.)

Das ist nichts Schlechtes, man spricht auch vom Heiligen Römischen Reich Deutscher Nation. Das ist uralt, dass man sagt römisch-deutscher Kaiser. Der Kaiser Franz Joseph sagte immer, er sei ein deutscher Fürst.

(Österreich war ja Präsidialmacht des Deutschen Bundes. Hätte Österreich 1866 mit den anderen deutschen Staaten gewonnen, wären die Habsburger deutsche Kaiser geworden. Gundakar erklärt weiter:)

Also der Bruder des Kaiser Franz I. war Palatin von Ungarn. Er hatte scheinbar keine Nachkommen. Dann kam der Nächste, der hieß Leopold. Irgendwo hier auf der Ahnentafel muss der Joseph sein, hier ist er, der schließlich nach Leopold Palatin wurde. Er heiratete dreimal. Jetzt schauen wir, wo es weitergeht. Bei 3c, hier ist Joseph, seine Frau ist aus dem Hause Württemberg. Meine Schwiegermutter kommt auch aus dieser Familie. Sein Sohn Joseph, er war wieder Palatin von Ungarn, heiratete eine Dame aus dem Hause Sachsen-Coburg-Gotha. Das ist meine Ururgroßmutter. Deren Mutter ist wieder eine Orléans, darum bin ich auch mit meiner Frau verwandt, ich bin ihr Onkel. Ihr Großonkel bin ich erst wieder über Braganza, die portugiesischen Könige. Und hier ist meine Urgroßmutter, Margarete hieß sie. Die heiratete einen Fürsten von Thurn und Taxis. Meine Mutter stammt aus dieser Familie. Das sind mein Urgroßvater und meine Urgroßmutter, die Schwester des Palatins von Ungarn, des Erzherzogs Joseph. Ihr Vater war ja der Joseph, der das Buch über die Zigeunersprache verfasste. Er war verheiratet mit einer Clotilde von Sachsen-Coburg-Gotha. Ich kann dir die Ahnentafel kopieren.

(Ich bitte darum und bedanke mich.)

Der Sohn von Joseph, der Bruder meiner Urgroßmama, war Feldmarschall im Ersten Weltkrieg. Ich erinnere mich gut an ihn. Er starb in Rain in Bayern bei der Jagd. Er sagte immer, er möchte einmal bei der Jagd sterben. Er fuhr mit dem Förster in den Wald auf Pirsch, damals war er schon über 80. Der Förster wunderte sich, dass er nicht aus dem Auto stieg. Er dachte, er lade sein Gewehr. Aber er saß tot im Auto mit dem Gewehr in der Hand.

Mein Urgroßvater hieß Albert. Seine Mutter war eine Schwester von Kaiserin Sisi. Hier ist Karl August, und da meine Großmutter, eine Prinzessin von Portugal. Dann geht es herunter zu Nummer 6 auf der Ahnentafel, zu meiner Mutter und meinem Vater Hans-Moritz von Liechtenstein. Hier findest du mich, hier meine Kinder. Der jetzige Fürst von Liechtenstein ist ein Vetter zweiten Grades von mir. Franz Josef, der frühere Fürst, war ein Vetter ersten Grades meines Vaters.

(Zum besseren Verständnis der komplizierten Verwandtschaftsbeziehungen Gundakars gebe ich hier einen Auszug aus seinem Stammbaum wieder. Darin ist zwar nur ein Teil der von Gundakar genannten Verwandten festgehalten, doch die Verbindungen untereinander lassen sich gut nachvollziehen.)

Auszug aus dem Stammbaum von Gundakar Prinz von und zu Liechtenstein

Franz Josef I. (Liechtenstein) (1726–1781), 1772 Fürst von und zu Liechtenstein ∞ Leopoldine von Sternberg (1733–1809)

Johann I. Josef (1760–1836), 1805 Fürst von und zu Liechtenstein ∞ Landgräfin Josefa zu Fürstenberg–Weitra (1776–1848)

Franz de Paula von und zu Liechtenstein (1802–1887) ∞ Julie von Potocki (1818–1895)

Alfred von und zu Liechtenstein (1842–1907) ∞ Henriette von Liechtenstein (1843–1931), Tochter von Fürst Alois II. (Liechtenstein) (1796–1858)

3. Alois von und zu Liechtenstein (1869–1955) ∞ Elisabeth Amalie von Österreich (1878–1960)

1. Franz Josef II. (Liechtenstein) (1906–1989), 1938 Fürst von und zu Liechtenstein ∞ Gräfin Georgina von Wilczek (1921–1989)

1. Hans Adam II. (Liechtenstein) (* 1945), seit 1989 Fürst von und zu Liechtenstein ∞ Gräfin Marie Kinsky von Wchinitz und Tettau (* 1940)

1. Alois von Liechtenstein (* 1968), Erbprinz ∞ Sophie Prinzessin von Bayern (* 1967)

6. Alfred Roman von Liechtenstein (1875–1930) ∞ Therese Marie von Öttingen–Wallerstein (1887–1971)

2. Johann Baptist Moritz von Liechtenstein (1914–2004) ∞ Prinzessin Clotilde von Thurn und Taxis (1922–2009) – Tochter von Karl August von Thurn und Taxis (1898–1982) und Maria Anna von Braganza (1899–1971), Enkelin von Michael I. von Braganza: König von Portugal (1802– 1866) *(Aus dem Haus Braganza kamen auch die beiden Kaiser von Brasilien.)*

1. Diemut (* 1949) ∞ Ulrich Köstlin (* 1952), gesch.

2. Gundakar (* 1949) ∞ Prinzessin Marie d'Orléans (* 1959)
    1. Leopoldine (* 1990)
    2. Maria-Immaculata (* 1991)
    3. Johann (* 1993)
    4. Marguerite (* 1995)
    5. Gabriel (* 1998)

Das Fotoalbum des Prinzen

(Wieder sitze ich mit Prinz Gundakar im Café Landtmann. Er hat alte Fotos aus seinem Leben in Brasilien und von seiner dortigen Farm mitgebracht. Er zeigt mir einige und kommentiert sie. Ich bringe sie so, wie er sie präsentiert hat.)

- Dieses Bild zeigt meine Vaqueiros, also die Cowboys, die die Rinder auf der Farm betreuen. Von denen ist keiner mehr bei mir.
- Auf diesem Bild ist der Rio Cuiabá abgebildet, so heißt auch die Hauptstadt von Mato Grosso.
- Das ist meine Diamantenschürfanlage
- Hier ist ein Hirsch zu sehen. Ich selbst gehe in Brasilien nicht auf die Jagd.
- Das sind Capybaras, Wasserschweine.
- Auf dem Bild da ist mein Verwalter.
- Hier sieht man mich bei der Zählung des Viehs.
  (Gundakar spricht über die Tiere und den Stierkampf.)

Den Rindern geht es bei mir sonst gut, sie laufen auf der Weide frei umher. Es sind Fleischrinder, also Schlachtvieh. Ich habe keine Milchwirtschaft. Was den Stierkampf anbelangt, muss ich sagen, dass ich den portugiesischen Stierkampf lieber habe als den spanischen. Der spanische Stierkämpfer sticht den Stier in den Nacken, um ihn zu töten. In Portugal kommen junge Männer und provozieren den Stier von vorne. Einer muss sich auf die Hörner nehmen lassen, alle anderen werfen sich auf den Stier. Wenn alle den Kopf des Stieres niederhalten und der Stier beruhigt ist, wird er losgelassen und zusammen mit Kühen wieder hinausgetrieben. Die Portugiesen sind also viel mutiger als die Spanier. Die Picadores gibt es auch beim portugiesischen Stierkampf. Wenn der Stier verletzt wird, wird er entweder gesund gepflegt oder geschlachtet, aber nicht im Kampf umgebracht.

- Hier auf diesem Bild bin ich als Diamantensucher zu sehen. Die Gegend, bei der ich meine Fazenda habe, heißt Diamantino, weil dort seit 300 Jahren Diamanten gefunden werden. Dieser Grund und Boden gehört zwar nicht mir, aber ich schürfte hier mit Leuten, den sogenannten Garimpeiros, die ich bezahle, nach Diamanten, aber auch nach Gold, denn dieses kommt in der Nähe von Diamanten vor. *(Gundakar erklärt nun den Vorgang des Diamantenschürfens.)* Die Pumpe saugt mit einem Rohr aus einer tiefen Grube, in der die Garimpeiros im Wasser stehen, das Schotter-Wasser-Sand-Gemenge an. Dieses wird in eine auf einem hohen Gerüst stehende Wanne gepumpt und rinnt dann über eine relativ flache, aber breite rechteckige Rinne, die mit einer Art von Rost bestückt ist, wieder zu Boden. Da das spezifische Gewicht von Diamanten höher ist als das von Schottersteinen, sammeln sie sich in der Wanne und im Rost an und werden zweimal am Tag durch verschieden große Siebe händisch herausgesiebt. Also, Wasser und Schotter rinnen hinunter, die Diamanten sinken zu Boden und sammeln sich am Grund an. Mit der zweiten Pumpe wird der Schotter aus dem Untergrund mit einem scharfen Wasserstrahl herausgewaschen und zur ersten Pumpe befördert. Der Prozess ist interessant, aber sehr arbeitsaufwendig. Diese Anlage gehört mir, aber ich schürfe nicht mehr nach Diamanten. Für die Landschaft ist das Diamantenschürfen auch nicht gut. Naturschützer haben sich sehr darüber aufgeregt. Das war auch ein wichtiger Grund, warum ich damit aufgehört habe.
- Hier ist mein Partner zu sehen, der mich bestohlen hat. Er war ein Freund, ein Nachbar von mir. Von den Diamanten habe ich nie etwas gesehen. Trotzdem ist er bis heute ein guter Freund von mir, den ich häufig sehe.
- Auf diesen Fotos, die ich mitgebracht habe, sieht man mich zum Beispiel als Fußballspieler mit Kollegen von der Deutsch-Südameri-

kanischen Bank. Das war in Sao Paulo, anscheinend haben wir dieses Match hier gewonnen.

- Hier auf dem Bild bin ich mit einer Freundin, einer Österreicherin, sie ist älter als ich. Die sehe ich immer noch in Sao Paulo, wenn ich in Brasilien bin, sie arbeitet bei Microsoft.

- Das bin ich, und das ist der Verwalter der Farm meines Onkels, der hier sitzt. Aufgenommen ist das Bild im Haus eines Angestellten. Damals war ich noch nicht Eigentümer einer Farm.

- Das ist der Onkel, der Bruder meiner Mutter aus dem Hause Thurn und Taxis.

- Auf diesem Bild habe ich ein Rebhuhn in der Hand. Das war bei einem Fest, ich war ganz jung, mit langen Haaren. In die Dame rechts von mir war ich wahnsinnig verliebt. Sie ist eine Gräfin Oeynhausen.

- Das ist mein Farmhaus, die Fazenda. Sie ist 1.600 Kilometer von Rio entfernt. Mit dem Flugzeug kommt man dorthin.

- Cuiabá ist die Hauptstadt, von dort fahren wir mit dem Auto zur Farm. Diese Bilder zeigen auch die viele Arbeit mit dem Vieh, die manchmal mühsam ist. Meiner Frau gefällt das, wenn es möglich ist, fährt sie mit. 3.400 Hektar Land hat meine Farm. Das ist für die Verhältnisse dort nicht so groß.

- Auf diesem Bild kannst du eine erlegte Anaconda sehen. Sie ist acht Meter lang, der Körper hat 75 Zentimeter Durchmesser. Bei der haben wir das Fett ausgelassen, ganze 13 Kilo, von dem haben wir immer noch etwas. Dieses Fett wirkt heilsam, wenn man sich den Fuß verstaucht hat. Die Schlange ist zwar nicht giftig, sie bricht einem aber alle Knochen.

- Hier auf diesem Bild siehst du einen Viehtrieb. Oft wird das Vieh von einem Bundesstaat zum anderen getrieben, über 1.000 Kilometer. Meist, weil dort bessere Weiden sind, damit die Tiere vor der Schlachtung noch einmal fett werden. Oder das Vieh wird einfach dorthin getrieben, wo es verkauft wird. Es sind schöne Rinder! Die mit dem Höcker sind weiße indische Rinder, die gibt es in Brasilien schon seit etwa 100 Jahren. Der Höcker wird Cupim genannt und schmeckt ganz hervorragend.

(Ich bedanke mich bei Gundakar herzlich für die Mühe, die Bilder mitgebracht und gezeigt zu haben.)

Ich habe die Bilder einfach mitgenommen, damit du unter anderem siehst, wie ich nach Diamanten geschürft habe. Es gibt sicher nur sehr wenige Leute, die auf solche Fotos verweisen können.

Zwischen Neulengbach und Sao Paulo – Gesprächssplitter

(In diesem abschließenden Kapitel will ich selbst einige Themen, die in den Gesprächen mit Gundakar angerissen wurden, skizzenhaft und ohne Systematik erörtern.)

Das Leben des am 1. April des Jahres 1949 in Wien geborenen Prinzen Gundakar von Liechtenstein ist ein stetes Wandern zwischen den Kulturen, zu denen noble Leute, Tischlergesellen, Bauern, Rinderhirten und auch Vagabunden gehören. Zu Letzteren zähle ich mich als Kulturwissenschafter. Auch Zigeuner, ein Wort, das einen schönen Klang hat und zu Unrecht verpönt ist, gehören dazu. Gundakar hat Sympathien für Menschen, die einen weiten Geist haben, großzügig sind und daher nicht immer so leicht einzuordnen. Mit Distanz steht er jedoch Zeitgenossen gegenüber, deren Denken eng und durch Feindbilder bestimmt ist. Dazu zählen jene, die anderen ihre einfachen Wahrheiten aufzwingen wollen. Während der Gespräche mit Gundakar habe ich ihn als sympathischen, liebenswürdigen Herrn kennengelernt, dem ich mich nun freundschaftlich verbunden fühle.

Ich erzählte Gundakar viel von meinen Forschungen in Siebenbürgen bei den Landlern, deren Vorfahren unter Maria Theresia wegen ihres evangelischen Glaubens dorthin verbannt wurden. Ich zeigte ihm Bilder, auf denen meine Studentinnen und Studenten zum Beispiel beim Kirchgang in Großpold zu sehen sind. Von einem Bild, das im Hof eines Bauern aufgenommen wurde, meinte er, es würde wie ein Gemälde aussehen und ihn an eine Bauernkultur erinnern, die bei uns verschwunden ist. Ihm gefiel, dass ich gerade dort forsche. Er dachte sogar daran, seine Tochter, die Wirtschaft studiert, zu überreden, an einer solchen Feldforschung in Siebenbürgen teilzunehmen. Gundakar fügte hinzu: „Für die Tochter wäre das gut, da lernt sie etwas fürs Leben, sie besucht ja die Diplomatische Akademie." Dies ist sehr weise gedacht, denn besonders Diplomaten sollten sich für die Kultur der kleinen Leute interessieren, noch dazu für die Kultur von Bauern, deren Vorfahren verbannt worden sind. In diesem Zusammenhang sprach ich mit ihm auch über das Rumänische als Sprache, die sich zum großen Teil aus dem Lateinischen herleitet. Es besteht daher zwischen dem Rumänischen und dem Portugiesischen, das sich auch vom Latein ableitet, eine gewisse Übereinstimmung. Gundakar behauptet allerdings, dass das Portugiesische, das Spanische und das Französische die einzigen Sprachen sein dürften, in denen der Hahn „singt". Auf Portugiesisch: O galo cantá. Ich erwiderte ihm, dass es auch im Rumänischen so ist: Cocoș cant. Wir einigten uns darauf, dass der Hahn in den romanischen Sprachen „singt" und im Deutschen sowie in anderen germanischen Sprachen „kräht".

Romanische Sprachen, meint Gundakar, haben für uns Deutschsprachige einen besonderen Reiz, vor allem das Französische. Über den Charme des Französischen kamen wir auf den Cousin unserer Freundin Emma zu sprechen, der Beaumont heißt und unweit von Neulengbach Bauer ist. Der erste Beaumont, der in die Gegend von Neulengbach gezogen ist und hier Bauer wurde, dürfte adeligen französischen Blutes sein. Dazu hielt Gundakar fest: „Ich kenne den Beaumont, er ist auch in der Landwirtschaftskammer tätig, er ist zuständig für Viehfragen. Ich habe immer vermutet, dass er von einem Soldaten aus den napoleonischen Kriegen abstammt. Er hat sich hier verliebt und ist geblieben. Das muss so gewesen sein."

In unserem Gespräch zum Thema Namen kamen wir schließlich darauf, dass es Fälle gibt, wo der Sohn eines noblen Herrn gar nicht sein Sohn ist, sondern der Sohn eines anderen, zum Beispiel eines Dieners, der die Frau seines Herrn geschwängert hat. Gundakar meint: „Solche Fälle gibt es, diese Kinder werden legalisiert. Ein Schwarzenberg soll gesagt haben: ‚Hätten wir keine Gärtner gehabt hätten, wären wir schon ausgestorben.' Ich weiß nicht, wie es bei den Schwarzenbergs tatsächlich zuging. Sie haben immer getan, als seien sie Tschechen, obwohl sie auf ihren Schweizer Pass so stolz sind. Sie bezeichneten sich jedoch immer als Tschechen, sie wollten das auch so. Dagegen wir Liechtensteins fühlten uns scheinbar immer als Deutsche. Die Fürsten von Liechtenstein waren auch immer Ehrenpräsidenten der Sudetendeutschen Landsmannschaft. Die deutsche Kultur ist eine sehr starke Kultur. Das stört viele."

Gundakar ist erstaunt, als ich erzähle, dass die Farben des Deutschen Ritterordens Schwarz und Weiß sich in den Farben der deutschen Fußballnationalmannschaft erhalten haben. Auch Österreich trug diese Farben, aber angeregt durch Hans Krankl gaben sie diese Farben auf. Gundakar meinte bloß: „Daran hätte ich nie gedacht." Ich lasse einfließen, dass der Sitz des Deutschen Ritterordens in Wien ist und das österreichische Wunderteam vor dem Krieg noch in Schwarz-Weiß gespielt hat. Offensichtlich will man heute nicht mehr in denselben Dressen wie die Deutschen auf dem Fußballplatz kämpfen.

In Chile, wie mir meine Enkelin – sie war ein Jahr als Austausch-studentin dort – erzählt, schätze man die Deutschen sehr. Gundakar bestätigt das: „Auch die Brasilianer sind sehr deutschfreundlich. Überall in Südamerika ist man eigentlich sehr deutschfreundlich. Interessant ist, dass deutsche Juden, die vor oder während des Krieges nach Süd-amerika ausgewandert sind, und Deutsche, die nach dem Krieg kamen und manche vielleicht auch geflohene Nazis waren, sich in Brasilien und anderen Ländern Südamerikas trafen. Sie alle leben dort ganz gut zusammen, scheint es. Ich erlebte dies in einer Bank in Paraguay. Dort sah ich einen Mann, der dem Habitus nach vielleicht ein ehemaliger deutscher Offizier gewesen sein könnte. Neben ihm stand ein Herr, der Spanisch mit stark ausländischem Akzent sprach, wie man es in Para-guay oft hört. Er hatte eine Nummer eintätowiert, wie man sie in den KZs zur Kennzeichnung der Juden angebracht hatte. Ich konnte nicht feststellen, dass es zwischen den beiden offensichtliche Animositäten gegeben hätte. Sie arbeiteten ja nebeneinander und respektierten sich gegenseitig, so schien es mir.

Im Gespräch kommen wir auf Gundakars Titel Prinz von und zu Liechtenstein, den er verwendet, weil er dem regierenden Haus in Liech-tenstein angehört und nicht österreichischer Staatsbürger ist. Diesen ist es durch das Adelsaufhebungsgesetz von 1919 verboten, einen Adelstitel zu tragen. Auch Habsburger, soweit sie eben Österreicher sind, haben nicht das Recht, die ihnen in der Monarchie zugestandenen Titel zu verwenden. Anders ist dies bei den Liechtensteinern, wie Gundakar festhält: „Mein Name mit dem Titel ‚Prinz von und zu' steht in allen meinen Dokumenten, in meiner Geburtsurkunde und sogar im Grund-buch. Man kann mir diesen Titel nicht aberkennen. Dem Fürsten von Liechtenstein steht auch das Recht zu, jemanden zu adeln. Mein Onkel Josef machte einen zu einem Grafen und einen zu einem Baron, es ist anzunehmen, dass sie Staatsbürger von Liechtenstein waren. Da kann man es leicht durchsetzen, dass es in die Dokumente kommt." Gundakar fällt eine heitere Geschichte ein: „Mein Urgroßvater aus Regensburg hatte einen Schneider aus Wien. Dieser kam zum Anmessen immer nach Regensburg. Eines Tages, als der Schneider hätte kommen sollen, kam der Geselle. Mein Urgroßvater fragte, was mit dem Chef los sei? Darauf sagte der Geselle, dass sich der Chef heute entschuldigen lasse, er sei leider verstorben."

Abschließend frage ich Gundakar nach der Familiengruft der Liechtensteiner. Er schildert: „In Neulengbach gibt es eine kleine Gruft, die große Fürstengruft befindet sich in Wranau nördlich von Brünn, einem Marien-Wallfahrtsort. Eine weitere Gruft haben wir in Vaduz. 1719 ist das Gründungsjahr des Fürstentums Liechtenstein. Vorher gab es eines in Tschechien, es war ein Fürstentum, aber nicht souverän. Die Grafschaft Vaduz und die Herrschaft Schellenberg wurden gekauft. Ich möchte in der alten Familiengruft in Tschechien begraben werden."

Der Kellner Engelbert kommt, Gundakar zahlt, lädt mich auf meinen Tee ein und fügt hinzu: „Es war mir Ehre und Freude." Und noch etwas sagt er, um sich offensichtlich von unserem Gespräch zu erholen: „Ich werde noch schnell ein Achterl Weißwein trinken."

Zusammenfassende Gedanken des Kulturwissenschafters

Gundakar Prinz von und zu Liechtenstein wird in die Welt des alten Adelsgeschlechtes der Familie Liechtenstein hineingeboren, wächst jedoch wie alle anderen Kinder seines Alters auf. In der Schule scheint er ein Lausbub gewesen zu sein, der es sich nicht gefallen ließ, wenn man ihn wegen seiner Herkunft aufs Korn nahm. Auch vor Raufereien dürfte er nicht zurückgeschreckt sein. Das Gymnasium bewältigt er, mit Protektion aufgrund seiner Herkunft konnte er nicht rechnen. Der Vater versucht ihm zwar mit damals klassischen Erziehungsmethoden klarzumachen, dass er „brav" lernt und sich „ordentlich" benimmt, doch Gundakar nimmt diese Methoden nicht tragisch. Dazu gehörte auch, dass der Vater sich sogar einer Nilpferdpeitsche bediente, um sich bei seinen Söhnen Gehör zu verschaffen. Der Vater, ein gütiger Herr, sieht schließlich ein, dass Maßnahmen dieser Art sinnlos und unfreundlich sind, sie sind daher abzulehnen. Gundakar spricht mit Hochachtung von seinen Eltern.

Er ist stolz auf seine Verwandtschaft, zu der das portugiesische Königshaus ebenso gehört wie das Haus Habsburg, das englische Königshaus und die Fürsten Thurn und Taxis. Durch Verheiratung ist der europäische Hochadel eng miteinander verwandt. So kommt es, dass er mit seiner Frau, die dem französischen Königshaus entspross, in vielfacher Weise verwandt ist. Durch die portugiesischen Könige hat Gundakar eine enge Beziehung zu Brasilien, schließlich gehört der frühere Kaiser von Brasilien, Dom Pedro, zur Verwandtschaft.

Gundakar wird Bankier in Brasilien und schließlich Großgrundbesitzer, der Rinder züchtet und früher sogar nach Diamanten schürfte. Er ist aber auch ein tüchtiger Gutsbesitzer bei Neulengbach, der darauf schaut, dass seine Biowelt funktioniert. Hauptsächlich bewirtschaftet er Wald. Im Stile seiner Vorfahren und im Sinne seiner Nachkommen, seiner fünf Kinder, achtet er auf seinen Grundbesitz und versucht, ihn durch Zukäufe zu vermehren. Trotz dieser Bodenständigkeit liebt er das Abenteuer, vor allem im Sattel seiner Pferde auf den Weiden Brasiliens.

Gundakar ist stolz auf seinen Adelstitel, den er tragen darf, da er kein österreichischer Staatsbürger ist. Als Person ist er durch und durch ein nobler Bürger, dem es wichtig ist, einen Menschen nicht nach seiner Herkunft einzuordnen, sondern nach seinem Lebensstil und seiner Großzügigkeit. Gundakar hält viel von persönlicher Ehre des Einzelnen, zu dieser gehören Humanismus und weitherzige Bildung.

Unterweltler und ehemaliger Bordellbesitzer von Spital am Pyhrn – Hansl Synek

Vorgeschichte

Mit Hansl Synek, einem ehemaligen Bordellbesitzer in Spital am Pyhrn und in anderen Orten sowie eine Zeit lang auch Mitglied der Wiener Unterwelt, kam ich zufällig bei einer Radtour in Kontakt. Ich radle in Wien regelmäßig von Nussdorf aus auf den Kahlenberg. Von dort blickt man über den Wienerwald, durch den sich die Höhenstraße schlängelt, hinunter zur Donau. Als ich wieder einmal an einem Sommertag unterwegs war, merkte ich, dass beim Hinterreifen die Luft entwich. Ich hatte einen sogenannten Patschen. Da ich kein Reparaturzeug bei mir hatte, schob ich das Fahrrad zur Endstation der Linienbusse, die auf den Kahlenberg fahren. Höflich fragte ich den Chauffeur des dort stehenden Autobusses, ob er mich mit dem defekten Rad mitnehmen könne. Doch der Mann verneinte, er dürfe das Fahrrad, so verlange es die Dienstordnung, nicht im Autobus transportieren. Mir blieb nichts anderes übrig, als mein Rad über die Kahlenberger Straße nach Nussdorf zu schieben. Dort stand eine Straßenbahn der Linie D. Da zu dieser Zeit auch keine Fahrräder mitgenommen werden durften, stieg ich in den hinteren Waggon ein, damit mich der Lenker nicht sehen konnte. Ich verstaute das Fahrrad und setzte mich daneben auf einen freien Platz. Die Straßenbahn fuhr los. In Heiligenstadt stieg ein Herr zu, schaute mich an und kam auf mich zu. Ich dachte, er würde sich wegen des Fahrrades aufregen, da es doch störte. Dem war aber nicht so. Er fragte mich, ob ich der Girtler sei. Ich bejahte. Er erzählte mir, er kenne mich von meinen Studien her über Pepi Taschner und den Wiener Strich. Er heiße Hansl Synek und sei, so erfuhr ich, der ehemalige Besitzer des Bordells in der Nähe des Bahnhofs in Spital am Pyhrn. Das überraschte mich und machte mich neugierig. Er erwies sich als ein Mensch, der die alte Wiener Unterwelt gut kennt und darüber auch zu erzählen weiß. Wir tauschten die Telefonnummern aus. Ich machte ihm schon in der Straßenbahn den Vorschlag, er solle mir aus seinem Leben erzählen, damit ich darüber schreiben könne. Er fand die Idee gut. Wir kamen überein, uns zu duzen, er war mir gleich sympathisch. Ich rief Hansl Synek einige Tage später an. Wir vereinbarten, uns im Café Landtmann zu treffen. Dort sitzen wir einander gegenüber an einem Fenstertisch.

Das Gespräch beginnt mit einer Panne, denn das Aufnahmegerät streikt, es sind zu viele Dateien darauf. Ein Bekannter, den ich zufällig hier entdecke und der sich mit solchen Geräten auskennt, löscht die alten Dateien, die ich nicht mehr benötige.

Hansl Synek beobachtet freundlich und geduldig das Werken am Gerät. Endlich funktioniert es. Ich gebe dem Herrn, der mir geholfen hat, eine Wildererkarte mit einer Widmung von mir.

Hansl, wie ich ihn anspreche, kennt die kleinen und großen Gauner vergangener Zeiten, wie den Pepi Taschner oder den Girk Kurtl, der es zu einem begnadeten Heurigensänger gebracht hat. Über beide schrieb ich in meinem Buch „Der Adler und die drei Punkte", das Hansl kennen dürfte. Er war auch ein Freund von Bernd Wessely, dem früheren Gürtel-Paten, der vor einiger Zeit verstorben ist. Über dessen Begräbnis auf einem Wiener Nobelfriedhof schrieb ich in meinem Buch „Feine Leute". Die betreffenden Seiten kopierte ich für Hansl und brachte sie ihm mit, worüber er sich freut. Nachdem Kellner Erwin ihm einen kleinen Schwarzen serviert hat, beginnt er zu erzählen.

Der Vater als Heurigenmusiker – Leben in der „Platte"

Geboren wurde ich 1949 in Hernals, im 17. Bezirk Wiens. Aufgewachsen bin ich aber im 18. Bezirk, in Währing, dort ging ich in die Volksschule und in die Hauptschule. Auch habe ich drei Klassen Berufsschule hinter mir. Zwei Jahre arbeitete ich als Maler und Anstreicher, dann bin ich in das Milieu der Wiener Unterwelt abgeglitten – durch meine Freunde, den Heinz Walter und den Bernd Wessely, mit denen ich aufwuchs. Meine Eltern ließen sich scheiden, als ich sechs Jahre alt war. Mein Vater war Heurigenmusiker, gleichzeitig in der Nähmaschinenfabrik Rast & Gasser angestellt, der Chef hieß Otto Goschenhofer. Die Fabrik befand sich in der Rosensteingasse, ums Eck in der Geblergasse war das Direktionsgebäude. Kam der Wind von der einen Seite, stank es von der Ottakringer Brauerei, kam er von der anderen Seite, litt ich unter dem Schokogeruch von Manner und dem Kaffeegeruch von Meinl. Mein Vater ist gestorben, als ich zwölf Jahre alt war.

Mein Vater beherrschte fünf Instrumente, auch klassische Musik hat er gespielt. Ich lernte durch meinen Vater nicht nur Beethoven und Mozart kennen, sondern auch Giacomo Meyerbeer, Jacques Offenbach und viele andere Komponisten. Als Bub sog ich das alles in mich auf. Ich kannte auch mindestens 50 Opern, obwohl mich die Musik gar nicht so interessiert hat. Ich hätte Harmonika lernen sollen, doch das freute mich nicht. Damals war Gitarrespielen modern. Anscheinend taugte ich dazu auch nicht.

Mein Vater war hoch politisch, er war extrem rot. Meine Mutter war später Kreisky-Anhängerin. Heute ist es oft eine Frechheit, was man sich in der Politik leistet, besonders penetrant sind die Grünen, zum Beispiel gegenüber dem Lueger. Heute darf man überhaupt nichts mehr sagen.

Nach dem Tod meines Vaters hat meine Mutter einen anderen Mann genommen. Meinen Stiefvater wollte ich aber nicht, und er wollte mich auch nicht. Als ich 19 Jahre alt war, beging er Selbstmord. Meine Mutter blieb dann allein. Sie war eine anständige Frau und hat bis zu ihrem Tod im Jahr 2007 gearbeitet. Ich wollte nicht, dass sie in ein Pflegeheim kommt. Ich hatte eine Pflegerin für sie besorgt. Mit 95 Jahren ist sie gestorben.

Meine Mutter und ich wohnten im 18. Bezirk in der Edelhofgasse. In dieser Gegend lernte ich als junger Bursch den Bernd Wessely aus dem 19. Bezirk kennen. Wir waren in den 1960er-Jahren in der „Schubert-park-Partie", das war eine Platte *(alter Name für eine Art Jugendbande)*. Damals beging der Berndi seine erste Straftat, er schoss einen Bundes-heeroffizier an. Ungefähr zu dieser Zeit machten der Berndi und der Tonki, Heinz Walter, er war der Bruder des bekannten Verfassungsjuris-ten und Universitätsprofessors Robert Walter, die Posthacken *(Gauner-wort für Postraub)* in der Stolberggasse. Der Bruder vom Boxer Otto Be-ranek hat damals im Haus Nummer 67 als Installateur gearbeitet. Dem fiel auf, dass die Postler den Geldsack immer in eine aufgelassene Woh-nung stellten, bis er abtransportiert wurde. Der Beranek sagte das dem Berndi, und der machte dann mit dem Tonki die Hacken. Sie erbeuteten 2,4 Millionen Schilling, das war damals sehr viel Geld. Draufgekommen ist die Polizei den beiden so: Ein gewisser Skofik, der in Frankreich von der Polizei gesucht wurde, begab sich nach Österreich. Der Berndi sagte zum Skofik: „Du gehst ins Kino, nachher sagst du der Polizei, dein Wa-gen sei gestohlen worden. Dafür bekommst du 10.000 Schilling." Der Skofik kam also aus dem Kino und machte bei der Polizei die Anzeige. Man holte ihn ins Sicherheitsbüro und bluffte ihn: „Mit deinem Wagen ist ein Mord passiert!" Da ging er in die Knie und erzählte alles. Berndi sagte danach, dass das mit dem Skofik ein Fehler war. Es wäre gescheiter gewesen, sie selbst hätten einen Wagen gestohlen. Der Skofik war der schwache Punkt in der Geschichte. Berndi, der sofort verhaftet wurde, sagte zur Polizei: „70.000 Schilling Hartgeld habe ich im Wald eingegra-ben, das könnt ihr haben, aber das andere Geld nicht." Die zwölfjährige

Tochter vom Beranek, der die Hacken gebracht hat *(die Idee zum Raub hatte)*, wurde von Polizisten ins Sicherheitsbüro gebracht. Sie ließen sie dort weinen: „Papa, wann kommst du heim?" Der ging in die Knie und gestand, wo das Geld liegt. Der Berndi sagte, er und der Tonki haben einen Fehler gemacht. Sie hätten das Geld sofort aufteilen sollen, dann hätte nur der Beranek sein Geld hergeben können. Der Berndi wurde damals zu fünf Jahren Gefängnis verurteilt. Er saß die Zeit ab und kam sogar noch ins Arbeitshaus Suben. Das war der große Binkel. Der kleine Binkel war in Göllersdorf, das war der Vagabundenbinkel, dafür musste man zwei Jahre ins Arbeitshaus. Der große Binkel war der Verbrecherbinkel, das bedeutete vier Jahre Arbeitshaus. Das weiß heute keiner mehr, dass es so etwas gegeben hat.

(Die Verurteilung zum Arbeitshaus als Zusatzstrafe konnte vom Gericht angeordnet werden, wenn zu erwarten war, dass der Verurteilte sich nicht bessert.)

Freund Berndi als Fiaker – der Stolz auf die Vorstrafen

Der Berndi war der jüngste Fiaker des Grill-Burli, schon mit 19 Jahren fuhr er mit den Rössern. Seinen deutschen Fahrgästen erklärte er am Heldenplatz, dass das Prinz-Eugen-Denkmal den Joseph Haydn beim Morgenritt darstelle. Und Pallas Athene, die mit nacktem Oberkörper vor dem Parlament steht, sei die erste Vorkämpferin für „oben ohne" gewesen. So war der Berndi.

Nach der Reihe kamen die kriminellen Sachen. Bei meiner ersten Sache bekam ich einen Freispruch bei Gericht, es ging dabei um reine Notwehr.

(Wie bist du in dieses kriminelle Fahrwasser gekommen?)

Man schlittert schnell hinein durch die Platte im Park. Der eine macht hier etwas Illegales, der andere dort. Dann drehten fünf gemeinsam ein Ding. So kamen wir auf unsere Vorstrafen. Manche waren darauf stolz, ich hätte lieber keine. „Wie viel Schmalz (*Strafe*) hast du gemacht?", haben wir gefragt. „Einen Siebener *(sieben Jahre Gefängnis)*." So entwickelte sich unser Leben.

1965 bin ich das erste Mal gesessen, in der Rüdengasse *(Jugendgefängnis)*. Wir waren sieben oder acht, die wir eindibbeln *(einbrechen)* gegangen sind. Es waren eher Kleinigkeiten, die wir machten, wir drückten zum Beispiel eine Auslage ein. Die Beute hat nicht viel ausgemacht. Wir waren eben abenteuerlustig, sonst nichts. Aber eines muss ich sagen, wir hatten damals Respekt vor der Obrigkeit. Wenn der Parkwächter kam, haben wir zwar geschrien „Der Park-Schas *(Schas – Darmwind)* kommt", aber wir sind gerannt. Heute haben die Jungen keinen Respekt mehr, sie spucken einen solchen einfach an. Ich habe viel aufgenommen von den damaligen Alten.

(Hansl bestellt sich bescheiden ein Mineralwasser, ich lade ihn dazu ein, er ist mein Gast.)

Die Sache mit der Notwehr

1967 war ich einen Monat in Haft. Ich hatte einen Wickel *(Streit)* mit einem Zigeuner, der mich umbringen wollte. Es ging um ein Madl. Er bedrohte mich. Zwei Haberer *(Freunde)* von ihm standen dabei, jeder hatte ein Messer. Ich wusste, ich muss ihn austricksen, sonst bin ich tot. Ich stand in der Ecke und schrie: „Hilfe!" Zweimal so laut, sodass es viele Leute hörten. Dann sagte ich: „Da kommt eh schon die Kiberei!" Mein Widersacher drehte sich um und da habe ich ihn erschossen. Er war sofort tot. Das war mein erster Toter. Das Verfahren ist eingestellt worden, denn es war Notwehr.

Bei meinem zweiten Toten war der Staatsanwalt der junge Zöchling, es war sein erster Fall, sein Vater war ein berühmter Anwalt. Er sagte zu mir: „Einmal ist es einigangen *(hatte ich Erfolg)* mit der Notwehr, ein zweites Mal geht es nicht mehr." Mein Anwalt war der Herbert Eichenseder. Meine Freunde steuerten zusammen, um ihn zu bezahlen. Der Berndi und ich hatten in der Nähe von Rosenheim einen Barkeeper schwer verletzt. Ein Weiterer wusste davon, der wollte uns erpressen. Berndi und ich hatten damals im 3. Bezirk in der Hohlweggasse Hackenwohnungen *(Arbeitswohnung für die Prostituierte)*. Mit dabei war auch der Tonki, der damals die Posthacken *(den Postraub)* gemacht hat. Bei den Prostituierten am Strich war es meist so, dass ältere Prostituierte sich um die jüngeren Strizzis angenommen haben. So ist man auf den Gusto gekommen. Ich hatte immer eine Frau, die frank war, also keine Hure war, hätte aber eine Prostituierte als Freundin genauso genommen. Zu der Zeit, als ich meinen zweiten Toten hatte, war ich 25 Jahre alt und mit einer Studentin aus der Steiermark zusammen. Sie kam aus Bruck an der Mur und studierte auf der Kunstakademie.

Als der Erpresser kam und aus der Sache in Rosenheim Kapital schlagen wollte, gab ich ihm 20.000 Schilling. Das war ein Fehler von mir. Er drohte mir, für den Fall, dass ihm etwas passieren sollte, hätte er ein Schreiben hinterlegt. Er hat ja gewusst, dass der Berndi und ich den Mann schwer verletzt hatten. Der Berndi war wegen dieser Geschichte schon sechs Monate im Landesgericht in Untersuchungshaft. Jetzt war ich allein auf mich gestellt, und für diese Sache in Rosenheim würden für mich acht oder neun Jahre Gefängnis herausschauen. Als der Erpresser zum zweiten Mal dastand und Geld wollte, habe ich durchgedreht und ihn erstochen. Vorher ging er vor mir auf und ab und putzte sich mit dem Messer die Fingernägel. Das sehe ich heute noch vor mir. Jetzt lag er tot in der Wohnung. Wir hatten damals, das war im Sommer 1975, fünf Wohnungen nebeneinander. Ich sagte mir: „Der Tote muss weg!" Normalerweise nehme ich den Feitl *(Messer)* von ihm mit einem Tüchl und mache mir einen Fahrer *(eine Schnittwunde)* im

Gesicht. Dann sage ich zur Polizei, er hätte mich mit einem Messer in der Wohnung überfallen. Ich konnte nicht anders, denn er hat mich geblufft und gesagt, er hat etwas beim Anwalt hinterlegt, falls ihm etwas passiert. Wenn ich gewusst hätte, dass er nichts hinterlegt hat, hätte ich anders gehandelt. Ich war auch für den Berndi verantwortlich. Der Psychiater, der mich später untersucht hat, hat mich verstanden. Das war der berühmt-berüchtigte Heinrich Gross. Bei mir, muss ich sagen, war er leiwand.

Wie gesagt, ich war psychisch ganz durcheinander, wie der Tote vor mir lag. Und gedacht: „Er muss weg aus der Wohnung. Ich kann ihn nicht allein transportieren. Was soll ich machen?" Es wurde gerade ein Match im Stadion gespielt, Rapid gegen Brügge, wo der Ernst Happel damals Trainer war. Ich dachte mir, um Mitternacht führe ich den Toten weg. Ich bin also mit dem Auto zum Stadion gefahren und schaute mir das Match an. Ich wollte unter Menschen sein, wie der Fremde bei Camus, der am Tag seiner Hinrichtung viele Menschen um sich haben wollte, das war sein letzter Wunsch. Ähnlich war es bei mir. Ich wollte unter Menschen sein, um die Zeit bis Mitternacht zu überbrücken. Das Match hat mich gar nicht so interessiert, obwohl ich ein Fußballanhänger bin. Ich wollte einfach weg, weg vom Tatort. Ich kehrte dann in der Nacht zurück, holte den Toten, zerrte ihn ins Auto und führte ihn zum Aspangbahnhof. Dort war eine leere Gstetten beim Landstraßer Gürtel, hinter einer Plakatwand. Dort schmiss ich ihn in eine drei Meter tiefe Grube. Zwei Tage später bin ich wieder hin, leerte Benzin in die Grube und zündete das Ganze an. Dann fuhr ich zu meiner Freundin in die Steiermark.

Am Wochenende kam ich zurück, da lese ich im Express, im Kurier und in der Kronen Zeitung: Der Tote vom Landstraßer Gürtel konnte identifiziert werden. Es war ein Strizzi aus dem 2. Bezirk, ein Zuhälter und Gewalttäter, der erst vor ein paar Monaten aus dem Gefängnis entlassen worden war. Der Karl Schreiner *(Gefängnisdirektor von Stein)* hatte sich gemeldet, er hatte den Toten ja gekannt. Alles war verbrannt, bis auf ein Stückerl Haut mit einer Tätowierung. Zuerst glaubte man, es handle sich um einen tschechischen Matrosen. Die Polizei machte gleich nach dem Fund des Toten ein Planquadrat. Während ich im Stadion einen Platz gesucht hatte, war die Frau, die sonst in der Wohnung gearbeitet hat, aufgetaucht und hatte Kosmetik oder sonst etwas gesucht. Sie machte die Tür auf, sah den Toten dort liegen und hat sofort die Tür wieder zugemacht. Eine Woche später hat sie bei der Polizei angerufen und erzählt, dass hier eine Leiche gelegen ist. Auf dieses Madl war ich deswegen nicht böse. Weißt du, auf wen ich böse war, auf den Toten. Den hätte ich am liebsten ein zweites Mal liquidiert. Seitdem rege ich mich auf, wenn ich etwas von Erpressung höre. Ich hasse die Erpresser. Da springe ich auf! Aus der Not eines Menschen für sich Profit zu schlagen, das bringt mich in Wut.

Bei der Urteilsverkündung waren fünf der acht Geschworenen gegen mich. 15 Jahre Gefängnis hat man mir gegeben. Eine Stimme mehr hätte ich gebraucht, dann wäre ich wegen Totschlags verurteilt worden. *(So wurde es Mord.)* Nichtigkeitsbeschwerde haben wir eingebracht. Der Staatsanwalt wollte mehr, er forderte mindestens 20 Jahre als Strafe für mich. Der Oberste Gerichtshof hat es bei dem Urteil belassen und beides abgelehnt, mit der Begründung, dass sich die Provokation beziehungsweise die Persönlichkeit des Opfers mildernd ausgewirkt hätte.

Der Schreiner meinte damals im Interview zu der Geschichte, der Tote war kein Guter, er hätte immer queruliert. Ich saß zwei Jahre in Untersuchungshaft im Landesgericht und weitere zehn Jahre in Stein. Vier Jahre war ich dort Schreiber in der Druckerei. Ich saß im Büro und wusste von jedem Beamten, welcher politischen Partei er angehört. Zum Beispiel war in der Tischlerei der Chef immer ein „Roter" *(ein Sozialist)*, in der Schlosserei ein „Schwarzer" *(Angehöriger der ÖVP)*. Ich wusste das alles, weil sie vor mir diskutiert haben. Ich habe mir oft den Spaß gemacht, die Beamten wegen ihrer Parteizugehörigkeit zu pflanzen *(ärgern)*.

Im Gefängnis engagierte ich mich für die Mithäftlinge. Zu mir kamen Gefangene, weil sie wussten, dass ich gut schreiben kann. Ich brachte für sie Beschwerden ein. Mein eigenes Gesuch für die vorzeitige Entlassung ist aber nicht durchgegangen. Gegen die Ablehnung hatte ich eine Beschwerde ohne Erfolg eingebracht. Der Psychiater hat mir dann geholfen, dass ich drei Jahre vor der gerichtlichen Entlassung aus dem Gefängnis kam.

Der legendäre Gefängnisdirektor Hofrat Karl Schreiner

Der Schreiner hielt immer fromme Weihnachtsansprachen in der Anstaltskirche, obwohl er nicht gläubig war. Bei einer sagte er, natürlich im Dialekt: „Herrschaften, net wahr, ich bin in Ottakring aufgewachsen. Wenn man mir als Bub auf Verschiedenes draufgekommen wäre, wäre ich vielleicht auch irgendwo auf die schiefe Bahn gekommen. Eines muss ich euch sagen: Hätte ich die Fähigkeit gehabt, die Bank von England zu berauben, ich hätte es vielleicht gemacht. Diese Fähigkeit hatte ich nicht, daher bin ich nur Anstaltsleiter geworden. Das heißt, viele von euch sind in zu großen Schuhen." Er hat das gescheit gesagt. Er hat nicht gesagt, das tut man nicht, sondern es ist anders gekommen.

Eines möchte ich sagen, ich bitte dich, Roland, das festzuhalten, auf diesen Satz bestehe ich: Die heutigen Leute im Strafvollzug können nicht das, was der Schreiner im kleinen Finger gehabt hat. Der Schreiner war ein Sir. Was er versprach, hielt er. Er hatte damals zwei Offiziere, den Zissler und den Hrdina. Sie waren seine Adjutanten. Auch sie hatten Handschlagqualität. Hut ab vor ihnen!

Einmal war ein Gefangener auf Hungerstreik. Da ging der Schreiner selbst zu ihm hinunter in die Zelle und redete mit ihm. Seine Beamten hatten ihm davon abgeraten: „Das wird Ihnen nichts nützen bei diesen Leuten!" Der Direktor redete trotzdem mit dem Mann, der in Hungerstreik getreten war: „Die Zeitungen sind gegen mich und ihr seid gegen mich!" Der Häftling hörte ihm zu und hat erwidert: „Herr Hofrat, ich hör schon auf mit dem Hungerstreik."

Noch eine Wuchtel *(Geschichte)* muss ich dir erzählen. Bei den Nachtdiensten wurden früher, vor der Schreiner-Ära, Gefangene oft von Beamten geschlagen. Der Schreiner hat das nicht geduldet. Einmal sperrte ein Beamter, Diry hieß er, mit einem zweiten Beamten während des Nachtdienstes die Zelle auf, in der ein Russe war, und sagte zu ihm: „In Stalingrad habt ihr unsere Soldaten geschlagen!" Darauf salzten *(schlugen)* sie ihn. Als der Schreiner davon hörte, durfte der Diry nicht mehr bei den Gefangen arbeiten, sondern nur mehr beim Eingangstor des Gefängnisses.

Bei den Vorgängern vom Schreiner gab es noch Beamte mit Stiefeln und in Breecheshosen *(Reithosen)*. Einmal schreit ein solcher am Nord E, ebenerdig, mit einem Gefangenen, der zu lange Haare hatte: „Wie schauen Sie aus mit Ihren Haaren!" Da kam zufällig der Schreiner vorbei und fragte: „Um was geht es da?" Der Beamte sagte: „Ich belehre den Häftling gerade, dass die Haare geschnitten werden sollen." Der Schreiner sagte: „Das war eine laute Belehrung, die ich bis nach vorne gehört habe." Dann fragte er den Gefangenen: „Darf ich in Ihre Haare greifen?" „Ja, Herr Hofrat!" Der Schreiner griff in die Haare und sagte: „Die Haare sind aber gepflegt und sauber." Er wandte sich an den Beamten: „Aber Ihre Stiefel sind dreckig!" Und er fügte hinzu: „Ich will im Haus keine Stiefel." Vor den Gefangenen hat er den Beamten also zurechtgewiesen.

Der Schreiner war ein guter Direktor, der von gewissen Zeitungen immer wieder angegriffen wurde, so zum Beispiel, weil er den Gefangenen erlaubt hat, fernzusehen. Bei einer Fernsehdiskussion, beim damals berühmten Club 2, meinte ein Journalist, in den Gefängnissen gäbe es Fernseher, aber in den Altersheimen hätten sie keine. Darauf antwortete Schreiner: „Dann haben sie in den Altersheimen schlechte Direktoren."

Der Schreiner war bis in die 1980er-Jahre Direktor. Gestorben ist er an einem Herzinfarkt, im Dienst in der Justizwacheschule in der Wickenburggasse, wo er gelehrt hat. Begraben ist er im Weinviertel.

(Nach unserem Gespräch im Café Landtmann, als ich mich verabschiedete, sagte Hans Synek mir noch Folgendes über den verstorbenen Hofrat Schreiner:)

Bitte schreib, der Schreiner, der Gefängnisdirektor von Stein, sei der Höhepunkt des Strafvollzugs gewesen. Das möchte ich in deinem Buch drinnen haben. Wenn einer Mensch ist, ist er ein Mensch, egal, was er gemacht hat.

Mein Freund Berndi war einmal Boxer und gab mit dem Pavel Hansl eine Box-Zeitschrift heraus, „Ringrund" hieß diese. Der Berndi sagte bei seinem Besuch im Gefängnis zu mir: „Ich hab dir ein Packerl Box-Zeitschriften geschickt." Bald darauf wurde ich auf das Plateau geholt, das ist das Zentrum im Zellenhaus. Dort sagte der Kommandant zu mir: „Synek, die Boxzeitschriften können wir nicht ausfolgen. Der Major hat gesagt, diese werden nicht ausgefolgt, denn man lernt in diesen Boxheften, wie man Leute niederhaut." Beim nächsten Besuch teilte ich dies dem Berndi mit. Er sagte: „Am Montag sehe ich den Alten, den Schreiner, in der Pratersauna." Zwei Wochen später hieß es: „Synek zum Plateau." Ich kam hin, da sagte mir der Beamte: „Schönen Gruß vom Hofrat, ich soll Ihnen das geben", er überreichte mir die Boxhefte. Einige Tage später machte der Schreiner eine Führung mit Leuten vom Ministerium durch die Druckerei. Ich ging die Stufen vom Büro hinunter zum Schreiner und sagte zu ihm: „Herr Hofrat, danke schön!" Darauf sagte dieser zum Major Zach: „Zach, wenn demnächst Sportzeitungen kommen, dann werden diese ausgefolgt!" Der Hofrat

belehrte ihn: „In diesen Heften lernt man nicht, wie man Leute niederhaut, sondern in diesen lernt man Disziplin und den Gegner zu achten
und zu respektieren. Nach dem Kampf macht man ‚shake hands‘. Das
ist Disziplin.“ Der Zach stand regungslos dort, er musste sich mit dem
abfinden, was der Schreiner gesagt hatte. Die Boxhefte wurden mir
fortan ohne Probleme ausgefolgt. Jetzt schreibt der Zach als Willibald
Zach Leserbriefe in der Kronen Zeitung. Er dichtet.

Schrangler, Einbrecher, üble Leute und Literaten

Ich füge zwei Geschichten ein, die mich beeindruckt haben. Eine handelt von einem damals berühmten Schrangler, wie man bei uns die
Geldschrankknacker nennt. Lulei hat der Mann geheißen. Dieser be-
merkte von seinem Wohnzimmerfenster aus, dass schräg vis-à-vis in
einem Haustor der Kriminalbeamte Gradl stand, der ihn observieren,
also beobachten sollte. Er war leicht zu erkennen, da er ziemlich dick
war. Als der Lulei ihn sah, rief er den damaligen Chef im Wiener Sicherheitsbüro an, den Schuller, und sagte: „Bringt‘s dem bladen Gradl
a Stockerl, damit er sich niedersetzen kann, denn er is scho miad.“

Die andere Geschichte: Während Einbrecher ein Kartenbüro in der
Währinger Straße ausräumten, riefen sie im Sicherheitsbüro an und
fragten Schuller: „Brauchts ihr Karten für den Philharmonikerball?“

Im Gefängnis waren auch Leute wie der Pomasl, er hat eine Lehrerin
umgebracht, oder der Josef Weinwurm, der Opernmörder, er hat ein
Ballettmädchen umgebracht. Aber es ist nicht immer so, wie manche
meinen, dass es diesen Leuten im Gefängnis schlechter geht als den
anderen. Der Weinwurm hat im Häfen sogar eine gute Hacken gehabt.
Er war in der Buchbinderei.

*(Wir reden über Jack Unterweger, den Frauenmörder, der alle möglichen
Privilegien hatte und für den sich sogar Günther Nenning eingesetzt hat.*

Der Unterweger hat ja einiges geschrieben, sogar Gutenachtgeschichten fürs Radio.)

Ob der Unterweger der Mörder der Prostituierten war, weiß ich nicht. Er brachte sich gleich nach dem Urteil in erster Instanz um, das war noch nicht rechtskräftig. Ich wollte den Unterweger aus dem Grund nicht, weil er immer den Feinspitz gespielt hat. Ich schrieb ihm auch damals.

Im Grazer Forum Stadtpark habe ich etwas veröffentlicht, in einem Jubiläumsheft der „manuskripte – Zeitschrift für Literatur". Ein Münchner Verlag trat an mich heran, damit ich für ein Buch etwas schreibe. Auch der Hundertwasser hat etwas geschrieben, der Wolfi Bauer, und nun auch ich. Ich weiß gar nicht mehr, wie dieses Buch heißt.

Weil ich viel von der Szene der Wiener Unterwelt wusste, fragte mich Oberst Friedrich Maringer, er ist schon in Pension, im Café Schwarzenberg: „Hörst, mit dir würde ich gerne ein Buch schreiben, ich aus der Sicht der Polizei und du aus der anderen Sicht." Er wollte das mehr auf lustig schreiben. Bei uns gibt es genug Kottan-Sachen, hat er gemeint. Der Oberst hatte einmal Glück gehabt, ein Handy hat ihm das Leben gerettet. Der Robert Sedlacek, der ihn angeschossen hat, hat das Handy getroffen. Die Pülcher früher, ein paar leben noch, zum Glück, haben mehr Handschlagqualität gehabt als die jungen Gauner heute.

Ich habe auch dem bekannten Journalisten Günther Nenning geschrieben, ob er nicht an einer Diskussion teilnehmen will. Weißt du, wie der reagiert hat? Der hat nicht mir geschrieben, sondern dem Schreiner, dass er die Einladung von Johann Synek annehmen möchte. Darauf ließ mich der Schreiner holen, er sagte: „Sind Sie wahnsinnig, da haben Sie mir etwas eingebrockt. Der Nenning hat sich selbst eingeladen." Darauf meinte ich: „Dann lehnen Sie ihn doch ab, Herr Hofrat." Er erwiderte: „Wie schaut denn das aus!?" Der Nenning kam tatsächlich zu einer Diskussion mit uns Gefangenen. Zu Lesungen in Stein brachte ich auch den Gerhard Rühm, den Peter Weibel, den Friedrich Achleitner und den Ernst Jandl.

Das Stoßspiel – der Notwehr-Krista, die Schmutzerbuben und Heinz Karrer

(Wir kommen auf die Wiener Unterwelt der 1960er- und 1970er-Jahre zu sprechen. Ich erzähle Hans Synek von meinem Buch, das ich über Pepi Taschner geschrieben habe, den Wiener Ganoven, der beim verbotenen Stoßspiel, dem Glücksspiel der Wiener Unterwelt, dabei war. Taschner war der Bugl, der Mitarbeiter von Alois Schmutzer, genannt Loisl. Hansl erzählt dazu:)

Der Taschner war im Grund genommen beim Stoß nur ein Schmierer, ein Aufpasser, der meldete, wenn die Schmier *(Polizei)* kam. Dann rief er ins Lokal: „Ablegen!" Die Spieler legten daraufhin die Karten und das Geld weg. Der Taschner gehörte zur Stoßpartie vom Schmutzer Loisl. Dem wollte die Polizei einen Raub anhängen, doch er war in der Zeit beim Stoßspiel. Der deutsche Boxer Gustav Adolf, er hieß wie der schwedische König, hatte keinen Boxvertrag mehr, er war flach *(ohne Geld)*. Daher ging er zum Loisl und sagte: „Ich bin flach, ich brauch Geld." Der Schmutzer hat ihm mehr zum Spaß erwidert: „Weißt was? Mach eine Brieftaube!" In der Gaunersprache bedeutet das, er soll einen Geldbriefträger ausrauben. Der Deutsche machte das wirklich, wurde erwischt und eingezwickt *(verhört)*. Er sagte aus: „Der Schmutzer hat mich angestiftet." Jetzt hatte die Polizei endlich den Schmutzer, den sie unbedingt fassen wollte. Zu zehn Jahren wurde er wegen dieser angeblichen Anstiftung verurteilt. Er hat ja nicht damit gerechnet, dass der Deutsche wirklich eine Brieftaube macht.

Es gab Ende 1968 auch die Auseinandersetzung der Schmutzer-Buben *(Alois und Norbert Schmutzer)* mit ihrem Jugendfreund Johann

Pokorny, Pokerl genannt. Der erschoss den Norbert im Bergheim in der Kaiserstraße *(heute Café Journal)* im 7. Bezirk. Es ging dabei um die Vorherrschaft beim Stoßspiel in Wien. Der Pokerl nahm sich zum Stoß den Josef Krista aus dem 2. Bezirk mit. Er war bekannt als der Notwehr-Krista. Für mich war er der ganz Große. Das Erste, was der Krista die Schmutzer-Buben fragte: „Wo schneidet ihr noch?" *(Stoß spielen)* Die Schmutzer-Buben sagten großspurig: „Im Linzerhof." Der Krista antwortete darauf: „Da bin ich mit 20 Prozent dabei, ab jetzt." Der Loisl ahnte, was kommen würde. Der Krista schaute ja aus wie ein solider Mensch. Ich war mit ihm in der Krankenabteilung im Landesgericht. Das gehört zu den Höhepunkten meines Lebens. Er brachte mir dort das Zensern bei, ein typisches Kartenspiel im Gefängnis, darüber erzähle ich später noch.

Also, der Krista war ein Sir von einem Menschen. Er stänkerte nie, wenn er mit seinen Leuten unterwegs war. Ihm wurden zwar zwei Tote und ein Schwerverletzter zur Last gelegt, alles in Notwehr. Wenn er abdrückte *(seine Pistole)*, dann immer aus Notwehr, daher auch der Name. Bei ihm hätte es nie gegeben, dass einer von seiner Partie über einen anderen der Partie gestänkert hätte. Da fuhr er drein, wenn so etwas gewesen ist. Du hättest ihn dem Aussehen nach nicht für einen Gauner gehalten. Er schaute mit seiner Hornbrille eher wie ein Bankbeamter aus. Eingesperrt wurde Krista nach der Schießerei im Café Kolonitz beim Prater, bei der er am Fuß verletzt wurde. Als man ihm den Fuß abnehmen musste, brachte er sich im Gefängnis um. Die Fußverletzung fügte ihm der Josef Angerler zu, der G'schwinde genannt, er starb nach dem Freitod vom Krista an einem Herzinfarkt. Der Angerler hieß deshalb der G'schwinde, weil die Wärter im KZ, in dem er während des Krieges war, ihm zuriefen: „G'schwinder!" Das hieß, er solle sich beeilen, weil er so langsam gegangen ist. Deshalb hieß er so, nicht aber, weil er immer so schnell die Pistole zog. Der G'schwinde hat keinen erschossen. Einmal schoss er sich mit dem Karrer Heinzi auf der Ausstellungsstraße hinter den Laternen. Der junge Karrer, damals 22 Jahre alt, war Geschäftsführer vom Café JoJo, in dem Stoß gespielt wurde. Man wollte von ihm Prozente *(Schutzgeld von den Einnahmen)*. Er sagte: „Bei uns gibt es keine Prozente." Damit hat er sich gegen die ganzen Alten gestellt. Der G'schwinde hat dann eine greane *(falsche)* Aussage gemacht und den Krista mit hineingezogen. Das war der Beginn der Todfeindschaft, Grund war der Karrer. Der flüchtete zum ersten Mal, und zwar von Göllersdorf nach Deutschland. Dort schoss er in Hamburg den Totenkopf Fred an, einen berüchtigten Bugl, einen Leibwächter. In den Zeitungen Anfang der 1960er-Jahre war zu lesen: Zuhälterkrieg Wien Hamburg. Dazu gehörten der Ströbel Fredl, der Söllner, der Bär – eine ganze Partie. Die leben alle nicht mehr. Die Deutschen waren deswegen heiß, weil unsere Buam mit den Weaner Madln nach Hamburg kamen. Die hatten einen guten Schmäh und verdienten mehr als die anderen Madln dort. Die Weaner Madln haben den besseren Schmäh als die Hamburger. Ein Film entstand über das Treiben der Wiener Zuhälter in Deutschland, er hieß: Heißes Pflaster Köln.

Ich muss die Geschichte vom Karrer fortsetzen. Dem gelang die spektakulärste Flucht, die es jemals gegeben hat, das werde ich nie vergessen. Der dabei war, ist auch schon tot, der Dorfinger Helmut. Die Flucht spielte sich so ab: Zweimal ließ sich der Karrer wegen der Scheidung von seiner Frau ausführen *(zur Gerichtsverhandlung)*. Beim dritten Mal hatte er eine kleine Kanone bei sich. Zwei Justizbeamte fesselte er mit ihren Handschellen. Den Richter, er wurde später Operettensänger am Klagenfurter Landestheater, hat er mit der Krawatte gefesselt. Die beiden Beamten lagen auf dem Bauch unter dem Zeugengeländer. Der Karrer hat der Frau die Pistole angesetzt, damit sie keine Beihilfe bekommt. Ich, der ich im Gefängnis saß, wusste, der Heinzi würde nicht mehr von der Verhandlung zurückkommen. Und so war es auch.

Der Richter schrieb in seinen Memoiren: Der Heinz Karrer, das muss ich sagen, war ein Gentleman. Er hat sogar zu mir gesagt: „Herr Rat, ich habe noch fünf Minuten Zeit, bevor sie mich holen. Wenn Sie wollen, können wir noch eine Zigarette rauchen." Ein Journalist schrieb 1970, es war gerade die Fußballweltmeisterschaft: Brasilien hat seinen Pelé, Deutschland hat seinen Gerd Müller und Österreich hat seinen Heinz Karrer. Der spielt nicht mit einem Ball, sondern mit seinen Pferden. Aber das stimmt nicht, der Karrer war nie ein Zuhälter, er war nur beim Stoßspiel, ging später nach Deutschland und war dort aktiv. Er war der gradeste Mensch, den ich je kennengelernt habe. Er hat einen Brief an die K-Zeitung geschrieben, zwei Seiten, in dem ist gestanden: „Sollte meiner Frau Anni etwas passieren, dann komme ich und hacke dem Betreffenden die Hände ab. Die Pistolen von den Justizwachebeamten sind beim Eingang in die Freudenau eingegraben." Er hat sogar geschrieben, wo er sie genau eingegraben hat.

Die arrivierten Leute, die damals dabei waren, hatten Handschlagqualität. Heute hat das Stoßspiel in Wien, das es wohl noch gibt, an Bedeutung verloren.

Das Zensern

(Dieses Kartenspiel ist spannend und ein bisschen geheimnisvoll. Darüber sprach ich mit Heini Höller, Eigentümer einer kleinen Greißlerei in der Burggasse im 7. Bezirk. Er erklärte mir, dass man mit 32 doppeldeutschen Karten spielt. Der Name kommt vom französischen Wort für die Zahl 500, cinq cents, denn die höchste erreichbare Zahl in diesem Spiel ist 500. Geschrieben werden die Zahlen so: O für 100, C für 80, V für 50 und I für 20. Hat ein Spieler verloren, „geht er Bad". Wie das Spiel genau vor sich geht, ist allerdings schwer zu erklären. Hansl versucht es.)

Die höchste Karte im Spiel ist der Jass, der Bube in Atout oder Trumpf. Er ist 20 Punkte wert und sticht alles. Die zweithöchste Karte ist die Menö (Minelle). Danach kommt das Ass, der König usw. Hast du 7, 8 , 9, so ist das eine Terz. Hat der Mitspieler auch eine Terz, die höher ist, dann zieht die Herz. Zum Schluss wird gezählt, der Jass zählt 20, die Menö 14 und die Herz dazu auch 20, das sind dann 54. Der letzte Stich zählt 10. Hast du vier Karten hintereinander, hast du die Quart, hast du fünf hintereinander, hast du ein Gewinde. Und wenn du jemanden fangen willst, der sagt, er kann Zensern, dann fragst du ihn: „Was ist beim Zensern höher, vier Buben oder ein Gewinde?" Wenn der sagt, das Gewinde, so kennt er sich nicht gut aus, denn beides ist im selben Spiel nicht möglich. Beim Gewinde muss immer ein Bube dabei sein, also 7, 8, 9, 10, Bub, Dame oder 10, Bub, Dame, König, Ass. Ein anderer Spieler kann also nicht vier Buben haben, wenn gleichzeitig einer ein Gewinde hat. An diesem Beispiel kannst du ein „Vogerl" *(einen, der sich nicht auskennt)* erkennen. Die alten Pülcher nannten das „einen Gimpel fangen".

Das Zensern lernte ich vom Krista im Inquisitenspital im Landesgericht. Da hat der Arme keinen Fuß mehr gehabt. Am Abend schnallte er sich die Prothese an. Wir beide waren zusammen im Haftraum. Darauf war ich stolz, denn der Krista war für alle ein Begriff. Über ihm gab es niemanden in der Nachkriegszeit. Am Anfang nannte ich ihn Herr Josef. Er sagte, ich könne ruhig Pepi zu ihm sagen. Ich war damals 26 Jahre alt und der Pepi schon 50. Vor dem Krista gingen sie alle in die Knie. Da gab es keinen, der gegen ihn losgegangen wäre. Nur der G'schwinde, sein bester Freund, hat ihn provoziert. Als die Polizei den Krista endlich gefasst hatte, hat er sich mit Schlaftabletten umgebracht. Seine Frau hatte einen Obststand am Gemüsemarkt von Brigittenau.

Beim Zensern sagte er immer zu mir: „Bua, spiel nicht immer mit den Atouts, hau aussi die Atouts, du musst zurückspielen, wenn du starke Nebenkarten hast." Der Pepi erklärte mir das alles. Ich war stolz darauf, dass er mir gezeigt hat, wie das Zensern geht.

Das Bordell in Spital am Pyhrn und die zwei Holzfäller

Mir gehörten vier Bordelle in Leoben in der Steiermark und in Oberösterreich. Bernd Wessely gab mir eine größere Summe, 240.000 Schilling waren von meiner Mutter. Der Berndi hatte Geld, weil er am Gürtel-Strich der große Macher war. Das Geld war eine Freundestat von ihm, ich bin ja zwölf Jahre gesessen. Berndi hat mich immer besucht, genauso wie der Tonki, der Heinz Walter. Der Spitzname stammt aus einem Film, in dem einer vorkam, der wie ein Pferd aussah und Tonki hieß. Unser Tonki war ein hochintelligenter Mensch.

Meine Mutter war Schneiderin, der Berndi und der Tonki nannten sie Frau Grete. Sie nähte für sie, wenn etwas zu nähen war. Bernd Wessely ist ein halbes Jahr vor meiner Entlassung aus dem Gefängnis gestorben. Dem Begräbnis konnte ich nicht beiwohnen, sie haben mich nicht gelassen, obwohl ich damals, 1986, nur mehr ein Jahr zu sitzen hatte.

Der Tonki nahm mich mit in sein Bordell nach Frauenkirchen im Seewinkel. Dort lernte ich eine Linzerin kennen, die dort arbeitete. Ich wollte damals mit ihr nach Graz fahren, zu Verwandten meiner Mutter, und dann nach Linz. Bevor wir losfuhren, fragte sie mich, ob wir nicht über Spital am Pyhrn fahren könnten. Ich hatte nichts dagegen. Im ehemaligen Gasthof Regner nahe dem Bahnhof, heute ein Bordell, öffnete uns ein Madl, ihre Freundin. Den Besitzer kannte ich vom Telefon her. Er war ein Freund vom Tonki und betrieb auch in Liezen die Herzerlbar. Seine rumänische Freundin führte in Ardning eine Bar. Das war 1987. Das Bordell in Spital am Pyhrn existierte ungefähr seit 1985, vorher war es ein Gasthaus mit Fremdenzimmern.

In der Bar saßen schon ein paar Madln. Auf einmal sagte eine: „Der Chef, ein Obersteirer, will das Haus hier aufgeben. Er will sich auf die Herzerlbar in Liezen konzentrieren. Er muss bald kommen." Ich antwortete, dass ich gerne mit ihm reden wolle. Wenn er das Lokal hier aufgäbe, könnten wir vielleicht ins Verhandeln kommen. Bald darauf kam der Chef, Harry Leitner hieß er. Ich fragte ihn: „Du bist hier der Chef?" Er bejahte. Ich sagte: „Dann kennen wir uns ja eh vom Telefonieren. Ich bin der Hans. Ich habe gehört, du willst die Bar aufgeben." Er erwiderte: „Ja, ich gebe das auf hier, es wird mir zu viel." Nun schlug ich vor: „Machen wir ein Geschäft. Übergib das Haus mir!" Darauf antwortete er: „Ich rede zuerst mit der Frau Ulm, der Besitzerin." Ich wollte wissen, wie viel er verlange. „50.000 Schilling", sagte er, „für das Ganze, das Inventar und die Sachen da." Das war im Herbst 1987. Ich war einverstanden. Zwei Tage später war ich wieder dort, sprach mit der Verpächterin und übernahm die Hüttn. Der frühere Pächter fragte mich: „Hansl, macht es dir etwas aus, wenn meine Madln noch 14 Tagen oben wohnen, auf der Guck *(die Separees)*? Im zweiten Stock?" Ich war einverstanden, weil er seine Hüttn in Ardning noch nicht ausgebaut hatte, obwohl ich selber Madln hatte. Uns verband eine Freundschaft. So übernahm ich das Bordell in Spital am Pyhrn.

Damals arbeiteten noch wenig Ausländerinnen, bei mir waren Wienerinnen, Salzburgerinnen, Steirerinnen, Oberösterreicherinnen. Heute findest du keine Österreicherin mehr, man würde sie mit Handkuss nehmen, wegen des Schmähführens. Heute hörst du nur: *(Er spricht absichtlich hoch.)* Hallo, Schatzi, was darf ich trinken, willst du raufgehen mit mir? Die heutigen Madln haben keinen Schmäh! Die Ausländerinnen arbeiten unter dem Limit und hauen den Preis zusammen. Bei mir zum Beispiel durfte kein Zuhälter in das Lokal hinein. Wenn einer sein Madl abholen wollte, musste er am Parkplatz warten. Ich selbst war nie ein Zuhälter. Die Madln haben zwar gearbeitet in der Bar, aber ich habe nie direkt von einer Frau gelebt. Einen Spruch werde ich nie vergessen, ich habe ihn vom Tonki: Ein Zuhälter ist die Hur von einer Hur. Wenn er die nicht hätte, er ist ja angewiesen auf sie. Es gab Huren, die zum Zuhälter sagten: „Wennst nicht willst, dann schleich dich!" Und die sind gegangen. Das waren die Superstrizzis.

Um zurückzukommen auf Spital am Pyhrn. Eineinhalb Jahre war ich dort.

(Hast du Kontakte in den Ort gehabt?)

Ja, schon, der Kontakt war nicht schlecht. Bis auf die zwei Holzfäller, die mich angezeigt haben. Das war so: Ich liege in meinem Privatzimmer im ersten Stock. Mich interessiert ja nicht, was normalerweise unten in der Bar passiert. Da klopft es an meiner Tür, es war die Barfrau: „Da unten randalieren sie, bitte komm herunter." Ich fragte: „Was für Gäste?" „Die waren schon ein paar Mal da. Sie leeren das Bier aus, sie grölen." Ich denke mir, ich stecke mir hinten die Böhmische ein, eine Neun-Millimeter *(Pistole)*. Ich erzähle es dir so, wie es war, ich beschönige nichts. Ich gehe also hinunter in die Bar, die gleich rechts liegt, dort, wo das Speisezimmer früher war. Links war die Schank. Ich gehe hinein und sage: „Guten Abend, meine Herrschaften, gibt es irgendwelche Probleme?" Ja, es gibt sie, sehe ich sofort. Um die Herrn zu beruhigen, sage ich: „Trinkts auf das Haus etwas und beruhigts euch." Zwei Burschen legten das als Schwäche aus und sagten: „Was? Was?" Sie spielten sich gleich auf. Ich forderte sie auf: „Wissts was, gemma hinaus, dort, wo das rote Licht ist, zum Ausgang." Der eine der beiden kommt ums Eck und ich halte ihm den Revolver an die Eier und sage: „Deine Eier picken gleich an der Wand, wenn du dich nicht sofort schleichst!" Und zur Barfrau: „Die kommen mir nicht mehr herein." Als der Zweite bei mir vorbeikommt, sage ich zu ihm: „Und du auch." Ich will keine Stänkerer in meinem Betrieb.

Der Vorfall war im August. Er hatte im Oktober ein Nachspiel. Ich kam von Wien nach Spital am Pyhrn ins Puff, um die Abrechnung zu machen. Eine Woche vorher bewilligte ich dem Bundesheer, dass sie sich während ihrer Übung bei uns am Strom anhängen können. Sie sagten, sie würden mich entschädigen. Die Übung hielten sie in der Nähe beim Wald ab. Ich kam ins Bordell, die Madln gingen gerade auf ihre Zimmer, um zu schlafen. Ich erkundigte mich noch bei ihnen, ob die Geschäfte gut gingen. Ja, meinten sie. Mit der Barfrau machte ich gerade die Abrechnung, auf einmal sehe ich durch die Vorhänge von der Kuchl Richtung Parkplatz Gestalten rennen. Ich dachte mir, dass das Bundesheer wieder eine Übung mache. Plötzlich pumperte es an der Tür, Gendarmen standen da. Zu meinem Glück, dies war eine Eingebung, hatte ich vorher meine Kanone in die Holzhütte neben dem Parkplatz gelegt. Die Gendarmen sagten zu mir: „Wir müssen Sie mitnehmen." „Was ist denn los?" fragte ich. „Sie werden beschuldigt, jemanden eine Schusswaffe an den Kopf gehalten zu haben. Kommen Sie mit!" Ich wandte ein: „Da möchte ich schon, dass die Madln als Zeugen gehen." „Das werden wir schon sehen, wir haben den Auftrag, Sie nach Steyr einzuliefern", war die Antwort. Mit Handschellen, wegen meines Vorstrafenregisters, wurde ich abgeführt! Ich war verhaftet. Sie brachten mich nach Steyr ins Gefängnis. Ich hatte meine Madln als Zeugen angegeben. Sie können bezeugen, wie die zwei Burschen damals randaliert haben.

Der Richter hieß Aschbauer, jetzt ist er schon in Pension. Ich sagte laut vor dem Gerichtssaal: „Das hat ihn viel Geld gekostet, dass er das ‚r' aus seinem Namen weggebracht hat." Jetzt war er natürlich heiß auf mich. Er trug randlose Brillen und saß dort wie eine Eule. Keiner stellte die Frage, warum die beiden Holzfäller die Sache erst zwei Monate später angezeigt haben. Die beiden wurden gefragt, wann die Tat gewesen sei. Sie sagten, vor drei bis acht Wochen. Die wussten nicht einmal, wann der Vorfall genau war. Das hat gehalten, die beiden waren glaubwürdig als Zeugen. Man müsste doch wissen, wann man bedroht worden sei, vor drei Wochen oder vor zwei Monaten. Die Madln haben bestätigt, was ich gesagt habe. Als der Richter fragte, was sie verdienen, drucksten sie herum, denn damals wurden die Madln von der Finanz ziemlich belästigt. Der Richter sagte: „Da sieht man ja den Wahrheitsgehalt der Aussagen." Er wollte mich abtöten. Dann kamen die beiden Belastungszeugen herein. Freunde hatten mir geraten, keinen Wiener Anwalt zu nehmen, denn die Richter hier werden heiß, wenn man mit einem Wiener Anwalt kommt, dann würde man erst recht Schmalz bekommen. Ich nahm mir daher einen Rechtsanwalt aus Steyr. Während der Verhandlung wollte ich die beiden Holzfäller etwas fragen. Der Richter sagte höhnisch zu mir: „Dann fragen Sie halt!" Ich fragte: „Bevor Sie in meinen Club gekommen sind, wie viel haben Sie da schon getrunken gehabt?" Der Richter wandte ein: „Sagen Sie nicht Club, sondern Puff." Ich war schon heiß und sagte: „Um in Ihrer Diktion zu bleiben, sagen wir also Puff. Wie viel haben Sie getrunken gehabt, bevor Sie in mein Puff gekommen sind?" Der eine sagte, sieben oder acht Cola mit Rotwein, der zweite sagte dasselbe. Warum sie nicht gleich zur Polizei gegangen seien, warf ich ein. Weil sie sich gefürchtet haben, meinten sie.

Sie machten nun folgende Aussage, um sich in einer anderen Sache einen Vorteil zu verschaffen: Der Chef vom Spitaler Puff hätte sie mit einer Schusswaffe bedroht.

Was jetzt kommt?! Ich hatte zwei Jahre und acht Monate von Stein noch offen, denn von den 15 Jahren, zu denen ich verurteilt worden war, saß ich nur zwölf Jahre und vier Monate ab. Was glaubst du, was mir der Richter gegeben hat? Er verurteilte mich zu 10 Monaten und 2 Jahren und 8 Monaten, und das wegen der Geschichte in meiner Hüttn in Spital am Pyhrn. Das Oberlandesgericht Linz hat bei der Berufung gesagt, das muss man sich auf der Zunge zergehen lassen: Bei diesen beiden handelt es sich lediglich, ich zitiere wörtlich, um zwei Raufer eines Gebirgstales, und bei mir um einen Großstadtkriminellen. Die beiden hätten mir die Hüttn zusammenhauen können und wurden bloß als Raufer eines Gebirgstales bezeichnet! Ich musste ins Gefängnis, Spital am Pyhrn gab ich dann auf.

Das Interesse an Sartre und an der Frankfurter Schule

Ich übernahm dann durch einen Grazer in Leoben die Bar de Paris in der Ferdinand-Hanusch-Straße. Ein gewisser Werner Rosenkranz, ein Steirer, zeigte mich schließlich bei der Polizei wegen gefährlicher Drohung an. Er besaß vier Puffs in der Steiermark. Wir hatten uns ausgemacht, dass ich Leoben von ihm übernehme. Die Renovierungskosten wollten wir teilen. In der Zwischenzeit habe ich das Ganze bar bezahlt. Dann wartete ich auf die Hälfte des Geldes, die aber nicht kam. Mit drei Leuten aus Wien fuhr ich also ins Mürztal. Wir gingen zu seiner Hüttn, meine drei Begleiter blieben draußen, ich ging hinein und fragte „Wo ist der Werner Rosenkranz?" Die Barfrau erwiderte: „Der ist unterwegs." Darauf sagte ich: „Gib mir seine Telefonnummer." Ich rief ihn an und fragte, wo er sei und wo mein Geld bleibe. Er sagte: „Ich bin in der Nähe von Bruck, ich fahre gerade nach Graz." Ich fragte noch einmal, wo mein Geld bleibe. Er fing zu stottern an und sagte: „Was sind das für Methoden?" Ich konterte: „Ehrenwerte! Du kannst in Zukunft höchstens ein Milchgeschäft aufmachen, aber kein Puff, das garantiere ich dir." Er machte mir nun den Vorschlag, einander am nächsten Freitag vis-à-vis vom Bahnhof in der Annenstraße zu treffen, er würde mir das Geld geben. Ich war einverstanden. Es ging ja nur um 40.000 Schilling. Aber ich wollte mich nicht übernehmen lassen. Er gab mir bei unserem Treffen einen Zwanziger *(20.000)* und sagte: „Das Übrige bekommst du in 14 Tagen."

Ich flog mit einer Freundin aus Graz übers Wochenende nach Paris. Ich war ganz stolz, ihr die Stadt der Liebe zu zeigen. Ich bin sowieso frankophil angehaucht wegen der Philosophie. Ich verehre Sartre, Camus etc. Selbst im Privatzimmer meines jeweiligen Puffs, während von unten aus der Bar Musik zu hören war, las ich zum Beispiel Erich Fromm, Max Horkheimer oder Herbert Marcuse. Von der Frankfurter Schule habe ich einiges gelesen. Auch der Alexander Mitscherlich und der Ernst Bloch haben mir getaugt. Ich las auch gerne den marxistischen Philosophen Georg Lukács. Der ist allerdings nicht jedermanns Sache. Bei ihm ging es um Form und Inhalt. Er war Marxist, aber ein kritischer. Das interessierte mich alles. Mein am meisten verehrter Philosoph ist Sartre, der Existenzialist, der bedauerte, dass es keinen Gott gibt – in „Das Sein und das Nichts". Sartres zweites Werk, das mich beeindruckte, war „Der Existentialismus ist ein Humanismus". Seine Trennung von Camus war ein Problem. Von der Literatur her war Camus großartig. Musil ist auch nicht jedermanns Sache. Und trotzdem war „Der Mann ohne Eigenschaften" Kreiskys Lieblingsbuch. Es hieß, er hätte es immer auf dem Nachtkastl liegen gehabt. Es ist ein Buch ohne Ende. Im Gefängnis hatte ich Zeit, mich mit dem allen zu beschäftigen. Ein Buch, in dem ich gerne las, ist das „Wunschlose Unglück" von Peter Handke. Er schreibt über den Selbstmord seiner Mutter, er schreibt sich so richtig an sie heran. Das hat mir gefallen. Auch war ich auf der Welle von Thomas Bernhard. Ich sagte immer, wenn ich einen sensiblen Menschen kenne, den ich nicht mag, schenke ich ihm „Frost" mit dem Maler Strauch, den der Famulant seines Bruders beobachten soll. Das las ich im Häfen. Im Puff las ich vor allem die Philosophen, auch Camus. Schopenhauer gefiel mir nicht, aber Hegel interessierte mich. Die Dialektik von Hegel sagte mir zu, und von Kant las ich „Kritik der praktischen Vernunft" und „Kritik der reinen Vernunft". Auch mit dem kategorischen Imperativ beschäftigte ich mich.

(Josef Pasteiner, der bei uns sitzt, ist begeistert, er kann es nicht fassen, dass dieser Gauner derart belesen ist. Er lacht zustimmend. Ich kritisiere

die langen Sätze von Kant. Josef fragt Hans Synek, ob er im Gefängnis in der Bibliothek gearbeitet hat.) „Nein, ich war in der Druckerei!", antwortet er.

Die Sanduhr im Puff – Hans Synek wird umgedreht – Gräberbesuche

Zum Schluss will ich noch etwas erzählen, etwas zum Lachen. Ich habe beschlossen, wenn ich einmal tot bin, ich bin sowieso Agnostiker, soll man meinen Leichnam verbrennen. Meine Asche soll man in eine Sanduhr geben. Die Uhr wird genau bemessen auf eine halbe Stunde und in einem Puff aufgestellt. Wenn zum Beispiel die Elfi auf ein Zimmer geht, dreht sie den Hansl, also die Sanduhr mit meiner Asche, um und ich riesle eine halbe Stunde durch. Wenn sie das Schäferstündchen verlängert, dreht sie den Hansl noch einmal um.

Meine zwei besten Freunde sind schon tot. Der Berndi ist an Leukämie gestorben, der Tonki hat Krebs gehabt. Knapp bevor er gestorben ist, habe ich ihn in der Privatklinik an der Heiligenstädter Straße besucht. Damals sagte die Schwester zu mir, es schaue nicht gut aus mit ihm. Einige seiner letzten Worte waren, er hing an vielen Schläuchen: „Junge, du kennst unsere Gesetze."

Ich bin zwar nicht religiös, aber besuche regelmäßig das Grab von Berndi und das meiner Eltern. Tonki hat kein Grab, ihn kann ich nicht besuchen, denn er hat seinen Körper der Anatomie vermacht. An ihn erinnert nur sein Name an einer Tafel am Zentralfriedhof in der Nähe des dritten Tores. Dort sind viele Tafeln von der Anatomie an einer Rundmauer. Du kannst dir das anschauen.

Das Grab meiner Eltern ist auf dem Ottakringer Friedhof. Von meiner ehrenwerten Familie, die so brav ist, kümmert sich keiner darum, nur ich, der Pülcher. 15 Meter von diesem Grab entfernt ist ein Quergang. Dort ist ein Grab mit einem vergilbten Foto. Ein kleines Madl ist darauf zu sehen. Darunter steht: Unsere Wetti! Die ist gestorben 1932, sie ist nur 4 Jahre alt geworden. Ein großer Stein liegt dort, man sieht, keiner kümmert sich um das Grab. Wer, glaubst du, setzt seit Jahren dort Blumen? Ich bin es. Ich bin nicht heilig, ich weiß nicht, ob ich es erklären kann. Das Grab ist so verlassen. Das vergilbte Foto, das kleine Mädchen Wetti. Ich weiß nicht, warum ich Blumen setze, ich mache es eben.

Ausklang

(Hans Synek, dies sei noch angemerkt, ist seit einigen Jahren mit einer Frau aus der Dominikanischen Republik verheiratet. Kennengelernt hat er sie in einer Bar. Dazu erzählt er mir:)

In Hadersdorf am Kamp haben wir geheiratet, damit ich auch eine Familie habe. In der Dominikanischen Republik habe ich ein Sechs-Zimmer-Haus. Und zwei Töchter, Zwillinge. Ich kümmere mich um sie. Jetzt habe ich ein Paket hingeschickt. Meine Töchter würden gerne herkommen, sie möchten Fotomodelle werden. Sie sind fast 1 Meter 80 groß. Ich bin verliebt in Südamerika, natürlich habe ich auch Spanisch gelernt.

Ich würde mitunter sogar den Strache wählen, doch eines hat er mir angetan, darum bin ich ihm gegenüber skeptisch. Was die Moslems anbelangt, bin ich zum Teil auf seiner Seite, auch was die „Roten" anbelangt, sie sind Verräter. Der letzte wirklich „Rote" war für mich der Kreisky. Der fehlt heute. Aber nur eines verzeihe ich dem Strache nicht, dass er gesagt hat, der Che Guevara sei ein Raubmörder gewesen. Dieser Mann war gut, er hat die Amerikaner durchschaut.

Ich war auch am Grab von Walter Nowotny am Wiener Zentralfriedhof, er war ein tüchtiger Kampfflieger im Krieg, der seine Heimat schützen wollte. Er fiel in den letzten Kriegstagen, daher bekam er ein

Ehrengrab. Ich war dagegen, dass man es beseitigt. Er war ein Soldat mit Ehre, er hat das Anrecht auf ein Ehrengrab. Ich bin etwas schizophren eingestellt, einerseits ist mein Herz links, andererseits bin ich national. Ich bin Nationalmarxist, das gibt es. Ich weiß von der lateinamerikanischen Geschichte, was die Amis dort aufgeführt haben. Ich konnte nicht über New York in die Dominikanische Republik fliegen, weil ich drei Stempel von Kuba hatte. Und der Fidel Castro steht noch immer. Sechs amerikanische Präsidenten hat er überlebt. Er soll über 100 werden!

(Hansl Synek ist Zeuge eines Kulturwandels in der Wiener Unterwelt geworden, denn das Stoßspiel hat sich heute beinahe aufgehört. Er kennt das Spiel und seine alten Betreiber genau. Wenn heute jemand wirklich um Geld spielen will, geht er ins Casino, meint Hansl. Seine Beziehung zu Bordellen besteht weiter. Jedenfalls denkt er daran, in Fischamend eine „neue Hüttn" aufzumachen. Der bekannte Journalist Wolfgang Höllrigl habe gesagt, wenn Hansl die Eröffnung dieser „Hüttn" feiert, kommt er hin und schreibt einen Artikel darüber. Die „neue Hüttn" wird den Namen „Bunga" tragen [Bezeichnung für Berlusconis Sex-Partys]. Schließlich meint Hans Synek:)

Weißt du, wer mein Liebling ist von der Intelligenz her beim Schreiben: der Telemax von der Kronen Zeitung. Der ist ein Wahnsinn, er ist ein gescheiter Mann. Was mich stört in den Zeitungen, das sind die Anglizismen. Du liest nur mehr „Highlight". Gibt es keinen Höhepunkt mehr? Warum müssen wir englische Wörter nehmen?

(In der alten Gaunersprache kennt sich Hansl aus. Ich rief ihn an, ob er ein Gaunerwort für Wanderdirne wisse. Er meinte, er müsse nachdenken. Nach ein paar Tagen rief er mich an:)

Jetzt ist mir ein Gaunerwort für Wanderdirne eingefallen: Flugfut!

(Zum Abschluss erzähle ich noch eine kleine Geschichte, die einiges über Hansl aussagt. Vor ein paar Monaten hat eine alte Frau Geld bei einem

Bankomaten abgeholt. Ein Bursch beobachtete sie dabei und folgte ihr in ihr Wohnhaus, im Flur raubte er ihr die 500 Euro, die sie abgehoben hatte, und flüchtete. Hansl wohnt in diesem Haus und erzählte dem Reporter Höllrigl, wenn er den Räuber angetroffen hätte, hätte er ihn so verhauen, dass er die Rettung gebraucht hätte, denn es ist widerlich, eine alte Frau zu bestehlen, die sich nicht wehren kann. So stand es auch in der Zeitung. In den darauffolgenden Tagen begleitete Hansl die Frau, die noch unter Schock stand, bei ihren Wegen, zum Einkaufen und auch sonst, um ihr das Gefühl der Sicherheit zu geben. Zu mir meinte er:)

Eine alte Frau bestehlen, das ist feig. Wenn man ein Herz hat, so macht *(beraubt)* man eine Bank.

(Ich erzählte die Geschichte meiner früheren Studentin Dr. Leni P., die ein Kind von einem Mann hat, der sie bitter enttäuscht hat. Als sie ihm Vorwürfe machte, dass sie sich von ihm finanziell im Stich gelassen fühle, meinte er: „Was soll ich machen, wenn ich kein Geld habe? Soll ich eine Bank überfallen?" Leni erinnerte sich des Ausspruches von Hansl Synek, von dem ich ihr erzählt hatte, und sagte: „Wenn du ein Herz hast, dann machst du eine Bank!" Er hat es, Gott sei Dank, nicht getan!)

(Hans Synek bittet mich am Ende unserer Gespräche, noch dies festzuhalten:)

Meine größten Menschen Österreichs in der Nachkriegszeit in den verschiedensten Sparten sind folgende:

Unterwelt: Josef Krista

Sport: Ernst Happel

Schauspiel: Oskar Werner

Literatur: Peter Handke

Austro-Pop: Georg Danzer

Klassik: Herbert von Karajan

Politik: Bruno Kreisky

Der alte Landarzt – Bernd Griesmaier

Begegnung in den Bergen

Zu Bernd Griesmaier, dem früheren Landarzt in Irdning im Ennstal, hege ich seit vielen Jahren eine freundschaftliche Beziehung. Ich bin auch mit ihm verschwägert, er ist der Ehemann meiner Schwester Erika, später wurde ich Taufpate ihres Sohnes Berndi. Kennengelernt haben sich die beiden während ihres Medizinstudiums in Graz. Mit ihren Freunden, darunter auch ein Girtler, führten die beiden ein heiteres Studentenleben. Dazu gehörten die regelmäßigen Besuche netter Gaststätten, eine dürfte „Zur schiefen Laterne" und eine „Wartburg" geheißen haben.

Ich erinnere mich gut an das erste Zusammentreffen mit Bernd. Meine Schwester und ich holten ihn am Bahnhof in Spital am Pyhrn ab. Sie wollte ihn unseren Eltern vorstellen, die Landärzte in diesem Gebirgsort waren. Meine Eltern waren neugierig, wer der Glückliche sei, in den meine Schwester sich verliebt hatte. Aus dem Zug stieg ein netter, junger Bursche in einem klassischen Steireranzug. Meine Eltern waren auf Anhieb zufrieden mit der Wahl ihrer Tochter, und auch ich schloss schnell Freundschaft mit Bernd.

Seit damals, den frühen 1970er-Jahren, verbrachten wir gemeinsam die Ferien und auch Weihnachten in Spital am Pyhrn. Im Haus Girtler war stets viel Leben und Wirbel, doch es war eine schöne, ungetrübte Zeit. Bernd wurde mir ein guter Freund, wir machten Schitouren und kletterten schwierige Routen, unter anderem durch die Hochtor Nordwand. Mit seinem Auto, einer „Ente", fuhren wir im Schnee zum hoch gelegenen, zugefrorenen Gleinkersee zum Eisstockschießen. Einmal landeten wir im zugewehten Straßengraben. Es war nicht leicht, das Auto wieder flott zu bekommen.

Ich lernte Bernd als wertvollen Menschen und später als wunderbaren Arzt kennen, der bei seinen Patienten, zu denen Bergbauern ebenso gehörten wie Straßenarbeiter und Mittelschullehrer, höchsten Respekt besaß. Oft erzählte er mir, dass er in ärztlicher und menschlicher Hinsicht viel von meinen Eltern gelernt hat, über die ich ein Buch geschrieben habe (Die Landärzte, Böhlau Verlag). Ich fragte Bernd, ob er damit einverstanden sei, wenn ich auch etwas über ihn schreibe. Er begrüßte die Idee und besuchte mich an einem schönen Sommertag mit meiner Schwester Erika in Spital am Pyhrn, wo ich Urlaub machte. Auf der Terrasse meines Elternhauses, auf dem in schönen Lettern zu lesen ist „Dieses Haus erbauten die Landärzte Dr. Roland und Dr. Leopoldine Girtler 1965", machten wir es uns gemütlich. Bernd beginnt zu erzählen.

Der Sohn der Postmeisterin von Kalwang

Geboren wurde ich am 26. Juni 1949 als Sohn der späteren Postamtsleiterin in Kalwang, einer großartigen Frau. Mein Vater hatte sich bald von meiner Mutter getrennt, so wuchs ich bei ihr und meinen lieben Großeltern auf. Der Großvater war Maurer, er führte nebenbei eine kleine Landwirtschaft, um die sich die Großmutter gekümmert hat. Sie waren sogenannte Kleinhäusler.

Meine Mutter machte, da war ich schon auf der Welt, im zweiten Bildungsweg die Beamtenmatura in Graz, ich habe alle Achtung vor ihr. Ich hatte immer das Gefühl, sie wollte mir all das ermöglichen, was ihr verwehrt geblieben war. Dadurch, dass sie neben dem Maturakurs arbeiten musste, und das hat lang gedauert, war meine Bezugsperson die Großmutter, sie sorgte sich liebevoll um mich. Wir wohnten in der Edelkeuschen, so hieß unser kleines Bauernhaus, es stammte aus der Zeit um 1600. Meine Vorfahren waren durchwegs Kleinbauern. Mein Urgroßvater Lorenz war auch Mesner in der Kalwanger Kirche, die

Urgroßmutter hieß Viktoria. Meine Urgroßeltern hatte ich leider nicht mehr kennengelernt.

Wenn meine Mutter Zeit hatte, stieg sie mit mir gern auf die Berge, schon als ich noch ein kleiner Bub war, so auch auf den Zeiritzkampel, der später zu meinem Lieblingsberg wurde. Aus dieser Zeit dürfte meine Liebe zu den Bergen stammen. Auch unser Nachbar, der Kerschbaumer Hansi, der Bruder meiner angeheirateten Tante, war ein guter Bergsteiger und nahm mich bei einigen seiner Bergtouren mit.

Eine große Rolle in meiner Kindheit spielte der Tierarzt von Kalwang, Dr. Hans Grössing hieß er. Die Grössings waren eine richtige Großfamilie und besaßen ein Wirtshaus mit einem Bauernhof. Er nahm mich oft in seinem Auto mit, wenn er zu den Bauern fuhr, um ihr Vieh zu behandeln, das taugte mir. Schon damals überlegte ich, ob ich nicht einmal Tiermedizin studieren sollte, denn die Arbeit interessierte mich. Die Hauptaufgabe unseres Tierarztes war die künstliche Besamung der Kühe, einen Gemeindestier gab es damals nicht mehr. Beim Besamen war ich oft dabei, auch noch während meines Studiums. Zum allgemeinen Arzt in Kalwang hatte ich nicht diese Beziehung wie zum Tierarzt.

In der Volksschule war ich eigentlich ein guter Schüler, dennoch hielt mich der Lehrer für die Mittelschule nicht geeignet. Ich hatte die Testfrage, wie schnell eine Schwalbe fliegt, nicht so beantwortet, wie er es wollte. Ich dachte, sie kann schneller fliegen, als ein Mann gehen kann, und antwortete: „Sie fliegt sicher schneller als zehn Kilometer in der Stunde!" Der Lehrer war empört, weil ich mit zehn Jahren nicht abschätzen konnte, wie schnell eine Schwalbe fliegt. Wahrscheinlich fliegen die Schwalben 70 Kilometer in der Stunde oder mehr.

Damals wurden die besten Schüler ausgesucht, die in die Mittelschule gehen sollten, wir waren fünf oder sechs. Das hing von den Noten ab. Die Akademikerkinder kamen ohnehin in die Mittelschule. Die nächste wäre in Leoben gewesen, ich hätte täglich dorthin mit dem

Milchzug fahren müssen. Für meine Mutter war das eine Belastung. Sie wollte, dass ich nach Graz ins Internat komme und suchte das Marieninstitut für mich aus, ein Bundesrealgymnasium. Wir durften alle 14 Tage heimfahren, das war gut und ich freute mich immer darauf. Am Anfang hatte ich sehr Heimweh, denn ich hing sehr an zu Hause. Ich war ein guter Schüler, der Zweitbeste in der Klasse. Ich war fleißig, denn in den Schoß gefallen ist mir das Ganze nicht.

Meine Mutter setzte sich sehr für mich in der Schule ein. Als ich in der Oberstufe war, geriet sie einmal sogar mit meinem Geografieprofessor in Streit. Sie war bei ihm in der Sprechstunde, wo er meinte, ich wäre ein guter Schüler und stünde auf Sehr gut. Eine Woche später hatte ich Prüfung, war aber nicht vorbereitet. Ich konnte die Stämme Afrikas nicht aufzählen und wurde mit Nicht genügend beurteilt. Darauf teilte man meiner Mutter mit, dass ich in Geografie gefährdet sei. Nun machte sie einen Wirbel und fragte den Klassenvorstand, warum man ihr, die aus der Obersteiermark angereist war, sagte, ich sei in Geografie auf Sehr gut und es sei alles in Ordnung. Eine Woche später erfahre sie, dass ihr Sohn eine Gefährdung habe. Alles war in hellem Aufruhr. Sogar der Klassenvorstand meinte zu mir, er könne mir schriftlich geben, dass ich ein fauler Hund sei. Darauf verteidigte ich mich: „Herr Professor, ich habe die letzte Schularbeit in Mathe bei Ihnen auf Sehr gut geschrieben." Er meinte dazu, dies wäre Zufall gewesen. Darauf sagte ich: „Ich stehe auf einem Sehr gut in Mathe!"

Schönes und ausgedehntes Medizinstudium in Graz

Im Jahr 1967 maturierte ich am Gymnasium in Graz, als Zweitjüngster der Klasse. Damals war ich mir noch nicht sicher, ob ich Medizin studieren sollte oder doch etwas Technisches. Also ging ich als Einjährig-Freiwilliger zum Bundesheer. Ich dachte, in dieser Zeit könnte ich überlegen, was ich studieren würde. Beim Bundesheer brachte ich es nur zum Wachtmeister. Für den Reserveoffizier hätte ich einen Kurs machen müssen, zu der Zeit war ich aber krank. Ich machte zwar einige Waffenübungen mit, gab es aber dann auf. Wegen des Russeneinmarsches in der Tschechoslowakei 1968 musste ich einen Monat länger beim Bundesheer bleiben.

Als ein Schulfreund vom Gymnasium mit dem Medizinstudium begann, war das auch für mich der letzte Anstoß. Ich habe das Studium genossen und brauchte länger, auch wegen Frau und Kind. Erika, deine Schwester, lernte ich bei der ersten Anatomieprüfung kennen. Wir verbrachten viele schöne Stunden, mit den Rädern fuhren wir durch den Stadtpark, das darf man jetzt nicht mehr. Oft gingen wir ins Kino, damals hatten wir noch keinen Fernseher. Kinogehen war ein Genuss und ein Erlebnis, man konnte mit den Schauspielern mitlieben und mitleiden. Besonders gefallen haben mir Wildwestfilme.

Als Erika schwanger wurde, wohnten wir noch nicht zusammen. 1973 kam unser Berndi zur Welt, vorher haben wir noch geheiratet. Bald darauf wurde auch unsere liebe Johanna geboren, sie ist heute eine tüchtige Ärztin. Wir lebten von meinem Begabtenstipendium, außerdem unterstützte mich meine Mutter. Erika bekam auch Geld von ihren Eltern, doch in Saus und Braus lebten wir nicht. Zu der Zeit hatten die Eltern eine Wohnung in der Josefigasse in Graz gekauft, um auf unsere Kinder aufpassen zu können. Zuerst wohnten Erika, die Kinder und ich in der Volksgartenstraße, dann in der Josefigasse.

1982 wurde ich mit dem Medizinstudium fertig, ich war bei keiner einzigen Prüfung durchgefallen. 1983 hatte mein Schwiegervater in Graz einen schweren Unfall. Damals arbeitete ich schon ein Jahr als Turnusarzt in Bruck an der Mur, meiner letzten Station, in der Kindermedizin.

(Mein Vater, der Schwiegervater von Bernd, wurde von einem Bus niedergefahren. Von diesem Unfall hat er sich nicht mehr erholt.)

Nach der Arbeit bin ich jeden Tag nach Graz gefahren, das waren 50 Kilometer. Mein Freund, der Schnurli *(Girtler)*, arbeitete auch im Brucker Krankenhaus. Er übernahm später die Praxis von seinem Vater in Mettersdorf am Saßbach.

Die Suche nach einer Stelle, das schöne Arzthaus in Irdning und die verwegenen Vorgänger

Ich suchte lang nach einer Arztstelle auf dem Land. Heute werden einem die Stellen ja direkt nachgeworfen. In Kindberg hätte ich eine Stelle bekommen, aber das wäre nur politisch über die SPÖ gegangen. Ich bin froh, dass nichts daraus wurde. Ein Arzt aus Kindberg, der vom „roten" Bürgermeister unterstützt wurde, erhielt die Stelle, obwohl ich mehr Punkte gehabt hätte. *(Punkte für eine Stelle waren: Militärdienst, Familie, Zusatzausbildung.)*

Weil ich noch immer keine Stelle gefunden hatte, setzten sich die Schwiegereltern ein. Sie fragten den früheren Distriktarzt von Irdning, Dr. Sepp Kopetzky, einen Studienkollegen deines Vaters, und seine Frau Tilde, auch eine Ärztin und Schulfreundin deiner Mutter, ob sie etwas wüssten. Sie teilten mir mit, dass ihr Kollege, der andere Arzt von Irdning, Dr. Wilhelm Lemmerer, demnächst in Pension gehen würde. Ich bewarb mich sofort um seine Stelle, und weil ich in Kindberg ungerechtfertigt abgelehnt worden war, ernannten mich die Ärztekammer und die Gebietskrankenkasse zu seinem Nachfolger.

Schwierigkeiten gab es wegen der Wohnung und der Ordination, denn Dr. Lemmerer war nur Untermieter in dem Haus, in das wir dann einzogen. Ein Schulkollege aus meiner Mittelschulzeit war einer der sechs Besitzer, die das Haus geerbt hatten. Zuerst wollte ich das Haus nur mieten, dann hieß es, wenn ich länger drinnen wohnen wollte – ich weiß nicht, welchen Zeitraum man meinte –, sei ich praktisch unkündbar. Die Erben wollten das Haus nicht haben, nur eine Mitbesitzerin hatte das Wohnrecht. Sie war krank, manisch-depressiv, aber eine liebe Frau, die dort bis an ihr Lebensende wohnen wollte. Da sie nicht mehr allein bleiben konnte, zog sie in ein Seniorenheim nach Graz. Ich bekam das Haus zu einem günstigen Preis, es dauerte aber lang, bis sie das Wohnrecht aufgab. Wir hatten nun ein schönes Haus und investierten viel.

Mit der Ordination fing ich 1984 an. Mein Vorgänger war ein netter Kerl, er ging aus dem Ort weg und dürfte um 1987 gestorben sein. Den Patientenstock habe ich übernommen. Sein Vorgänger wiederum war ein gewisser Dr. Rudolf Gränz, der damalige Hausbesitzer, der hier ordinierte und wohnte. Gebaut wurde das Haus 1904 von einem italienischen Baumeister, und zwar auch für einen Arzt, der Bahnarzt in Stainach war. Von Dr. Gränz übernahm ich einige Sachen, die die Hauserben zurückgelassen hatten. Dazu gehörten Mütze und Band seiner Burschenschaft und ein schönes Bild, das einen Studenten in voller Wichs inmitten von Weinlaub mit einem schönen Mädchen zeigt. Dieses Bild ziert unser Wohnzimmer. Von der Ordination in den ersten Stock hatte Dr. Gränz auch eine Leitung verlegen lassen, ein dünnes Rohr. Wenn er unten mit einem Pfeiferl pfiff, hörte es die Frau oben und sagte zum Beispiel, dass er zum Essen kommen solle. Dieses Rohr existiert durch den Umbau, den wir getätigt haben, natürlich nicht mehr. Das Pfeiferl aber hängt noch an seinem alten Platz.

Ich weiß nicht, wann Lemmerer hier als Arzt angefangen hat. Er war als Arzt im Krieg, ähnlich wie dein Vater. Als Kriegschirurg hat er auch Amputationen durchgeführt. Obwohl in der Nähe ein Dentist war, gingen die Leute zum Lemmerer, um sich einen Zahn ziehen zu lassen. Angeblich soll er sogar einmal in einem Gasthaus einen Zahn gerissen haben. Als dort ein Mann wegen Zahnschmerzen furchtbar jammerte, hatte der Arzt Mitleid mit ihm. Er fragte den Wirt, ob er ein Kombizangerl hätte. Man brachte es ihm. Noch immer glaubte der Leidende, der Doktor mache einen Witz. Doch dieser sagte, er solle den Mund aufmachen, und – wusch – zog er den Zahn. Der Lemmerer war ein wilder Hund, er war sogar Schauspieler, hat auf Volksbühnen gespielt und auch im Kirchenchor gesungen.

Früher war das Konkurrenzdenken unter den Ärzten groß. Man fürchtete, dass ein Arzt dem anderen die Patienten wegnehmen könnte. Der Lemmerer nahm zum Beispiel Patienten vom Kopetzky an, der aber keine vom Lemmerer, da er meinte, er hätte genug zu tun. Angeblich hat der Kopetzky den Lemmerer bei der Ärztekammer wegen Rufschädigung geklagt, weil dieser bei einem Theaterstück bloßfüßig auf der Bühne stand. Das gehöre sich angeblich nicht für einen Arzt. Früher musste ein Arzt die Wochenenddienste für sich und seine Kollegen einteilen. Als wir junge Ärzte nachfolgten, setzten wir uns einmal im Quartal zusammen und besprachen, wer zu Weihnachten, zu Ostern usw. den Dienst versieht. Wir in Irdning waren im „Dienstradl" mit den Nachbargemeinden Stainach, Wörschach, Aigen und Donnersbach.

Der klassische Landarzt war immer erreichbar

Sicher waren meine Schwiegereltern mir ein Vorbild, sie waren immer abrufbereit, ähnlich wie der Tierarzt von Kalwang, den man zu jeder Tages- und Nachtzeit wegen des Viehs holte. Ich erinnere mich noch, es war zu Silvester, als ein Bauernknecht, der psychisch krank war, zu später Stunde zu deinem Vater kam und natürlich behandelt wurde. Das war früher so, dass man als Landarzt immer erreichbar war, ist aber jetzt nicht mehr der Fall.

Am Beginn meiner Tätigkeit als Landarzt half mir Mama, deine Mutter, die Anamnese der einzelnen Patienten zu erstellen. Das war ich vom Krankenhaus gewohnt. Man fragte nach Vorerkrankungen,

Kinderkrankheiten und vielem anderem. Das Pech war, dass Dr. Lemmerer leider keine Patientenkartei hatte. Er wusste einfach auswendig, woran seine Patienten litten. Er musste auch nicht nachsehen, wer zum Beispiel Blutdrucktabletten braucht. Ich musste aber nun von jedem Patienten eine Karteikarte anlegen und selbst aufschreiben, welche Krankheiten usw. der Patient hat. Die Mama hat mir auch dabei viel geholfen. Zehn Jahre muss man diese Karteien aufheben, 30 Jahre ist man haftbar als Arzt. Es gab verschiedene Systeme für die Karteiführung, einfacher wurde die Sache, als der Computer aufkam.

Er „kommuniziert" lieber mit Patienten als mit dem Computer – Hüftoperation nach der Mondphase

Die Befunde, die von den Krankenhäusern kamen, mussten eingeordnet werden. Solche Sachen machte ich nicht gern. Ich wollte mit dem Patienten reden und nicht mit dem Computer kommunizieren. Wenn ich am Computer saß, hatte ich immer das Gefühl, der Patient glaubt, ich höre ihm gar nicht zu.

(Der Computer hat einen Vorteil, man braucht die ganzen Kartei-Reiter nicht.)

Sicherlich. Meine Frau Erika, die ja ihr Medizinstudium beinahe abgeschlossen hatte, war mir stets eine liebe und wertvolle Mitarbeiterin. Wir teilten uns die Arbeit ein. Erika machte jeden Mittwoch die Blutzuckerbestimmungen, dafür musste man die Karteien der Zuckerleute heraussuchen. Dann aber brauchte ich die Kartei, denn die Patienten kamen nicht nur wegen des Zuckers, sie wollten noch etwas anderes von mir. Man musste wieder die Kartei suchen, diese war jedoch bei den Zuckerleuten dabei. Mit dem Computer geht es viel einfacher. Es darf halt kein Stromausfall sein. Ich kann keine Rezepte und Überweisungen schreiben, wenn der Strom ausfällt.

(Der Landarzt hat früher noch vieles gemacht, was man heute nur im Krankenhaus macht.)

Ein Kollege sagte mir, er schreibe ohnehin nur mehr Überweisungen für Patienten und erstelle Krankschreibungen.

(Es gibt ja genug Fachärzte.)

Das Überweisen und ähnliche Sachen haben mich nie befriedigt. Lieber spülte ich einem Patienten eine halbe Stunde die Ohren, bevor ich ihn zum Facharzt schickte. Als Landarzt hatte ich guten Kontakt zu meinen Patienten, sie dürften mit mir zufrieden gewesen sein. Ich setzte mich für meine Kranken ein, so auch für eine Frau, die ich wegen einer Hüftoperation in das Krankenhaus Kalwang überwies. Ein paar Tage, bevor sie in das Krankenhaus fuhr, um ihre Operationstauglichkeit festzustellen zu lassen, kam sie noch einmal zu mir. Sie bat mich, im Krankenhaus anzurufen, damit man sie nur zu einer bestimmten Mondphase operiert. Sie glaubte fest, dass die Operation gelingt und ihre Hüfte wieder in Ordnung ist, wenn der Mond günstig für sie steht. Ich rief im Krankenhaus an und redete mit der Oberschwester, die für die Operationen zuständig ist. Ich bat sie, die Frau zu dem von ihr gewollten Zeitpunkt operieren zu lassen. Sie solle schauen, dass das möglich sei. Außerdem sei die Frau so etwas wie eine „Hexe", das solle sie aber für sich behalten. Die Frau wurde tatsächlich nach dem Mondkalender operiert und war mir sehr dankbar.

Die Praxis- und Ordinationsberater – die wichtige Beziehung zum Patienten – das Du-Wort

Als ich dabei war, meine Ordination einzurichten und zu eröffnen, kamen Berater angereist, die mir erklären wollten, wie man den Betrieb am besten gestalten soll. Ich wurde von diesen Leuten am Telefon belästigt und dann standen sie vor meiner Tür. Als mir einer von ihnen vorrechnete, dass ich höchstens sieben Minuten für einen Patienten brauchen dürfte, sagte ich zu ihm, dass wir gar nicht weiterreden müssten, denn die Zeit, die ich mit Patienten rede, lasse ich mir nicht vorschreiben. Ich sei Arzt und kein Kaufmann.

In der Hausapotheke hätte ich mit Vitaminpräparaten viel Geld verdienen können, weil die Verdienstspanne viel höher als bei Tabletten ist. Aber das war nie mein Bestreben, mit solchen Sachen Geld zu machen. Ich glaube, dafür sind mir die Leute dankbar, und ich höre jetzt noch oft von Patienten, wie zufrieden sie mit mir waren. Ich versetzte mich in die Lage jedes Einzelnen, denn ich hielt mir immer vor Augen, wenn ich selbst diese oder jene Krankheit hätte, möchte ich auch bestens behandelt werden. Ich sprach darüber mit einem Kollegen, einem Zahnarzt. „Leider", meinte er, „gibt es genug Kollegen, die haben nur ihren Verdienst im Auge und nicht das Wohl des Patienten!" Mein Vorgänger hat manchen Patienten sogar in seinem Jagdstüberl empfangen, wie mir mein Freund Rudi Pfusterer erzählte, und ihm ein Stamperl Schnaps angeboten.

Einmal schickte ich einen Patienten, einen Bergbauern, ins Krankenhaus, wo man bei der Durchuntersuchung einen Leistenbruch feststellte. Der Primar sagte, man müsse operieren. Darauf meinte der Patient: „Moment, Herr Primar, darüber möchte ich zuerst mit meinem Hausarzt reden!" Also mit mir, ich riet ihm dann zur Operation.

Du siehst, das Vertrauensverhältnis, das manche Patienten zu ihrem Hausarzt haben, ist ehrenvoll. Dieser Patient war übrigens ein bisserl ein Schlawiner. Als einmal der Landeshauptmann Krainer hier war, flehte er ihn wegen der Förderungen an. „Herr Landeshauptmann, ich bitte Sie, wir armen Bergbauern hier oben, wir brauchen dringend eine Förderung." Ich weiß nicht, um welche Förderung es ging, aber er wird schon eine bekommen haben. Dieser Mann zog sich auch einmal beim Holzarbeiten mit der Motorsäge, er war gestrauchelt, zwei parallele

Schnitte im Unterarm zu. „Um Gottes Willen", sagte ich, „du musst ins Krankenhaus!" Darauf erwiderte er: „Nein, nein, das kannst du auch." 24 Nähte musste ich setzen, daran erinnere ich mich gut.

(Warst du mit allen per Du?)

Mein Vorgänger war mit allen per Du. Er hat mir empfohlen: „Sind Sie nicht am Anfang mit allen per Du, sonst werden Sie ausgenützt. Es sagt sich leicht, das machst du mir eh schnell, oder so." Im Lauf der Zeit ergab es sich, dass man Du sagte. Ich sah es ja in der Schule in Raumberg. Da waren Tiroler dabei, die sagten automatisch: „Du, Herr Doktor." Da liegt Respekt aber auch drinnen. Das zeigt, dass man angenommen wurde.

In der ersten Zeit ging ich mit den Leuten zum Eisstockschießen. Dabei ergaben sich natürlich Freundschaften, ebenso wie beim Golf, das ich später mit Leidenschaft auf unserem Golfplatz an der Enns betrieb. Aber immer war der Respekt da, den ich den Leuten im Ort entgegenbrachte und den diese auch mir gegenüber zeigten. Egal, ob wir per Du waren oder nicht.

Schul- und Feuerwehrarzt, Arzt bei Schirennen und beim Schispringen

Zumindest einmal in der Woche fungierte ich in der Höheren landwirtschaftlichen Schule in Raumberg als Schularzt beim Schuldirektor Hofrat Albert Sonnleitner. Als Feuerwehrarzt musste ich die Mitglieder der Feuerwehrjugend untersuchen, das machte ich natürlich gratis. Auch marschierte ich am Floriantag, am Tag des Schutzpatrons der Feuerwehrleute, mit ihnen mit. Bei diesen Aufmärschen hatte ich eine eigene Uniform. Rettungsarzt war ich allerdings nicht. Eine Bergrettung hatten wir hier nicht, so war ich auch kein Bergrettungsarzt wie mein Schwiegervater.

Zweimal war ich bei Europacup-Schirennen als Arzt eingesetzt. Die Rennläufer durften nämlich nur starten, wenn ärztliche Betreuung vor Ort war. Die hatte ich natürlich anzubieten. Das erste Rennen, bei dem ich als Arzt dabei war, fand in Donnersbach statt. Der Großteil der Strecke war mit orangefarbenen Netzen abgesichert, nur oben nach dem Start fehlten die Netze. Dort stürzte ein Rennläufer, es hatte ihn ausgehoben, er fiel mit der Brust auf einen Hydranten. Das war schlimm. Ich leistete erste Hilfe und flog auch mit dem Hubschrauber mit nach Rottenmann ins Spital. Er hatte einen Brustbeinbruch und man wusste nicht, ob er auch noch innere Verletzungen hatte. Ich legte ihm eine Infusion an und überwachte ihn beim Transport.

Einmal war ich als Arzt beim Schifliegen am Kulm auf der weltberühmten Sprungschanze bestellt. Da brauchte man mehrere Ärzte und auch Rettungsautos. Es war alles gut organisiert. Auf jeder Seite im Auslauf stand ein Arzt, denn niemand durfte den Auslauf überqueren. Ein eigenes Ärzteteam war für die Sportler zuständig, aber auch für die Zuschauer war gesorgt. Manchmal gab es ja auch Kreislaufprobleme, wenn einer vielleicht zu wenig gegessen und dann zu viel Alkohol getrunken hatte usw.

Ich war sehr zufrieden mit meinem Beruf. Die normale Ordination würde ich gern noch bestreiten, aber das Problem sind die Notfälle bei den Wochenenddiensten. Einmal wurde ich um 11 Uhr in der Nacht angerufen: „Bitte kommen Sie sofort. Da ist ein Kind ohne Lebenszeichen beim Bleiberg!" Man wusste nicht, was passiert war. Ist es wo heruntergefallen? War es vorher schon krank? Hat es Zucker? Als Arzt fragt man sich, was das Kind wohl haben könnte. Wenn man aber dort an der Unfallstelle ist und vor den Tatsachen steht, sagt man sich: „Du hast das ja gelernt." Gott sei Dank war hier die Diagnose klar, es war ein epileptischer Anfall. Zum Glück ist auch mir nichts passiert, als ich im Eilzugstempo hingefahren bin.

Die psychische Belastung bei Unfällen, Selbstmord und schweren Krankheiten

(Wie eignet man sich das Wissen als praktizierender Arzt an?)

Beim Studium lernt man ja die Theorie, aber es ist vor allem die Erfahrung, die bei der Diagnose hilft, zum Beispiel, ob es ein epileptischer Anfall ist oder nicht. Mein Hobby war das Einrichten von Gelenken, die Manualtherapie. Eine Spritze geben kann bald einer, aber mit den Händen jemanden behandeln, da muss man schon einiges mehr wissen und können.

Bei Geburten war ich nie dabei. Im Rettungsauto kam es eventuell zu einer Geburt, aber die meisten Kinder kamen im Krankenhaus zur Welt. Hausgeburten gab es schon lang nicht mehr. Eine Frau, sie hatte einen Blasensprung, überwies ich zur Geburt nach Rottenmann, dort haben sie eine eigene gynäkologische Abteilung. Normalerweise schrieb ich schon in der Schwangerschaft einen Einweisungsschein und den Zettel für die Rettung.

Schrecklich war der Unfall einer Studentin, die mit Freunden gefeiert hatte. Um 1 Uhr in der Nacht stieg die Gruppe noch hinauf auf den Erlsberg, um hinunterzurodeln. Sie hatten alle ordentlich getrunken. Die Studentin fuhr mit einer Art Plastikschale, die man nicht gescheit lenken konnte. Die Schale sank im Schnee nicht ein, es war Tiefschnee, aber die Oberfläche war gefroren. Die junge Frau raste mit großer Geschwindigkeit gegen einen Baum. Ich wurde zu dem Unfall gerufen, in wenigen Minuten war ich dort, doch das Mädchen war bereits klinisch tot. Sie lag in einem Graben, wir reanimierten sie mit einem Beatmungsbeutel. Leider starb sie drei Stunden später im Krankenhaus an einer Gehirnquetschung. Das Mädchen hatte eine selbst gestrickte Haube auf. Sie war so alt wie meine Tochter, die Johanna. Ich dachte mir, stell dir vor, das könnte deine Tochter sein. Das war einer meiner furchtbarsten Einsätze.

Einmal verunglückte ein Radfahrer tödlich, er war aus Stainach. Ich wurde zu diesem Unfall gerufen, denn in den 1980-er Jahren gab es noch keinen Notarzt. Früher bin ich mit einem Unfallopfer, wenn es diesem schlecht ging, bis zum Krankenhaus mitgefahren, um den Verletzten zu überwachen. Meine Aufgabe war es, der Frau und den Angehörigen des Radfahrers mitzuteilen, dass der Mann tödlich verunglückt sei. Ich wurde gebeten, es ihnen zu sagen. So etwas ist ganz furchtbar.

(Ich werfe ein, dass mir Polizisten erzählt hätten, es wäre für sie das Schlimmste, den Angehörigen vom Tod ihres Kindes oder eines anderen Angehörigen zu berichten.)

Bei uns Ärzten nimmt jeder an, wir sind für solche Botschaften zuständig. Aber dass da ein Mensch ist, der mitfühlt und betroffen ist, war mit ein Grund, dass ich vorzeitig in Pension ging. Abgesehen von meinem Genick, in dem ich nun Schrauben habe, ich hatte schon vorher Lähmungen. Ich musste zu einem Psychiater gehen wegen meiner Pensionierung. Die beleibte Ärztin, die einen sicheren Posten hatte, fragte mich, warum ich früher in Pension gehen wolle. Ich sagte: „Ich nehme Antidepressiva ein. Ich habe ein Burn-out." Meine Frau war besorgt, weil ich auch zu den Patienten grantig war, nicht nur zu ihr. Daher hatte sie den Neurologen angerufen. Dieser meinte, ich sei nicht der einzige Arzt mit einem Burn-out. Die Psychiaterin fragte nun, warum das bei mir so sei. Ich erzählte ihr unter anderem von dem beim Rodeln verunglückten Mädchen, und dass mich das schwer getroffen hätte. Dann fragte sie mich: „Warum wollen Sie jetzt gehen? Haben Sie vielleicht Fehler gemacht?" Darauf antwortete ich: „Bis jetzt nicht, aber vielleicht ist es gut, wenn ich aufhöre, bevor ich Fehler mache!"

Ich hatte in meinem Beruf natürlich auch mit Selbstmördern zu tun. Einer hat sich mit einem Schlachtschussapparat erschossen. Einmal musste ich nach Pürgg, es war in der Nacht. Bei einem Bahnschranken musste ich lang warten. Als ich zu dem Selbstmörder kam, sah ich, dass er ein Loch in der Stirn hatte. Er hatte sich mit einem Flobertgewehr erschossen, ich reanimierte ihn nicht mehr. Ein anderes Mal erhängte sich ein Bauer, weil er Angst vor einer Krankheit hatte und sich das Leiden ersparen wollte. Man suchte ihn, da man befürchtete, er wolle sich etwas antun, fand ihn aber nicht. Dann holte man mich. Ich fuhr zu dem Bauernhof hin und wir schauten gemeinsam in die Tenne. Dort war kein Licht, aber ich sah einen hängen, der noch den Hut auf dem Kopf trug. Ich hatte nur ein Otoskop mit, eine kleine Lichtquelle. Ich wollte ihn untersuchen und sagte zu den Leuten: „Habt ihr kein besseres Licht?" Sie ließen mich allein, um nach einer Taschenlampe zu suchen. Ich war mit dem Toten allein. Das Seil war schon abgeschnitten, das Scheunentor ächzte im Wind. Ich hatte ein eigenartiges Gefühl. Die Situation war gespenstisch.

Eine Patientin, sie war um die 70, hatte Brustkrebs und konnte wegen der Schmerzen nur sitzend schlafen. Sie war von Beruf Sozialbetreuerin und wusste genau über ihre Krankheit Bescheid. Sie hatte Wasser in der Lunge. Ich wollte sie ins Krankenhaus schicken, damit sie punktiert wird und Luft bekommt. Nein, sagte sie, sie wolle nichts Lebensverlängerndes. Ich sagte: „Das ist nicht lebensverlängernd, die Punktion ist auch keine Chemotherapie. Sie dient nur dazu, Ihnen Ihren momentanen Zustand zu erleichtern." Die Frau hat mich sehr geschätzt. In einem Brief, einer Art Testament, schrieb sie über mich, das ehrte mich sehr. Ich muss dir das einmal zeigen. Ich kam ihr wie ein lieber Lausbub vor, so wie ich mich um sie gekümmert habe. Sie schaute mich nur an, sie stand über den Dingen. Sie wusste ja, wie krank sie war, meine Bemühungen seien ohnehin umsonst. Aber sie hat sich gefreut, dass ich mich um sie bemühte. Sie wohnte allein, allerdings wohnte ihr Sohn nicht weit entfernt im Ort. Ich schätzte diese Dame sehr.

Eines Nachts um 2 Uhr wurde ich zu einer Familie gerufen, die Frau lag im Sterben. Ich blieb dort und wartete mit den Angehörigen. Ich war bis 4 Uhr in der Früh dort und begleitete die Sterbende. Das gibt es heute nicht mehr oft. Die Angehörigen schätzten es sehr, dass ich geblieben bin.

Früher gab es noch Hausaufbahrungen von toten Angehörigen. Das gibt es jetzt auch nicht mehr. Es war damals selbstverständlich, dass man als Arzt dorthin kommt. Auch die Totenbeschau machte früher der Distriktsarzt *(Gemeindearzt),* innerhalb von 24 Stunden. Jetzt darf das jeder Arzt machen. Die Gemeinden wollen sich Geld ersparen.

Visiten und Behandlungsmethoden des Landarztes

Ich machte Visiten bei Leuten, die chronisch krank waren, aber nicht mehr in die Ordination kommen konnten. Diese meist älteren Patienten freuten sich über meinen Besuch. Sie sahen, dass man sich um sie kümmert und auch ungerufen kommt. Sehr viel habe ich von meinem Schwiegervater gelernt. Einmal hatte ich ein interessantes Erlebnis. Er war gerade auf Krankenbesuch, deine Mutter war allein zu Hause, als angerufen wurde, ein Urlauber hätte sich mit dem Messer beim Spänemachen am Arm verletzt. Die Schwiegermutter machte sich fertig, zu dem Verletzten zu fahren. Ich fragte sie, ob ich mitfahren dürfe. Sie hatte nichts dagegen. Als die Mama die Verletzung gesehen hat, meinte sie, man müsse nähen, er solle mit in die Ordination fahren. Wir fuhren zurück, gleichzeitig kam der Schwiegervater und sagte, er mache das schon. Er wusch sich die Hände und zog den weißen Mantel an. Der Verletzte saß verängstigt in der Ordination. Mein Schwiegervater fragte ihn, woher er komme. Aus Villach, sagte der Patient. Der Schwiegervater redete weiter: „Ihr seid ja verfeindet mit der Nachbarstadt Klagenfurt." Und so ging das weiter, sodass der Patient gar nicht mehr daran dachte, dass er verletzt war. Er war abgelenkt und wurde während des Gesprächs super behandelt.

(Ich weiß noch, wenn mein Vater auf Krankenbesuch bei Bauern war, dass er in die Töpfe geschaut hat. Ich erzähle die Geschichte mit dem Kranken, der 42 Grad Fieber hatte und mein Vater zu ihm erstaunt gesagt hat, dass man mit so viel Fieber noch leben könne. Darauf war der Mann, der überlebt hat, sehr stolz. Bernd lacht.)

Deine Eltern waren gute Ärzte. Dass deine Mama bei einer Hausgeburt noch die Wäsche wusch, kann man sich heute gar nicht mehr vorstellen. Der Nachfolger des Dr. Rudi Täubl macht zum Beispiel keine Krankenbesuche mehr, er hat einfach zu viel zu tun. Ich kann mir das überhaupt nicht vorstellen.

Geschenke waren früher üblich. Das geht auf eine Zeit zurück, als der Arzt noch mit Naturalien bezahlt wurde und es keine Krankenversicherung gab. Vor dem Krieg waren die Leute noch sehr arm. So bekam der Dr. Lemmerer einmal geflochtene Stauden *(Einfassung für Beete im Bauerngarten)*. Eine Bäuerin schenkte mir Trachtenstrümpfe, die sie extra für mich gestrickt hatte. „Sauduttlsocken" nennt man sie, wegen der „Knopferl", die schauen aus wie die Zitzen eines Mutterschweins. Manchmal wurde auch ein Schnapserl von einem dankbaren Patienten angeboten. Oder wenn ich Osterdienst hatte, bekam ich jede Menge Eier, sodass wir uns wochenlang von Eierspeisen ernährten. Geschenke gibt es aber heute auch noch. Es kommt darauf an, ob sich der Arzt wirklich um seine Patienten kümmert.

(Erika wirft ein: „Ich kann mich noch erinnern, wenn die Mama vom Krankenbesuch heimgekommen ist und die Ärztetasche aufgemacht hat. Da waren oft Speck und Eier drinnen. Auch Schnaps haben die Patienten gebracht. Die Frau Zick ist am Sonntag immer mit der Bauernbutter gekommen.)

Einmal wurde ich zu einem Kind mit hohem Fieber nach Donnersbachwald gerufen. Es herrschte ein Sauwetter. In Irdning regnete es, in Fuchsberg hinten, wo die Straße ansteigt, wurde das Schneien immer dichter, es war schon finster. Plötzlich sah ich nur mehr weiß, ich steckte mit meinem Allrad-Auto in einer Lawine, die unmittelbar vorher abgegangen war. Ich funkte die Rettung an, dass ich mit dem Auto nicht weiterkomme und vielleicht auch jemand unter dem Schnee liegt. Die Rettungsleute halfen mir und ich kam im Retourgang aus den Schneemassen heraus. Es befand sich Gott sei Dank auch niemand darunter.

Einmal sollte ich wegen einer Kleinigkeit bei schlechtem Wetter nach Donnersbachwald zu einer Patientin auf einen Bauernhof kommen. Als ich sie fragte, ob sie nicht in die Ordination hätte kommen können, meinte sie bloß: „Bei dem Wetter?" Ich sagte dazu: „Ich habe ja das gleiche Wetter wie Sie." *(Bernd lacht.)*

Ein anderes Mal wurde ich nach Donnersbachwald zu Urlaubern gerufen, deren Kind etwas Fieber hatte. Sie wollten nur wissen, ob sie am nächsten Tag heim nach Wien fahren können. Deswegen musste ich fast 20 Kilometer fahren!

Eine externe Schülerin rief am Samstag am Vormittag an, sie hätte Halsweh und Fieber, ob ich nicht zu ihr auf Visite kommen könnte. Ich sagte: „Ja, aber es dauert noch einige Zeit, ich habe noch zu tun, es wird Nachmittag werden, bis ich komme." Ich war aber an diesem Tag früher fertig und fuhr daher schon um halb 12 Uhr zu ihr. Als ich ankam und fragte, wo die Kranke sei, sagte der Vermieter, bei dem sie wohnte: „So ein Luder, der gehört der Hintern ausgehaut, sie ist einkaufen gefahren nach Liezen!" Ich ärgerte mich ordentlich. Eigentlich hätte ich eine Privatrechnung schreiben sollen.

Wenn Leute anrufen und einen medizinischen Rat wollen, noch dazu gratis, sagen manche Ärzte, dass sie auf die Entfernung den Fall nicht beurteilen können, entweder sollen sie herkommen oder ins Krankenhaus fahren. Wie verschieden die Leute sind. Die einen wollen, dass man unbedingt kommt, denn ihnen ist das Wetter zu schlecht, da können sie nicht kommen. Andere wieder nehmen große Rücksicht. An einem Montag in der Früh in der Schule, ich war ja Schularzt, rief man mich an, ob ich nicht zu einer Frau kommen könnte, die vermutlich einen Harnwegsinfekt habe. Ich sagte: „Ich bin noch in der Schule, ich bin allein, ich werde nach der Ordination kommen." „Lieber wäre uns", meinte die Tochter, „wenn Sie gleich nach der Schule kämen." Ich fuhr also nach der Schule hin und es stellte sich heraus, dass die Mutter seit Mitternacht eine Nierenkolik hatte. Ich war entsetzt: „Warum haben Sie mich nicht gleich angerufen? Für so etwas habe ich ja Wochenenddienst!" In der Nacht wollten sie doch nicht stören, meinte die Frau. Es gibt wirklich rücksichtsvolle Patienten.

Oder auch dies passierte mir, es handelte sich um eine Namensgleichheit. Ich war einmal auf Krankenbesuch hoch auf den Erlsberg hinaufgefahren, es waren 18 Kilometer. Am Telefon sagte man mir, dass es der Mutter gar nicht gut gehe, sie bekomme kaum Luft, ob ich nicht kommen könne. Ich glaubte, die Stimme zu erkennen, und fuhr los. Als ich bei dem Haus war, wo ich die Mutter vermutete, war alles finster. Ich läutete, es kam jemand heraus und fragte: „Was ist los?" Ich fragte nun: „Was ist mit der Mutter, die bekommt keine Luft?" Darauf kam die Antwort: „Wir haben nicht angerufen." Ich fragte: „Ich bin doch da beim Koller?" „Ja. Aber ganz unten am Berg gibt es auch einen Koller", war die Antwort. Ich fuhr zu diesem Koller, der war dann auch der richtige. An einem Abend wurde ich einmal zu einem Kind gerufen. Während ich es untersuchte, bereitete die Mutter, ohne etwas zu sagen, eine saure Wurst zu. Als ich fertig war, stellte mir die Mutter den Teller hin und fragte: „Was wollen Sie dazu trinken?" Ich glaube, dass es so etwas bald nicht mehr gibt. Wir steuern darauf zu, dass es bald nur mehr Ambulatorien gibt, in denen die Ärzte angestellt werden und ihren Dienst nach Vorschrift machen. Dort können die Leute hinkommen, wenn sie etwas haben. Sonst gibt es nur mehr den mobilen Notarzt.

Der Doktor geht in Pension

Als ich in Pension ging, wollte ich nicht sang- und klanglos verschwinden, ich machte daher ein Abschiedsfest für die Patienten. Alle halfen zusammen. Die Leute kamen mit Kuchen und Mehlspeisen, die Würstel schmeckten vorzüglich, die Getränke wurden n Pappbechern ausgeschenkt. Eine Patientin verfasste für mich dieses Gedicht:

„Wir sind heut zusammenkommen,
zu einem besonderen Grund,
und hoffen, wir bleiben alle recht lang gsund.
Unser Doktor geht in Pension,
wir gönnens eam, aber abgehn wird er uns schon.
Ein jeder von uns ist hergrennt zu eam,
wenn eam nur was zwickt hat am klan Zechn.
War es eine größere Gschicht,
ist er wordn weitergschickt,
Eingricht hat er super die Gebeine.
Das war das Seine.
Is wer gwen bucklat oder krumm,
er hat alle gmacht wieda gsund.
Zwei tüchtige Frauen hat er ghabt an seiner Seitn,
des kann man net bestreiten.
War er in Wut, hat man ghört:
Erika, Erika, kumm her sofort.
Im nächsten Moment ist die Helene grennt,
wo findt man des heut no,
dass Frauen packen an so.
So warn wir immer in gute Händ,
san gern zu eam grennt,
wir wünschen Eich a guate Zeit,
viel Gsundheit und Freid,

dass as kinnts die Pension genießen,
und siachts die Enkel spriaßen.
Gehts a öfter amal auf die Berg,
und schauts obi ins Tal
und machts an Juchatza, dass nur so hallt,
das braucht man in der heutigen lauten Zeit,
so möchte ma danken, Danke sagen für alls,
und wünschen für den neuen Lebensabschnitt nur das Beste,
das möchte ich sagen bei dem Feste.
Der Helen wünschen wir an gutn neuen Doktor,
der ihr gibt an Job, sie kennt uns ja schon alle
und waß, wos uns plagt."

Hier noch ein anderes nettes Gedicht:
„Wir Irdninger sind recht traurig,
das muss man wohl sagen,
weil ma jetzt ka Griesmaier-Ordination net haben.
Vor einer Zeit hat uns der Dr. Täubl schon verlassen,
und jetzt der Dr. Griesmaier, das is net zu fassen.
Ka Doktor mehr in unserm Ort,
wir alle müssen weiter fort,
jetzt sich wünschen die Griesmaier-Patienten,
allweil gsund bleiben auf jeden Fall.
Ja ka Kreuzweh mehr kriegen in unserm Leben,
weil unser gschätzter Einrichter tuat ja in Pension gehen.
Leider is er selber nimmer gsund,
des is ja der Hauptgrund (wegen seines Gnacks).
28 Jahre sind a lange Zeit,
in der uns bestens betreut haben die Griesmaier-Leut.
Für die gute Versorgung tun ma Dankschön sagn,

ihr habts so viel zu unserm Gsundwerdn beitragen,
die Helene war allweil so liab,
der große Dank gebührt ihr.
Dass das ganze Griesmaier-Haus allweil sauber war,
hat sich die Bärbel eingsetzt 27 Jahr.
Jetzt tat ma schön wünschen für die nächste Zeit
beste Gsundheit, Glück und Zufriedenheit.
Und wenn dem Herrn Doktor fad wird sein,
da ist ja no der Garten, wo er a oft wird sein."

Nachklang

(Wir sitzen noch immer auf der Terrasse meines Elternhauses. Bernd meint:)
Es war die richtige Zeit, dass wir in die Pension gingen, wie die Erika ohnehin schon sagte. Jetzt geht man den Patienten noch ab, wäre ich später gegangen, hätte es vielleicht geheißen: Es ist gut, dass er gegangen ist. Aber ich ärgere mich immer noch über die Krankenkasse, die mit meinem Nachfolger direkt verhandelt hat. Warum kann nicht der alte Arzt selbst mit seinem Nachfolger verhandeln?

Wenn ich so an meine Tätigkeit als Arzt zurückdenke, waren mir die Menschen einfach immer wichtig. Ich war stets für sie da, ähnlich wie deine Eltern, die mir ein großes Vorbild waren.

(Erika erzählt, wie Johanna, ihre Tochter und Ärztin, sich über einen großen Blumenstrauß gefreut hat, den ihr eine Patientin zukommen ließ. Johanna ist stolz auf ihren Vater, den alten Landarzt, der viel geleistet hat und seinen Patienten immer das Gefühl gegeben hat, von ihm in jeder Hinsicht als Mensch voll respektiert zu werden. Dabei half Bernd eine gehörige Portion Humor.)

Epilog – Nachruf auf einen guten Landarzt

Nach der Fertigstellung des Manuskriptes wurde mein lieber Schwager Bernd von einer heimtückischen Krankheit aus dieser Welt gerissen. Er wanderte in eine andere Welt, in der es ewige Gärten, Gipfel und Felsen gibt, die er geliebt hat. Bernd war ein Wandersmann im besten Sinn des Wortes. Wandern gehört auch zum Beruf des klassischen Landarztes, der seine Patienten in ihren Bauernhäusern oder ihren entlegenen Hütten aufsucht. Wir beide wanderten gemeinsam im Gebiet des Hochschwabs und wir kletterten durch die steilen Wände des Gesäuses. Bernd war auch ein begeisterter Schifahrer, ganz wie so manche alten Landärzte, die manchmal noch mit Schiern ihre Krankenbesuche erledigten.

Bei der Trauerfeier für Bernd in der Kirche von Irdning, an der viele Menschen teilnahmen, darunter Leute der Feuerwehr und des Kameradschaftsbundes, sprach neben Vertretern dieser Verbände Pater Erhard Mayrl vom Irdninger Kapuzinerkloster freundliche Worte über das Leben von Bernd als liebevollem Familienvater und Menschenfreund. Bernds Kollege und Freund Dr. Rudi Täubl, der frühere Gemeindearzt von Irdning, schilderte uns, wie Bernd als Arzt Großes geleistet hat. Zu seinen Eigenheiten zählte es, während der Ordinationszeiten, wenn er etwas brauchte, lauthals nach seiner lieben Frau Erika zu rufen. Bereitwillig half sie, die gute Kenntnisse in der Medizin hatte, ihrem Mann Bernd bei seiner Arbeit. Die Trauerrede beendete Rudi Täubl mit den schönen Worten: „Pfiat di Gott, Bernd!"

Bernd war nicht nur ein guter Arzt, er war auch ein Mann von Witz und Humor. Er konnte Menschen gut unterhalten, suchte gern Freunde im Wirtshaus auf und freute sich, wenn am Tisch gelacht wurde. Er war der Meinung, ähnlich wie mein Vater, dass der Aufenthalt im Gasthaus – freilich bei mäßigem Alkoholgenuss – der seelischen Gesundheit mehr förderlich ist als die Einnahme von Psychopharmaka. Wenn ich an Bernd denke, sei es bei fröhlichen Festen im Familienkreis oder in Gesprächen, die meist Optimismus versprühen, muss ich lächeln. Dieses Lächeln begleite Bernd in die Ewigkeit!

Albin Wiesenhofer von der Fuchsbartl-Banda
– Musikant, Sammler und Forscher

Begegnung

Albin Wiesenhofer ist Gründer und Chef der Fuchsbartl-Banda, wie sich eine höchst originelle Gruppe von steirischen Musikanten nennt, die vorwiegend in Wirtshäusern aufspielt. Mir war es eine Freude, einige Male mit diesen netten Leuten aufzutreten, die oft bis zu 30 Instrumente bei ihren Auftritten einsetzen. Meine Aufgabe war es, zwischen ihren Musikstücken Geschichten aus dem Leben von Wilderern, Bauern, leichten Mädchen, Gaunern, Aristokraten und ebensolchen ehrenwerten Leuten sowie über die Gaunersprache und andere Sondersprachen zu erzählen. Zu Albin entstand durch diese gemeinsamen Auftritte ein freundschaftlicher Kontakt. Nun sucht er mich im Hause meiner Eltern in Spital am Pyhrn auf, um mir über seine Karriere und sein Musikleben zu erzählen. Wir nehmen im Speisezimmer Platz.

Albin hat ein schönes Gastgeschenk mitgebracht, als „besten Gruß aus der Steiermark", wie er meint, guten Käse, Kernöl und Bauernbrot. Ich schätze solche Geschenke, die man genießen kann. Albin beschenkt gern Leute, so erhalte ich zum neuen Jahr regelmäßig ein Hufeisen, das mir Glück bringen soll. Wie und wo er diese Hufeisen findet, weiß ich allerdings nicht. Albin ist ein liebenswürdiger Herr. Meine liebe Frau Birgitt ist zunächst beim Gespräch dabei, sie serviert guten Kaffee und Kuchen.

Das Haus der Familie Wiesenhofer –
Ort der Musik und Kreativität

(Albin beginnt zu erzählen, allerdings fängt er nicht mit der Geburt an, sondern mit seinem prächtigen Haus in der Nähe von Graz, in dem er mit Frau und Sohn wohnt.)

Ich komme aus Prenning bei Deutschfeistritz im Übelbachtal, etwa 20 Kilometer nördlich von Graz. Ich wohne mit meiner Familie in einem Holzhaus im Schweizer Blockhaustil, es wurde 1933 gebaut. Gekauft haben wir dieses Haus in den 1990er-Jahren und im Originalzustand belassen, mit allem Drum und Dran. An der Rückseite bauten wir große Fenster ein, um die Sonne genießen zu können. Dieses Haus ist der Ort, wo gemeinsam musiziert wird, wo die Proben der Fuchsbartl-Banda stattfinden und wo die meisten unserer kreativen Ideen entstehen und entstanden sind. Hier ist aber auch der Ort, wo viele meiner Musikraritäten eine neue Heimat gefunden haben.

Es ist einerseits ein Ort der Ruhe, andererseits ein Ort der kreativen Unruhe, passend zum unruhigen Geist, der ich bin. An dieser Stelle darf ich auch meiner lieben Frau Gabriele danken, sie ist mein guter Geist und Mitstreiterin in allen Dingen, und das schon viele Jahre. Ich soll dir von ihr übrigens einen schönen Gruß überbringen. Sie hat es nicht immer leicht mit mir, weil ich ein Sammler bin.

(Ich bin auch einer, allerdings ein gemäßigter, habe deswegen dennoch mit meiner Frau Gemahlin Probleme. Birgitt, die zuhört, lächelt.)

Wenn ich euren geschnitzten Luster mit dem Wilderer und dem Gamsbock sehe, möchte ich ihn gleich mitnehmen.

(Dieses „Lustermandl", geschnitzt von einem Südtiroler Holzschnitzer, brachte mir Hermann Walder mit.)

Ich habe auch eine Sammlung von Flaschenverschlüssen mit kunstvoll geschnitzten Holzköpfen aus der Zeit von 1920 bis 1950. Diese sind mit verschiedenen mechanischen Funktionen versehen, heute wird das schon als Volkskunst bezeichnet. Ich fing mit einem Stück an, einem Mandl mit einem Weibl. Wenn man hinten draufdrückte, busselten sie sich, ein Kunstwerk, geschnitzt in den Dreißigerjahren.

(Birgitt, sie ist eine Brotliebhaberin, isst ein Stück von dem Bauernbrot, das Albin mitgebracht hat.)

Es freut mich, dass Ihnen das Brot schmeckt. Das Brot wird nach einem alten Rezept aus Südtirol gebacken. Die Bäckerfamilie wanderte während des Krieges ein, eine Familie mit sieben Kindern. Die Viertler waren in Südtirol bekannt für ihr Brot. Hier ist jetzt schon die vierte Generation. Einer ist Bauer, einer Sägewerksbesitzer, einer Bäcker und einer Pfarrer. Der Bäckermeister Michael ist jetzt unser Bürgermeister.

Auftritt in Peggau – Musik und kulturwissenschaftliche „Gschichterln"

(Jetzt erzählt Albin über sein Leben, aber auch über einen unserer gemeinsamen Auftritte.)

Geboren wurde ich am 21. Dezember 1967 in Graz und aufgewachsen bin ich in Peggau, ungefähr 20 Kilometer nördlich von Graz. Gewohnt haben wir in der Nähe vom Bahnhof und vom Gasthaus, in dem wir gemeinsam aufgetreten sind. Den Leuten hat das super gefallen.

(Mir gefiel unser gemeinsamer Auftritt in Peggau auch gut, ebenso dem Karl Edler von der Buchhandlung in Graz, der dabei war. Mir gegenüber meinte er, wir sollten gemeinsam auf Tournee gehen.)

Gespielt haben wir bei diesem Konzert Musikstücke und dazu die passenden Lieder gesungen. Und du hast erzählt, wie es früher bei den Bauern und Wilderern oder Gaunern zuging. Weißt du, was der Schmäh ist: Wir als Gruppe spielen ein Stückerl und du erzählst. Wenn nur gespielt und gesungen wird, wäre es nicht so vergnüglich. Du kannst über den tieferen Sinn der damaligen Zeit erzählen.

Der Kauf der Harmonika, der Harmonikaunterricht beim Zipfen-Fritz und das gemeinsame Musizieren mit Alois Gaisch

Mein Vater wurde 1943 geboren und ist leider schon 1990 verstorben. In jungen Jahren hatte er Geige gelernt. Sein Geigenlehrer, ein Volksdeutscher, bekam 1955 die österreichische Staatsbürgerschaft. Als er mit dem Unterrichten aufhörte, musste auch mein Vater mit dem Lernen aufhören.

Als ich schon lang auf der Welt war, sagte eines Tages ein Bekannter aus Kleintal bei Übelbach zu meinem Vater, dass er eine Harmonika abzugeben hätte. Seine ganze Familie musizierte, der Sohn hörte jedoch auf, daher war seine Harmonika zu verkaufen. Mein Vater sagte: „Wenn du einen Lehrer für meinen elfjährigen Buben hast, dann kaufe ich die Harmonika." Ob ich talentiert bin, das wusste mein Vater nicht, aber er wollte, dass einer von uns Buben ein Instrument spielt. Er sagte immer zu mir: „Wenn du ein Musikinstrument kannst, bist du Kaiser."

1981 fing ich an, Harmonika zu lernen. Wie das war, muss ich dir schildern, das ist unglaublich. Heute gibt es so etwas nicht mehr. Mein Vater führte mich im Auto von Peggau nach Kleintal. Dort war das Gasthaus „Zur Wegscheide" mit einer urigen Wirtin. Mein Vater wartete dort oft, bis meine Musikstunde zu Ende war. Im Haus gegenüber wohnte mein Musiklehrer Fritz Schönbacher vulgo Zipf. Genannt wurde er Zipfen-Fritz. Er war ein Holzknecht und hatte eine kleine Wirtschaft von seinen Eltern geerbt, die weiter oben am Berg lag. Ich werde ihn nie vergessen. Er war ein großer, hagerer Mann, Hände hatte er wie Abortdeckel und er war ausgeschunden vom vielen Holzarbeiten. Im Winter fuhr er mit einem Moped, einer MV 50, zu seiner Wirtschaft hinauf. „Schwarze Sau" sagten die Leute im Ort zu der Maschine.

Wenn die Unterrichtsstunde angesagt war, kam der Zipfen-Fritz nach der Stallarbeit in den Ort. Er hatte keine eigene Harmonika, aber er konnte sehr gut spielen. Solang ich bei ihm lernte, fiel mir nie auf, dass er einen Fehler gemacht hätte. Er erlernte das Spielen mit der Harmonika im Selbststudium und merkte sich von seinen beiden Onkeln aus Übelbach viele Melodien, die sie ihm auf dem Flügelhorn vorspielten. Der Richard Schönbacher hatte ein Gasthaus in Übelbach und dem Ferdl Schönbacher gehörte das Gasthaus Luckner in Kleintal. In den Familien der Schönbacher gab und gibt es noch immer gute Sänger und Musikanten. Eine Musikstunde spielte sich meist so ab: Die Tür ging auf, er kam herein, ich saß schon dort, er rieb sich die Hände, was so viel hieß wie: „Jetzt gehen wir es an." Wenn mein Vater fragte, wie lang die Stunde dauert, meinte er: „Die Stunde dauert so lang, bis der Bua das Stückl spielen kann." Am Anfang marterte er mich. Wir hatten nur eine Harmonika, eine dreireihige „Stachl".

(Peter Stachl war ein weltberühmter Harmonikaerzeuger in Graz.)

Das Spielen brachte er mir so bei: Er saß mir gegenüber und spielte das Stück, das ich lernen sollte, vom Anfang bis zum Ende, zum Beispiel eine Polka in drei Teilen, wobei jeder Teil zweimal gespielt wird. Er spielte den ersten Teil, danach bekam ich die Harmonika in die Hände und musste spielen. Wenn ich es nicht kapiert hatte, stellte er sich hinter mich, schlüpfte mit der linken Hand unter die Balgschlaufe, um die Bassseite zu führen, und spielte mit der rechten Hand auf der Diskantseite. So zeigte er es mir vor. Es war ein Glück, dass wir damals schon ein altes Tonbandgerät und danach einen Kassettenrekorder hatten. Damit nahm ich immer das jeweilige Musikstück auf, um es mir auch später noch anhören zu können. So lernte ich damals Harmonika. Aber ich kann dir eines sagen, in den ersten Jahren hätte ich oft die Harmonie beim Fenster hinauswerfen können.

Ich tat mir besonders am Anfang recht schwer, aber weil mein Vater mir versprochen hatte, dass er mir pro Musikstück, das ich spielen kann, 100 Schilling schenken werde, wurde mein Ehrgeiz geweckt und ich lernte in knapp eineinhalb Jahren über 40 Musikstücke. So hatte ich schon bald ein schönes Repertoire und obendrein noch 4.000 Schilling, was damals viel Geld war. Mein Vater war ein lieber Kerl, er hatte aber auch noch eine andere Seite, er war ein harter Knochen. Weißt du, was er machte, wenn er heimkam? Sein erstes Wort war: „Hast du schon geübt?" Er fragte nicht: „Wie geht es dir?" Schon in der Tür fragte er: „Was hast du geübt?" Aber er unterstützte mich und meine musikalischen Ambitionen, wo er nur konnte, bis zu seinem leider frühen Tod. Heute bin ich ihm sehr dankbar dafür und ich bin sicher, er wäre stolz auf mich und meinen musikalischen Lebensweg.

Zum Zipfen-Fritz muss ich noch sagen, dass es ein großes Glück für mich war, bei ihm gelernt zu haben. In den fast sieben Jahren konnte ich viele der traditionellen Musikstücke aus dem Übelbachtal kennenlernen. Vieles habe ich heute noch im Repertoire der Fuchsbartl-Banda, anders als die meisten unserer heimischen Musikanten. Ich könnte auf alle Stücke zurückgreifen, denn die alten Aufnahmen sind noch heute in meinem großen Privatarchiv. Was er für seine Unterrichtsstunden verlangt hat, weiß ich nicht mehr, es war sicher eine Lappalie. Dem Zipfen-Fritz hat es Freude gemacht, mir alles beizubringen. Von seinem Leben als Holzknecht weiß ich bis heute nur sehr wenig, da er mir nie etwas von seiner Arbeit erzählte. Durch meine Forschungen finde ich aber immer wieder Fotos, die ihn als Musikanten zeigen.

Als ich bereits zwei Jahre beim Fritz Schönbacher lernte, musste mein Vater in die Augenklinik nach Graz. Er war an Augenkrebs erkrankt. Neben ihm lag ein Mann, der hatte ein Problem mit den Augenlidern. Mit Vater kam mit ihm ins Gespräch. Er hat Alois Gaisch geheißen, 1920 geboren, war er schon in Pension. Vorher hatte er als Schweißer im weststeirischen Braunkohlerevier gearbeitet. Der Gaisch Luis, so wurde er gerufen, spielte Geige und wohnte im Rosental an der Kainach, zwischen Voitsberg und Köflach in der Weststeiermark. Er bestimmte dann einen guten Teil meines weiteren Musikantenlebens mit. Mein

Vater verstand sich mit ihm gut und fragte ihn: „Wäre das nicht schön, wenn ich meinen Sohn zu dir bringe und ihr mit Geige und Harmonika gemeinsam musiziert?" Der Luis erklärte sich dazu bereit. Mein Vater brachte mich nun einmal in der Woche mit dem Auto zum Zipfen-Fritz nach Übelbach und ab 1983 zusätzlich jeden Samstag zum Gaisch Luis nach Rosental. Beide waren in ihren jungen Jahren begeisterte Tanzmusikanten.

Am Samstag war ich von 8 Uhr in der Früh bis 18 Uhr am Abend beim Luis. Mit der Zeit wuchsen wir zusammen und ergänzten einander. Über die Jahre wurde er nicht nur ein Freund, er war auch wie ein Opa für mich. Er war verheiratet und seine Frau Maria kochte uns zu Mittag immer ein gutes Essen. Eines kannst du mir glauben, dieser Mensch hat mich sehr viel gelehrt, manches wurde mir erst viel später bewusst. Er sagte zu mir: „Du hast gute Musikstücke vom Zipfen-Fritz gelernt, der spielt aber hie und da um einen Takt zu viel." Für das Aufnehmen meiner Stücke hatte er damals schon einige Mikrofone, und er transkribierte sie auch. Daher bin ich heute in der glücklichen Lage, jedes Musikstück auch in Notenschrift zu haben. Er sah alle meine Stücke durch, notfalls verbesserte er sie und probte mit mir. Da waren auch Walzer mit acht verschiedenen Teilen dabei. Als ich aufhörte, bei ihm zu lernen, hatten wir miteinander 150 Stücke gespielt. Der Vater brauchte ihm nichts für seine Mühe bezahlen, der Luis hat es aus Liebe zur Musik gemacht.

Dieser ehemalige Bergmann lehrte mich nicht nur viele musikalische Feinheiten und Musikstücke, sondern er weckte in mir auch die Liebe zur Forschung in der Musik. Wir saßen beisammen, er spielte Geige und ich Harmonika. Zwischendurch erzählte er mir Geschichten. So auch, dass er 1938 bei der SA-Standarte Feldherrnhalle in Kaltenleutgeben bei Wien war, die dann zu einer Infanteriedivision wurde. Luis kämpfte in Polen und war auch beim Westfeldzug dabei. Bevor der Russlandfeldzug begann, musste die ganze Division antreten und alle

Soldaten wurden gefragt: „Wer von euch spielt ein Musikinstrument?" Der Luis zeigte natürlich auf. Alle anderen kamen nach Russland, er blieb hier. Er erzählte mir, dass er von seinen ehemaligen Kameraden nie mehr etwas gehört habe. Luis wurde nach Berlin versetzt, wo er im Salonorchester von Adolf Hitler als erster oder zweiter Geiger spielte. Angeblich gibt es sogar eine Radioaufnahme aus der Zeit um 1941/42, bei der dieses Orchester zu hören ist.

(Hat der Luis Hitler gesehen?)

Sicherlich, denn bei Empfängen und ähnlichen Anlässen, die Hitler gegeben hatte, spielte das Orchester. Für den Luis war das kein Problem. Da die Kriegslage ja ab 1943/44 immer ärger wurde, versetzte man ihn wieder auf seinen kriegswichtigen Arbeitsplatz im Bergbau, wo er bis Kriegsende blieb.

Gaisch Luis hatte sein Musikantenhandwerk beim Gastwirt Josef Gries in Köflach gelernt und spielte bereits in den 1930er-Jahren nicht nur steirische Tanzmusik, sondern auch Schrammelmusik. Er wirkte bis in die 1970er-Jahre als Tanzmusikant in der Weststeiermark. Der Luis hatte aber auch noch ein besonderes Hobby. Von März bis Oktober nahm er auf Kassetten alles vom steirischen Rundfunk auf, was an Volksmusikstücken gespielt wurde. Im Winter darauf transkribierte er alles. Das waren 1.500 Musikstücke für die erste und zweite Geige und 500 Musikstücke für die Gitarre. Als der Luis leider 1990 gestorben ist, einige Monate nach meinem Vater, erbte ich alle handschriftlichen Noten und halte sie in Ehren. Wie schon gesagt, hat dieser besondere Mensch meine Liebe zur Feldforschung geweckt. Ich habe auch dein Buch darüber gelesen, ich habe es richtig verschlungen, weil es mir so gefiel.

Ach ja, in der Schule war ich natürlich auch, und zwar begann mein schulischer Werdegang in der Volksschule Peggau, direkt neben meinem Elternhaus. Danach kam ich in die Hauptschule nach Deutschfeistritz und absolvierte, so wie es damals üblich war, das Polytechnikum. Nachher machte ich eine Lehre zum Bürokaufmann in Graz. Ob ich ein guter Schüler war, kann ich nicht sagen. Sagen wir so, ich habe alles derpackt. Erst später begriff ich, wie wichtig das Lernen ist, leider verstand ich das damals nicht.

Die Karriere beginnt

Als ich mit der Harmonika schon recht gut spielte, bin ich so um 1984 mit dem Luis als Geiger, einem Bratschenspieler und einem Bassgeiger aufgetreten. Als junger Tutter spielte ich nun mit Männern, von denen jeder mein Vater, ja sogar Großvater hätte sein können. Wir spielten bei privaten Feiern, bunten Abenden, auf Bühnen, in Gasthäusern, bei Weihnachtsfeiern und ähnlichen Veranstaltungen. Das war in der ersten Zeit, und dabei lernte ich viel.

(Glaubst du, du hast Talent zum Musizieren?)

Mein Sohn Clemens hat sicher dreimal so viel Talent wie ich. Was ich von allem Anfang hatte, war die Begeisterung, und auch immer einen guten Schmäh, das ist für einen Musikanten wichtig. Die Begeisterung für die Musik hat mein Sohn geerbt, darüber bin ich sehr froh.

Der Zauber der Feuerwehr – die Fuchsbartl-Banda entsteht

Das Jahr 1986 war wieder ein Meilenstein für mich. Ich war damals bereits seit fünf Jahren bei der Feuerwehr in Peggau. Mein Vater, ein begeisterter Feuerwehrmann, war Abschnittsbrandinspektor von Graz-Nord. Im Juni ist in Peggau der traditionelle Margarethenkirtag mit Frühschoppen und Maibaumumschneiden. Da sagte mein Vater: „Wir brauchen unbedingt jemanden, der beim Maibaumumschneiden mit der Harmonika spielt. Das ist etwas für dich!" Ich freute mich, sagte aber: „Allein spiel ich nicht." Ich hatte einen Bekannten, den Harald

Sukic aus Zitoll bei Deutschfeistritz, den bat ich: „Hilf mir spielen mit dem Bassflügelhorn beim Maibaumumschneiden. Ich spiele mit der Harmonika." Er kam wirklich, das war der Beginn der Fuchsbartl-Banda. Unser erster Auftritt war also zu zweit. Im Jahr 1987 kam Wolfgang Osenjak dazu, er spielte 14 Jahre bei uns Bassgeige, Gitarre, Banjo und Mundharmonika.

(Wie kommst du auf den Namen Fuchsbartl-Banda?)

Das Wort Fuchsbartl ist eine alte Bezeichnung für einen Mann, der genau weiß, was er erreichen will. Der sprichwörtlich schlaue Fuchs spielt dabei natürlich auch eine Rolle. Der Fuchsbartl ist ein ehrlicher Mensch, im Gegensatz zum Fuchsbratl, das ist der Hinterhältige. Das Wort Banda ist die alte Bezeichnung für eine Verbindung von Menschen. „Musi-Banda" sagte man früher zu vielen Musikkapellen, die keinen Namen hatten.

Jedenfalls begannen wir 1986 mit der Fuchsbartl-Banda, die allerdings damals noch verschiedene Namen hatte, wie „Steirische Wirtshausmusi/Mir haß'n nix" oder „Steirische Tanzmusikanten". In unserer Gegend hatten die alten Musikgruppen auch keine fixen Namen. Ab 1995 wurde der Name Fuchsbartl-Banda, bedingt durch ein Erlebnis mit dem Fernsehkoch Johann Lafer, zum fixen Bestandteil unseres Musikantenlebens. Davon erzähle ich etwas später. Bis ungefähr 1988 musizierte ich auch noch zusätzlich mit dem Gaisch Luis, danach nur mehr mit meiner Fuchsbartl-Banda. Zwischendurch fungierte ich aber immer wieder bei anderen Musikgruppen als „Helfer" mit meiner Harmonika.

In der Peggauer Wand, Briefträger aus Überzeugung

Ich habe zuerst drei Jahre lang den Beruf des Bürokaufmanns in einem Waffen- und Munitionshandel, der auch Feuerwerksartikel verkaufte, in Graz gelernt. Dazu gibt es eine Geschichte. Mein Großvater Johann

Wiesenhofer, geboren 1901, leitete 1944 die Baustelle für das Flugmotorenwerk Graz-Thondorf in der Peggauer Wand. In den Stollen arbeitete ich 1983 ein ganzes Jahr, da war ich erst 17. Man stellte mich ins Lager *(in den Stollen)* und sagte mir, ich müsse Praxis erlangen, eigentlich nutzte man mich aus. Bei dieser Arbeit sah ich nie das Tageslicht. In den Stollen waren auch Granaten vom Bundesheer gelagert. Wenn in der Wand der Blitz einschlug, ging der Alarm los. In einem solchen Fall kam die Polizei zu mir, holte mich ab und brachte mich auf das Firmengelände, weil ich den Alarm abstellen konnte.

Daneben hatte ich Zeit für die Musik, sie war meine große Liebe. Wir spielten – das hat sich bis heute ziemlich gehalten – am Freitag, Samstag und Sonntag. Wenn es einen besonderen Auftritt gab, spielte ich auch unter der Woche. Das Musizieren war immer ein reines Hobby für mich. Ich hatte Freude an der Musik, hätte mir aber nicht vorstellen können, „Profimusiker" zu sein. Dann musste ich meinen Präsenzdienst beim Bundesheer ableisten und verpflichtete mich für drei Jahre als Zeitsoldat. Ich hatte einen Superposten in der Personalverwaltung des Versorgungsregimentes in Graz, erst in der Gablenzkaserne, später in der Kirchnerkaserne. Eigentlich war ich Bürokaufmann in Uniform. Ich sagte dann, ich wolle die Uniform ausziehen, und ging zur Post. Da hatte ich wieder eine Uniform. Als Briefträger bin ich jeden Tag bis zu sieben Kilometer zu Fuß gegangen. Im Wagerl, das ich mitgezogen habe, waren oft 100 Kilo Post, zusätzlich hatte ich eine schwere Tasche umgehängt. Meine Rayons waren der Marktplatz von Frohnleiten und die Ortsteile Mauritzen und Am Kogl. Als Briefträger fing ich 1989 an und hörte im September 2003 auf.

Willst du eine Briefträgergeschichte von mir hören? In Frohnleiten ist der Pichlhof, er gehört der Familie Mayr-Melnhof, dort sind die Rinder untergebracht. Es gab auch einen Zuchtstier, der war so groß, dass ich grad noch drüberschauen konnte. Eines Tages komme ich zum

Pichlhof, ich war damals mit einer Maschine unterwegs, und höre jemanden schreien: „Brieftrager, kumm umma!" Sehen konnte ich nichts, denn dazwischen war eine Betonmauer. Ich dachte, da braucht einer etwas von mir, und ging schnell hinüber. Stand dort der Knecht, ein glatzertes, altes Manderl, ungefähr 1 Meter 60 groß, mit dem Zuchtstier. Ich sah das massige Vieh und mir ging der Schiach an. Vorne war das Kreuz, in das die Kuh eingespannt wird (*um den Samen des Stiers aufzunehmen*). Jetzt sagte der Knecht: „He, Brieftrager, nimm einen Stecken und hau dem Stier eine drauf, damit er nachigeht. Ich halt ihn eh!" Wenn der Stier ausgekommen wäre, wären wir alle beide hin gewesen. Zuerst traute ich mich gar nicht, das Vieh zu schlagen. Ich wusste ja nicht, wie der Stier auf den Stecken reagiert. Mit solchen Sachen hatte ich keine Erfahrung.

Noch eine witzige Geschichte: Einmal ging ich zu einem Frühpensionisten, um ihm die Pension auszuzahlen. Bevor man zu ihm in das Haus kommt, muss man ein paar Mal gut durchatmen und die Luft ein bisserl anhalten, sonst fällt man um. Du kannst dir nicht vorstellen, wie der stinkt. Jetzt kommt das Beste. Ich klopfte an und keiner machte auf. Ich klopfte noch einmal, wieder nichts. Dann machte ich die Tür auf. Da saß gerade eine Dame auf ihm! Solche Sachen erlebte ich.

Ich liebte diesen Beruf, ich liebte die Leute, nur das System liebte ich nicht. Am liebsten war mir, zu den Leuten in die Häuser zu gehen. Da hatte ich noch eine interessante Begegnung. Kannst du dich an das Gasthaus Erblehner in Frohnleiten erinnern, in dem du in den 1990iger-Jahren erzählt hast und wir unseren ersten gemeinsamen Auftritt hatten? Im selben Haus wohnte die Familie Hergeth. Der Sohn von ihnen lebt in Wien, er ist ein Redakteur. Den Eltern brachte ich als Briefträger die Pension. Die wussten auch, dass ich Musik mache. „Mei", sagte die Frau Hergeth einmal, „von meinem Bruder, er ist vor 25 Jahren gestorben, habe ich einen Hut, einen Hirschbart und Knöpfe. Das alles kannst du haben, wenn du willst. Aber nur, wenn der Hut passt!" Ich sag dir was, ich setzte den Hut auf und nahm ihn 15 Jahre nicht mehr ab. Der Hut ist ein echter Steirerhut, grau mit einem grünen Band. Er wurde zu meinem Markenzeichen.

Damals hatte ich einen Saubart *(Bart von einem Wildschwein)* auf diesem Hut, dieser Bart gehört heute meinem Sohn Clemens, er ist auch so eine „Wildsau", wie ich es in jungen Jahren war. Mittlerweile trage ich einen „Fuchsbartl-Banda"-Hut, den ich selbst kreiert habe und den die Firma Kepka in Graz anfertigte. Nach Aussagen der Chefin und Hutmachermeisterin Karin Krahl-Wichmann ist dieser urige Steirerhut vom Umfang her der größte, den die Firma in ihrer 100-jährigen Geschichte angefertigt hat. Da ich kein Jäger bin, hat der Hut keinen Gamsbart, sondern eine doppelte Spielhahnfeder, die eine besondere Bedeutung für mich hat.

Nach meiner Beamtenzeit bei der Post absolvierte ich einige Ausbildungen, unter anderem auch eine zum Gedächtnis- und Seniorentrainer. Seit 2005 bin ich selbstständig (selbst und ständig!), ich biete Gedächtnistraining mit Musik und Bewegung an.

Die Fuchsbartl-Banda formiert sich – die glorreichen Vier

1986/87 begann mein Leben mit der Fuchsbartl-Banda. Ab 1987 waren wir ein Trio und durch eine Geschichte mit unserem lieben Freund Harald Sukic wurden wir zum Quartett. Hari glaubte damals, er müsse unbedingt reiten lernen. Dabei fiel er vom Pferd und brach sich die linke Hand. Nach dem Unfall sagte ich zu ihm: „Hari, ich habe einen Musikanten, der hilft uns aus." So kam der Wolfgang Weingerl als Helfer mit Klarinette, Geige und Mandoline zu uns. Er ist ein sehr guter Sänger und Musikant und wir ließen ihn nicht mehr gehen. Seit damals sind wir ein Quartett, der Wolfgang Weingerl, der Harald Sukic, beide sind noch dabei, der Wolfgang Osenjak, der ist seit 2002 nicht mehr dabei, und ich. In der Viererpartie spielten wir bis 1999, später kam mit Jakob Moises vulgo Erslbauer Jogl ein fünfter Musikant dazu. Der Jakob hat schon bei den Kern-Buam, der Kapelle Walter Kager und bei den Brandstätter Buam gespielt. Seine Jugend verbrachte er mit Max Rosenzopf, dem bekannten Harmonikaspieler und Herausgeber einer Harmonikaschule. Jakob Moises stammt aus Geistthal, er spielte bei uns Posaune, Klarinette, Saxofon und Helikon. Er ist ein sehr guter Musikant, leider hatte er ein Problem. Wenn es ihm in einer Gruppe nicht mehr passte, dann hörte er von heute auf morgen einfach auf und ließ die Kollegen hängen. Er spielte von 1999 bis 2003 mit uns und auch uns ließ er dann hängen. Da Wolfgang Osenjak schon 2002 aufgehört hatte, waren wir wieder ein Trio. Ein halbes Jahr lang spielten wir eine eigene Konzertreihe, die „Fuchsbartl-Banda Buam". So zogen wir durch die Lande. Dann war es uns zu dumm, wir wollten wieder Tanzmusik machen. Wir nahmen einen vierten Mann dazu, den Peter Wiltsche aus Kärnten. Er war der geborene Musikant und spielte bei uns Helikon, Bassgeige und Saxofon. Leider passte es menschlich nicht, sodass er bereits nach drei Jahren wieder von uns verabschiedet wurde. Danach spielten wir einige Monate mit unserem jahrelangen Helfer Erwin Rappold, dem „Poldlwirt" aus Frohnleiten.

Seit 2009 spielt nun bereits mein Sohn Clemens Hubert Wiesenhofer in der zweiten Generation bei der Fuchsbartl-Banda mit und darauf bin ich besonders stolz!

Er spielt jetzt mit 23 Jahren folgende Musikinstrumente: F-Helikon, Armeeposaune, F-Posaune, Tenorposaune, Zugposaune, Trompete, Bassgeige und Begleitgitarre. Und singen sowie jodeln kann er auch.

Singing, Jodeln und sonst noch was – die Erotik des Schnurrbarts

(Seid ihr auf Volksmusik konzentriert?)

Wir fingen zwar mit Volksmusik an, probierten aber im Lauf von 30 Jahren viele Musikstile aus und spielen diese immer noch. Unsere Musik, unser Gesang und unser Repertoire haben sich ständig weiterentwickelt. Schon in der ursprünglichen Dreierpartie, Harald Sukic, Wolfi Osenjak und ich, hatten wir neben der Volksmusik auch anderes im Programm, zum Beispiel Bordunmusik und Countrymusik. Als Wolfgang Weingerl dazugekommen war, konnten wir richtig schöne Tanzmusik machen, mit Klarinette, Harmonika, Helikon und Bassgeige. Zu den bestehenden Musikbesetzungen haben wir dann die Geigenbesetzung und die Schlagerbesetzung dazugenommen. So ging es weiter und weiter. Alle drei bis vier Jahre kamen eine neue Besetzung und ein neues Instrument dazu. Mittlerweile haben wir, wenn wir mit allem ausrücken, 28 Instrumente mit. Wir spielen zu allen brauchtümlichen und gesellschaftlichen Ereignissen im Jahreslauf. Das spricht sich herum, auch bei Privatleuten. Wir sind schon bald Urgestein in unserer Zunft. Wir werden gern eingeladen, weil wir eine recht urige Truppe sind und sehr auf die Leute eingehen und zugehen. Wie man auf den Bildern sieht, schauen wir schon immer so aus, also nicht erst seit fünf Jahren, sondern seit 30 Jahren.

Eines Tages entdeckten uns die Leute vom Steiermark-Tourismus und sagten: „Wir brauchen so urige Leute, wie ihr seid!" Man schickte uns zum Fernsehkoch Johann Lafer nach Deutschland. Das ist der Koch mit dem Schnurrbart. Meinen Schnurrbart trage ich übrigens schon sehr lang, ich habe ihn die letzten 15 Jahre mit ungarischer Bartwichs jeden Tag aufgedreht. Den Leuten gefällt mein Schnurrbart. Weißt du, was die alle wollen?! Bei vielen Gesellschaften ist meistens jemand dabei, egal ob jung oder alt, der fragt: „Darf ich einmal Ihren Bart angreifen?" Dann gibt es Leute, die fragen mich: „Wie machst du es, dass

der Schnurrbart so in die Höhe steht?" Dann sage ich: „Ganz einfach
– jeden Tag eine halbe Viagra, das hilft für alles." (*Albin lacht hellauf.*)
Beim Lafer in der Stromburg im Rheinland waren wir engagiert für
die steirische Tourismuswoche. Am zweiten Tag, wir spielten gerade, da
kam einer herein, angetan mit schwarzer Hose und weißer Kochjacke
mit rot-weiß-rotem Kragen. Er setzte sich zu uns und fing mit uns zu
diskutieren an. Ich hatte kein Sat-Fernsehen, daher wusste ich nicht,
wer er war. Wir redeten, ich schaute ihn an, er schaute mich an, ich
schaute an die Wand. An der Wand hingen Bilder mit dem Bundespräsidenten Weizsäcker und anderen bekannten Leuten. Plötzlich wusste
ich es: Das ist ja der Lafer! Er war hereingekommen wie ein normaler
Mensch, keineswegs arrogant. Er fragte, woher wir seien, was wir da
machen und wie wir heißen. Darauf sagte ich: „Die Leut kennen uns
daheim ohnehin, da brauchen wir keinen Namen." „Hörts auf", sagte
er, „jedes Kind hat einen Namen." Als wir wieder daheim waren, überlegte ich, dass wir Musikanten sind, zwar aus derselben Gegend, aber
nicht aus dem gleichen Graben und nicht untereinander verwandt. Wir
brauchen also einen Namen, der aussagt, wer wir sind, einen Namen, zu
dem wir stehen, der aber auch besonders klingt. Jeder von uns hat sich
etwas ausgedacht, am Ende entschieden wir uns für „Fuchsbartl-Banda".

Feldforschungstätigkeit

Von 1986 bis Mitte der 1990er-Jahre war ich ehrenamtlicher Mitarbeiter
des Steirischen Volksliedwerkes, dessen früherer Chef mich zur Feldforschung gebracht hat. Er gab mir die Möglichkeit, 1987 und 1988 an den
Tagungen für Feldforschung in Strobl am Wolfgangsee teilzunehmen.
Dort traf ich Professor Walter Deutsch, Karl und Grete Horak und viele andere, also die Crème de la Crème der alten Forscher. Und ich war

mit meinen 18 Jahren dabei. Diese Zeit der großen Feldforschungen
werde ich nie vergessen. Walter Deutsch war damals bereits einer der
berühmtesten Feldforscher im Bereich Volksmusik und Brauchtum. Ich
war begeistert, sammelte damals schon und forschte.

Eine Begebenheit hat mein Leben verändert, das war 1988 in Strobl.
Nachdem wir den ganzen Tag verschiedenste Gewährsleute befragt hatten, fand ein gemütlicher Abend statt, an dem auch Franz Posch und
andere teilnahmen, die heute sehr bekannt sind. Ich war von meiner
eigenen Forschung so begeistert, dass ich in meinem Zimmer im Bil-
dungshaus alte Tonaufnahmen analysierte, während die anderen feier-
ten. Auf einmal klopfte es an der Tür. *(Er klopft auf den Tisch.)* Professor
Deutsch kam herein und sagte: „Was tust du da?" Ich antwortete: „I
tua do Bandln anhörn." Er setzte sich zu mir und wir hörten das Band
gemeinsam an. Er war begeistert von den Aufnahmen und sagte, dass er
noch nie einen Mann so hoch jodeln gehört habe. Ab dem Zeitpunkt
wusste ich, dass die Feldforschung, das Aufzeichnen alter und neuer
Lieder, die Menschen singen und spielen, meine wahre Bestimmung
ist. Ich war dann viele Jahre lang ehrenamtlicher Feldforscher des Steirischen Volksliedwerkes. In meiner Gegend, Graz Umgebung Nord,
spürte ich sehr vielen Sängern und Musikanten nach, und so, wie ich
bei dir heute sitze, saß ich stunden- und oft tagelang bei meinen Ge-
währsleuten. Ich habe ihre Lieder und ihre Musik aufgezeichnet, ließ
Fotos und Dokumente nachmachen. Das war damals nicht so einfach
wie heute mit dem Computer, das Aufzeichnen war viel komplizierter.
Später durfte ich im „Vierzeiler", der Zeitschrift des Steirischen Volksliedwerkes, kleine Berichte über meine Feldforschungen schreiben. Seit
Mitte der 1990er-Jahre sammle und forsche ich nur mehr für mein
Privatarchiv. Mir ist nicht nur das Sammelstück wichtig, sondern auch
die Philosophie, die dahintersteckt. Mich interessiert, wer das Musikstück komponiert hat, wer es gespielt hat und so weiter. Dies alles be-

herzige ich bei meinen Feldforschungen immer. Interessant ist nicht nur das, was augenscheinlich ist, sondern auch das, was sich daraus entwickelt hat. Ich sage immer zu meinem Buam, er müsse auch zu den Alten gehen und ihnen zulosen *(zuhören)*. Ich kenne zum Glück noch einige alte Musikanten. Die Gschichterln von denen muss man sich anhören.

Musikant, Sammler und Forscher

In der Musik habe ich sehr viel erreicht, einige besondere Auftritte möchte ich schon noch machen, sonst aber bin ich zufrieden. Wenn ich mit dir auftrete, lieber Roland, sind das für mich immer Höhepunkte. Was ich damit sagen will, für mich ist alles, was jetzt noch kommt, ein Geschenk. Die Musik ist für mich wichtig, die Fuchsbartl-Banda liegt mir besonders am Herzen, überhaupt, seit mein Sohn Clemens mitspielt. Mit der Fuchsbartl-Banda bin ich jetzt seit 30 Jahren unterwegs. Wir spielen prinzipiell nur bei Veranstaltungen, die wir wollen, und nur die Musikstücke, die wir in unser Repertoire aufgenommen haben und die nicht dem Zwang der Zeit unterworfen sind. Ich lebe nicht von der Musik, sondern von meiner Firma „VARIETA©MUSICA – Gedächtnistraining mit Musik und Bewegung". Mich fragten Leute schon vor zehn Jahren, warum ich nicht hauptberuflich Musik mache. Aber ich will mich nicht in Abhängigkeit begeben. Ich integrierte einen Teil meiner Musik in meine Arbeit und schuf eine neue Kombination zwischen traditioneller steirischer Musik und Gesang, Altenarbeit und Erinnerungskultur.

Du kannst mich einreihen unter dem Titel „Musikant, Sammler und Forscher". Da ich über 30 Jahre lang viele musikalische Gegenstände gesammelt habe, ist mein großes Ziel die Gründung einer Dokumentations- und Forschungsstätte für Volksmusik, volkstümliche Musik und volkstümliche Schlager des 20. Jahrhunderts. Dabei hört man nicht nur

Musik und sieht viel zu diesem Thema, sondern kann die ganze Bandbreite unserer heimischen Volksmusikkultur erleben, und das mit so vielen Sinnen wie möglich. Leider ist es mir bis jetzt noch nicht gelungen, einen Sponsor oder Mäzen zu finden, um die nötigen Geldmittel für dieses Projekt aufzustellen. Ich hoffe aber, dass mir das noch glückt

Spielen auf der Hochzeit und die gemütlichen Raucher

(Albin fragt, ob er ins Freie gehen kann, um eine Zigarette zu rauchen. Ich meine, er könne auch im Zimmer rauchen. Albin geht dennoch auf die Terrasse. Meine Dackeldame Hera bellt, Albin streichelt sie. Als Nichtraucher bin ich eher großzügig gegenüber Rauchern, wenn sie nicht alles verqualmen. Ich bin unter Rauchern aufgewachsen, ohne krank zu werden. Früher haben die Leute geraucht und getrunken, trotzdem war es gemütlich.)

Weißt du, was heute bei Hochzeiten los ist? Wenn zum Beispiel hundert Leute kommen. Beim Hochzeitsessen ist noch alles in Ordnung. Auch beim Ehrentanz sind noch alle auf ihren Plätzen. Aber dann rennen fünfzig Prozent der Leute hinaus, um zu rauchen. Unter den Rauchern sind viele lustige Leute, daher folgen ihnen auch Nichtraucher. Zur Hochzeitstafel zurück kommen nur mehr wenige. Weißt du, wie langweilig es für einen Musiker ist, bei so einer Hochzeit zu spielen?

Wenn wir bei einer Hochzeit gespielt haben und die Braut war vielleicht 25 oder 30 Jahre alt, da konnte ich nicht die ganze Nacht auf Steirisch spielen, mit Streich- und Blasbesetzung. Oft kam ein Gast und sagte: „Geh, spiel ‚Gib das Bandl aus die Hoar‘ an." Dann spielten wir den Schlager mit zwei Gitarren, Geige und Bassgeige an, wechselten auf Zugposaune, Saxofon, Gitarre und Bassgeige und spielten einen L'Amour-Hatscher. Wir hatten ja auch den steirischen Bock-Dudelsack, die Drehleier, die Geige und die Bassgeige im Einsatz, diese Besetzung wurde auch oft verlangt. Zu späterer Stunde, wenn der Tanz vorbei war, setzten wir uns zu den Leuten. Dann sangen wir auch alte Lieder, Jodler und Gstanzln, meist etwas zweischneidig. Wenn ich heute mit meinem großen Hut und meiner Doppelfeder erscheine und die Gitarre nehme, wie damals bei unserem gemeinsamen Auftritt, und ich spiele „Knocking on Heaven's Door", so spüre ich das Gleiche, wie wenn ich singe „Dra – ho – e über d'Alm her". Dieser Jodler wird bei uns gesungen.

Verdienste des Hubert von Goisern und Andreas Gabalier

Wir, die Fuchsbartl-Banda, hatten einmal beim Hubert von Goisern als Vorgruppe im VIP-Bereich gespielt. Das war vor vielen Jahren auf Schloss Kornberg bei einem Open-Air-Konzert. Im VIP-Bereich saßen die, die mehr zahlen als die anderen, dafür dürfen sie dem Hubert von Goisern die Hand schütteln. Jedenfalls saßen wir auch dort und jodelten an, in dem Moment kam Hubert von Goisern mit seinen Begleitern. Er stellte sich vor uns hin, hörte eine Weile zu und sagte: „Ah, ihr könnt auch jodeln!" Daraufhin sagte mein Kollege: „Glaubst du, du bist der Einzige, der das kann?" Hubert von Goisern drehte sich um und ging weg, scheinbar hat ihm diese Ansage nicht gefallen. Er war eben damals ein „Star". Nur eines möchte ich nicht schmälern, das muss ich auch sagen. Seit es Hubert von Goisern gibt, lebt unsere Volksmusik wieder, sie wurde salonfähig, und die jungen Leute gehen wieder in Lederhose und Dirndl. Ebenso begeistert Andreas Gabalier mit seiner Musik die jungen Leute, die zu seinen Auftritten in Trachten kommen. Leute wie die beiden tragen dazu bei, dass die Volksmusik und die „volkstümliche Musik", wie man so sagt, das Publikum erfreuen.

Tanzlieder und Schnaps bei der Verabschiedung in der Feuerhalle

Eine Geschichte, die vor nicht allzu langer Zeit passiert ist, will ich dir noch erzählen. Wir spielten bei einer Geburtstagsfeier, und eine Frau kaufte eine CD von uns. Ungefähr ein Dreivierteljahr später rief sie bei mir an und fragte, ob wir auch bei einer Verabschiedung spielen würden. Ich erkundigte mich nach Details. Sie erzählte, dass sie die CD ihrer Mutter geschenkt hat, die jetzt leider an Krebs verstorben ist. Ihre Mutter hörte unsere Musik so gern, dass sie in ihrem letzten Willen verfügt hat, dass wir bei der Verabschiedung spielen sollen. Das Telefongespräch, das ich mit der Frau geführt hatte, lief so ab:

Die Tochter sagte zu mir: „Würdet ihr auch in der Feuerhalle spielen?" Ich sagte: „Sicher machen wir das!" „Aber", fragte sie, „wie fangen wir an?" Ich schlug vor: „Da hätten wir den ‚Almfrieden', das ist ein ‚Altsteirer', etwas Getragenes." „Nein", sagte sie, „das will die Mutter nicht." Ihre Mutter hatte die besten Stücke selbst ausgesucht. Ich meinte: „Pass auf, wenn ihr das in der Grazer Feuerhalle machen wollt, dann müsst ihr es um 18 Uhr machen." Als wir dort ankamen, warteten die Trauergäste schon. Es hieß, die Nichte der Toten würde durch das Programm führen. Es waren zwei große Videowände aufgebaut, auf denen laufend Bilder von der Verstorbenen zu sehen waren. Dazu würde die Nichte Geschichten aus dem Leben ihrer Tante erzählen. Während wir am Eingang den „Habt Acht Marsch" spielten, gingen die Trauergäste in die Halle. Man muss sich das Szenario vorstellen: die Videoeinwand, das Pult, bei dem die Nichte stand, in der Mitte der Sarg. Die Nichte fing an und sagte, dass die Feier ein ungewöhnliches Ereignis sei, aber es sei halt so. Nun spielten wir einen schönen Walzer. Dann begann die Nichte, neben dem Sarg Witze zu erzählen, weil die Tante so gern Karten gespielt und Witze erzählt hatte. Die Leute lachten. Die Nichte kündigte unser nächstes Stück an, eine flotte Polka. Wir spielten: „I

hob schon wieder Schädlweh". Nun sagte die Nichte: „Auf Wunsch der Tante spielt die Fuchsbartl-Banda das Stück ‚Aus alter Zeit'!"
(Albin summt die Melodie.)
Die Nichte fügte hinzu: „Damenwahl!" Ein Hammer, dachte ich, als wirklich alle vor dem Sarg tanzten. Das ist kein Witz. Dann gab es noch abschließende Worte, wobei die Nichte sagte: „Auf Wunsch der Tante muss die Fuchsbartl-Banda das Stück ‚Ja ist denn kaner da, der uns an Liter zahlt' spielen." Jetzt stell dir vor, die Tante hatte noch verfügt, wenn die Tür hinter dem Sarg geschlossen sei, müsse im gleichen Raum ein Schnaps-, Wein- und Bierstand aufgestellt werden. Als der Sarg nicht mehr da war, standen alle auf und tranken auf das Wohl der Tante. Am Ende sagte ich zur Nichte, dass ich sie bewundere. Dass sie den letzten Wunsch ihrer Tante so toll umgesetzt hätte, das zeuge von Größe.

Die Nichte lud uns noch zum Essen in ein Gasthaus ein und drückte mir ein Bündel Geld in die Hand. Sie hatte mich vorher gefragt, was wir für unseren Auftritt verlangen. Ich hatte gesagt: „Was soll ich verlangen? Gib uns das Fahrgeld und es passt." Ihre Reaktion hat mir getaugt. Die Tante hatte nämlich verfügt, dass genauso viel Geld, wie die Parte gekostet hat, die Musik bekommen sollte. Die Nichte nahm trotz unserer Ablehnung das Geld nicht zurück. Uns war das Ganze peinlich, muss ich ehrlich sagen. Wir aßen dann noch anständig und die Nichte setzte sich zu uns. Ich sagte ihr noch einmal, dass ich nur das Fahrgeld wolle, das viele Geld sei gegen meine Ehre. Darauf meinte sie, die Tante wollte, dass wir das Geld bekommen. Ich schlug ihr dann vor: „Wir machen es so. Ihr werdet irgendwann wieder eine Feier haben, keine Verabschiedung, sondern eine Geburtstagsfeier oder etwas Ähnliches. Da rechne ich euch etwas von diesem Geld an. Auf diese Weise habt ihr etwas davon und wir machen ein Geschäft."

Ausklang

Albin Wiesenhofer, der frühere Briefträger, fügt noch hinzu: „Ich verbrachte mit der Musik im Laufe von 30 Jahren viele schöne Stunden, auch wenn es nicht immer einfach war. Wir Musikanten hielten immer zusammen und die Freude an der Musik motivierte uns immer wieder aufs Neue. Wir haben durch unsere musikalische Tätigkeit viele Freunde und Wegbegleiter gewonnen und waren an Orten, die wir ohne unsere Musik sicherlich nie erreicht hätten.

Ich danke dir, lieber Roland, für die nette Aufnahme in deinem Elternhaus, die wunderbare Bewirtung durch deine liebe Frau Birgitt und für die vielen schönen, interessanten und lehrreichen Stunden mit dir. Du wirst immer in unseren Herzen sein und bist ein Teil der Geschichte der Fuchsbartl-Banda. "

Auch ich bin froh, diesen netten Herrn, der mir regelmäßig zu Neujahr und zu meinem Geburtstag ein echtes Pferdehufeisen schickt, kennengelernt zu haben. Die gemeinsamen Auftritte, es waren nicht viele, mit ihm und seiner „Banda" in steirischen Wirtshäusern, bei denen ich aus meinen Studien über Wilderer, Bergbauern und Wiener Strizzis erzählte, werden mir in Erinnerung bleiben – und vielleicht auch den Wirten und Zuhörern.

Der Herr mit dem Kontrabass – der Philharmoniker und Marathonläufer Michael Bladerer

Begegnung im 7. Bezirk

Michael Bladerer, Bassist bei den weltberühmten Wiener Philharmonikern, kenne ich von meinen sonntäglichen Messebesuchen in der Kirche St. Ulrich im 7. Wiener Bezirk. Beide wohnen wir unweit dieser Kirche und beide sind wir angetan von der spannenden Geschichte dieses Stadtteils. Während der Türkenbelagerungen 1529 und 1683 wurden viele Häuser zerstört. Aus den Matrikeln der Pfarre geht hervor, dass danach einige Türken einfach geblieben sind, ihnen dürfte das Gebiet um die Kirche gefallen haben. An diese Zeit erinnert auch die kleine Statue eines Türken an einem Haus des nahen Augustinplatzes, unter der zu lesen ist, dass hier das Zelt des türkischen Oberbefehlshabers Kara Mustafa gestanden ist. Der Augustinbrunnen erinnert an den legendären Dudelsackpfeifer, der gerne in den Wiener Wirtshäusern trank und musizierte. Während der Pestzeit im 17. Jahrhundert soll er betrunken in eine Pestgrube gefallen und dort zwischen Pestleichen eingeschlafen sein. Er überlebte und kroch am nächsten Tag gesund aus der gefährlichen Grube heraus. Der liebe Augustin ist ein Symbol dafür, dass der echte Wiener nicht untergeht. Er könnte auch ein Symbol der Philharmoniker sein, deren Kunst wohlfeil dargeboten wird und daher auch nicht untergehen kann. Michael Bladerer ist in der Welt der schönen Musik beheimatet, die auch mit dem 7. Bezirk eng verbunden ist. Schließlich wurde in der Ulrichskirche Johann Strauß getauft, der Walzerkönig.

An den Sonntagen ist es üblich, dass nach der Messfeier in den Nebenräumen der Kirche gegen eine kleine Spende Kaffee getrunken und

Kuchen gegessen wird. Bei dieser sonntäglichen Zeremonie des gemeinsamen Trinkens und Essens, an der auch regelmäßig der jüngst verstorbene Professor an der Wirtschaftsuniversität Dr. Hanns Abele teilnahm, werden ernste, philosophische, politische, familiäre, erzieherische, sehr private und heitere Gespräche geführt. Bei einem dieser Pfarrcafés fragte ich Michael Bladerer, der mir mit der Zeit ein lieber Freund geworden ist, ob er mir für ein Buch aus seinem Leben etwas erzählen wolle. Er stimmte freudig zu. Wir trafen uns im Café Landtmann, ich habe meine Dackeldame Hera dabei. Michael ist angetan von dem lieben Hund, spielt mit ihm und meint: „Im nächsten Leben werde ich ein Dackel bei dir sein!" Dann beginnt er zu erzählen.

Im Urltal – die Vorfahren, das Talent zum Radrennfahren und Anton Bruckner

Geboren wurde ich am 6. Juli 1968 in Waidhofen an der Ybbs. Aufgewachsen bin ich im Urltal.

(Ich kenne dieses liebliche Tal von meinen Fahrradtouren her. Vom Urltal radelte ich hinauf nach St. Leonhard am Wald. So kam ich auch zum Haus von Michaels Vater und seinen Großeltern.)

Du kennst das Haus ja, in dem mein Vater geboren ist. Auf dem Haus steht die Jahreszahl 1906. Seine Großeltern, die aus dieser Gegend stammen, haben es in der Zwischenkriegszeit gekauft. Mein Großvater stammt aus Aschbach bei Seitenstetten, die Großmutter aus Biberbach. Mein Urgroßvater war Straßenmeister. Im Zweiten Weltkrieg ist mein Großvater in Russland gefallen, mit 26 Jahren. Als Schwiegersohn des Straßenmeisters hätte er auch Straßenmeister werden sollen. Die Schwiegereltern wollten meinen Großvater eigentlich gar nicht, er war ein uneheliches Kind. Sie glaubten, sie seien etwas Besseres. Es war eine Liebesheirat der Tochter, also meiner Großmutter, sie war neun Jahre älter als er.

176

Der Großvater hatte mit seinem leiblichen Vater nicht viel zu tun gehabt. Er kam aus ganz ärmlichen Verhältnissen. Seine Mutter heiratete später einen Bladerer, der ihn adoptiert hat. Mit meinen Urgroßeltern wohnten wir in diesem Haus im Urltal. Von dem Großvater, der gefallen ist, gibt es nur ein paar Fotos, sonst haben wir eigentlich nichts von ihm. Mein Vater war zwei Jahre alt, als sein Vater gefallen ist. Die Großmutter heiratete nicht mehr. Sie hatte leider einen Herzfehler und ist auch nicht sehr alt geworden. Mein Vater machte Export- und Importgeschäfte.

(Ich kenne ihn, er kam zu uns nach Spital am Pyhrn zu Besuch im offenen Sportwagen, mit meiner Cousine Viktoria, die bei Waidhofen ihr Jagdhaus hat.)

Mein Vater ist ein flotter Bursch. In seinem Berufsleben war er stets ein Pendler, von Montag bis Freitag war er in Wien. Von uns nach Wien sind es mit dem Auto nicht einmal zwei Stunden. Am Wochenende fuhr er heim, das macht er bis heute. Jetzt fährt er aber schon am Donnerstag ins Urltal. Er geht gegen den 77er zu und arbeitet etwas weniger. Als Unternehmer kann er tun, was er will. Meine Mutter ist schon 2005 gestorben, an Krebs. Mein Vater wollte nicht mehr heiraten. Meine Beziehung zu meinem Vater ist nicht sehr einfach, weil er auch sehr eigen ist. Ich habe eine ältere Schwester, die ist bei meinem Vater in der Firma in Wien tätig.

Zur Schule bin ich in Waidhofen gegangen. Maturiert habe ich 1986 mit Auszeichnung. *(Alle Achtung! Mein Maturazeugnis sieht nicht so aus!)* Dafür bist du Professor geworden.

(Michael bestellt eine Melange und ein Erdbeerstanitzel. Ich frage, ob dies alles sei, denn er sei mein Gast. Er meint, das reiche. Ich bestelle eine heiße Schokolade.)

Wichtig ist der Musikbezug, Musik ist mein Leben.

(Dein Leben vor der Musik ist auch wichtig, auch das Urltal gehört zu deinem Leben. Du hast eine besondere Beziehung zum Urltal.)

Ja, weil ich 18 Jahre dort gelebt habe, es ist wunderschön. Ich fahre auch gerne hin, ein-, zweimal im Jahr, besonders, wenn die Bäume blühen. Wenn ein sonniger Tag ist, fahre ich hinauf nach St. Leonhard und schaue über die Hügel. Früher bin ich zu Fuß gegangen, es sind zehn Kilometer, zwei Stunden muss man schon gehen. Als Bub fuhr ich auch mit dem Rad hinauf. Meine Schwester hatte einen Freund, der aus besserem Haus war. Er hatte ein gutes Rennrad, das er nicht mehr gebraucht hat. Das gab er mir, ich war damals 14 Jahre alt. Ich stellte auf einer Straßenkarte Touren zusammen, die ich dann auch fuhr, mit der Zeit wurden sie immer länger. Gegen Ende meiner Radkarriere bin ich bis Mariazell geradelt und über die Wildalpen zurück, das war der Höhepunkt. Dabei bin ich über 200 Kilometer an einem Tag gefahren. Das war ein gutes Training für mich. Gepäck hatte ich keines mit, in Gasthäusern aß ich schnell etwas und radelte gleich weiter.

(Du hättest Rennfahrer werden können.)

Das wurde ich dann doch nicht, weil die Musik zu beherrschend für mich war.

(Wann entdecktest du die Liebe zur Musik? Gibt es in deiner Familie jemanden, der dich dazu anregte?)

Nein, aber meine Großmutter, die ich leider nicht mehr kennengelernt habe, soll im Kirchenchor in Waidhofen sehr schön gesungen haben. Fotos gibt es wohl von der Großmutter. Meine Eltern hatten wenig Bezug zur Musik. Mein Vater behauptete zwar, dass er musikalisch wäre, den Beweis trat er aber nie an. Leider hatte seine Mutter ihn zum Geigenspiel gezwungen, wie es halt so war. Offensichtlich fehlte ihm aber die Lust dazu, das Geigenspiel war ihm immer ein Gräuel. Zu gewissen Feiertagen oder auch, wenn ein Onkel oder eine Tante oder Freundinnen der Großmutter kamen, musste er als Bub „Ave Maria" spielen. Das hat er gehasst, er hatte eine gestörte Beziehung zur Musik. Meine Mutter war nicht recht musikalisch.

Über die väterliche Linie bin ich übrigens über tausend Ecken mit Anton Bruckner verwandt. Das fand ich durch einen Zufall heraus. Der Großvater Bruckners stammte aus Sindelburg bei Wallsee. Dort gibt es eine sehr alte Pfarre, wo ich mir einmal in einem antiquarischen Buch seinen Stammbaum angeschaut habe. Und mein Großvater hatte eine Urgroßmutter, die auch aus Sindelburg stammte und Bruckner hieß. Das hatte ich in seinem Ahnenpass aus der Nazizeit entdeckt, den ich auf dem Dachboden gefunden hatte. Ich dachte mir gleich, dass es einen Zusammenhang zwischen den Bruckners und uns gibt. Ich forschte nach und nahm Einsicht in die Kirchenbücher in Sindelburg. Damals war ich um die 20 Jahre alt, ich studierte schon in Wien. Mich interessierte, ob meine Familie mit Bruckner verwandt sei, auch wenn es über tausend Ecken ist.

(Du hast sicher dieselben Gene wie der Bruckner.)

Das weiß ich nicht, aber möglich ist es. Meine Schwester bekam als Kind ein Klavier. Die Eltern dachten, es gehöre sich, dass ein Mädchen Klavier spielt. Die Schwester, sie ist drei Jahre älter als ich, interessierte das aber nicht besonders. Mich schon, so klimperte ich bereits mit fünf Jahren herum. Ich durfte auch Klavierunterricht nehmen. Nach kurzer Zeit spielte ich besser als meine Schwester. Sie war dann so frustriert, dass sie mit dem Klavierspielen aufgehört hat. Tatsache war, dass ich Klavier spielen wollte. Es war nicht so, dass mir jemand sagte, ich müsse Klavier spielen. Für mich hatte es eine unglaubliche Faszination. Meine Klavierlehrerin war erfreut darüber. In Waidhofen gibt es ja eine große Musikschule. Ich glaube, sie haben dort bei tausend Schüler, das ist ja unglaublich.

Im benachbarten Oberösterreich hat damals der Landeshauptmann Ratzenböck viele Musikschulen gegründet, sie wurden sehr gefördert. Bei den Philharmonikern sind 20 Musiker aus Oberösterreich. Wiener sind zwar auch viele dabei, Oberösterreicher sind aber überproportional vertreten, sie stellen mit Abstand gegenüber den anderen Bundesländern die meisten Musiker. Das ist den Musikschulen zu verdanken. Drei Philharmoniker kommen aus Waidhofen und zwei aus der näheren Umgebung. Man kann sagen, fünf kommen aus meiner Gegend.

(Ich erzähle, dass ich überrascht war, dass in dem kleinen Windhag bei Waidhofen so viele Musiker sind. Sie sind Meister mit den Jagdhörnern.)

Unser Oboist bei den Philharmonikern kommt aus Windhag. Bei Wettbewerben der Jagdhornbläser gewinnen meistens die Windhager, sie sind einsame Spitze. Ich hatte das Glück, dass in der ersten Klasse Gymnasium mein Klassenvorstand Erich Kolar auch mein Musiklehrer war. Er förderte alles, was mit Musik zusammenhing. Er war fanatisch, daher auch sehr autoritär. Er hielt jeden Schüler an, ein Instrument zu lernen. Überdurchschnittlich viele Menschen haben ein gutes Gehör, meinte er.

(Ich glaube, dass Leute, die ein gutes Gehör haben, auch leicht Sprachen lernen.)

Das hängt sicher zusammen. Ich lerne gerade Japanisch.

Der edle und autoritäre Professor Kolar aus Waidhofen – Wettbewerbe

Professor Kolar war für mein Leben wichtig. Er war Dirigent des Kammerorchesters von Waidhofen, Leiter der Musikschule und Lehrer am Gymnasium. Dieser Mann wollte also, dass jeder von uns Schülern ein Instrument lernt. Da er mich für begabt hielt, sollte ich ein Instrument für ein Orchester lernen und nicht bloß Klavier. Mit dem Klavier könne man nicht viel anfangen. Damit hatte er irgendwie recht, denn er suchte Leute für sein Orchester. Dass dies einmal mein Beruf sein würde, konnte ich mit zehn Jahren noch nicht wissen.

Ich war in der zweiten Klasse Gymnasium, als für uns 500 Schüler an einem Samstag um 11 Uhr im Stadtsaal ein Konzert stattfand. Da mussten wir hingehen, denn der berühmte Ludwig Streicher stellte uns den Kontrabass vor. Er war damals in Waidhofen, um mit dem Kammerorchester ein Kontrabasskonzert zu geben. Er war wohl der größte Kontrabassist aller Zeiten, er war Philharmoniker, zu diesem Zeitpunkt aber schon aus dem Orchester ausgeschieden. Damals war er ungefähr 60 Jahre alt, eine Legende. Auch er war wichtig für mein Leben. Ich war begeistert, wie er spielte und erzählte, zum Beispiel wie er bei einem Mord in einer Opernaufführung den Kontrabass zu spielen weiß. Er schilderte alles sehr lebhaft und demonstrierte vieles. Ich war hingerissen und sagte zu Professor Kolar, dass ich Kontrabass lernen möchte. Er war sofort Feuer und Flamme, er war begeistert von meiner Idee. Es dauerte eine Zeit lang, bis man für mich in der Musikschule einen Lehrer für Kontrabass fand. Bei diesem lernte ich brav und übte viel, sodass es mit meinen Künsten schnell voranging.

In Waidhofen war ich Ludwig Streicher aufgefallen, als eines von 500 Kindern, die bei seiner Präsentation dabei waren. Da sieht man, wie wichtig es ist, sich um die Kinder zu kümmern. Wir Philharmoniker geben immer wieder Konzerte vor Kindern. Wenn wir eine Generalprobe machen, ist der halbe Musikvereinssaal voll mit Schülern. 80 Prozent von ihnen erreichst du vielleicht nicht wirklich, wenn sie in einem schwierigen Alter sind. Ich sah auch Schüler, die saßen mit ihren Kopfhörern drinnen, hörten ihre Musik, damit sie nicht hören mussten, was wir spielen. Das gibt es natürlich auch. Aber ich sage immer, wenn man nur eines der Kinder erreicht, die man einlädt, dann ist es gut. Wenn dieses eine Kind durch uns angeregt wird, zum Beispiel Geige zu spielen, so hat man viel gewonnen. Das rettet die Welt! Ich sage das, weil es mir selbst so passiert ist. Ich kämpfe darum, mir ist dieser Zugang zu den Kindern wichtig. So wie mir damals, so kann es heute ebenso einem anderen Kind passieren. Vielleicht kommt es in 20 Jahren zu den Philharmonikern. Mein verehrter Professor Kolar ist leider bald gestorben.

Es gibt da noch eine interessante Geschichte. Damals fanden in

Niederösterreich Musikwettbewerbe für Kinder statt, ich glaube, alle zwei Jahre. Wenn man dort gewinnt, darf man beim Bundeswettbewerb mitspielen, der war zu meiner Zeit in Leoben. Meine Klavierlehrerin schickte mich zum Landeswettbewerb, sie meinte, ich gehöre zu den begabten Schülern. In meiner Altersklasse, ich war 13 Jahre alt, waren derart viele Bewerber, dass eine Vorauswahl in St. Pölten stattfinden musste. Diesen Vorwettbewerb schaffte ich leider nicht, ich war nicht gut genug. Da dachte ich mir, wenn in meiner Altersklasse schon hundert oder achtzig besser sind als ich und es Tausende gibt, die ebenso gut spielen wie ich, was mache ich da? Das war für mich nicht so einfach. Jetzt kommt der Clou! Ich lernte Kontrabass und trat vier Jahre später wieder zum Wettbewerb an. Der Landeswettbewerb fand in St. Pölten statt, und diesen gewann ich souverän. Ich war nämlich der Einzige, der auf dem Kontrabass in meiner Altersklasse spielte, damals war ich 17 Jahre alt. Aber, dies ist festzuhalten, die Jury musste keinen ersten Preis verleihen. Wenn man alleine in seiner Altersklasse war, konnte man bloß eine lobende Anerkennung bekommen. Ich durfte also zum Bundeswettbewerb nach Leoben fahren und gewann dort den zweiten Preis. Wie viele angetreten sind, weiß ich nicht mehr. Beim Klavier hatte ich nicht einmal die Vorentscheidung für den Landesbewerb geschafft. Beim Kontrabass war es von der Konkurrenz her angenehmer. Auch heute spielen nicht so viele Kontrabass wie Klavier.

(Mein Enkel fängt jetzt mit Geige an. Soll ich ihm raten, er soll Kontrabass lernen?)

Nein, lass ihn einmal Geige lernen. Es ist ja schön, wenn man das kann. Bei der Matura war ich der Einzige, der genau wusste, was er studieren wollte. Für mich war klar, dass ich Kontrabass studiere, weil ich zu den Philharmonikern kommen wollte. Von meinen Klassenkollegen wusste damals niemand, was er studieren sollte. Auf der Maturareise meinten manche, Psychologie oder Jus. Für mich war ganz klar, wo mein Lebensziel liegt.

An der Musikhochschule beim besten Kontrabassisten

Nach der Matura wollte ich unbedingt an die Musikhochschule zu Professor Ludwig Streicher, dem besten Kontrabassisten, der je gelebt hat und über den ich schon erzählte. Ich bestand die Aufnahmsprüfung. Streicher war damals schon Mitte 60. Er war eine Koryphäe und hat mich sehr beeindruckt. Zugleich war er ein unglaublich autoritärer Mensch. Er war gefürchtet, manchmal zitterte ich vor seinen Stunden. Wir waren eine Klasse mit 40 Studierenden, fast ein Massenbetrieb, doch nach einigen Monaten nahm er sich persönlich meiner an. Ich übte viel für ihn, doch es war nicht immer einfach, denn er hatte auch Wutausbrüche. Er schrie und tobte, war sehr emotionell. Einmal zertrümmerte er einen Sessel während einer Unterrichtsstunde, weil ihn etwas geärgert hat.

Das Schwierige war, dass Streicher in totalem Unfrieden von den Philharmonikern schied. Das lag damals zwar schon eine Zeit zurück, aber die Philharmoniker vergessen nichts, vor allem die Älteren. Ich war ganz stolz, bei ihnen substituieren zu dürfen. Als ich mich einem älteren Kollegen vorstellte, fragte er, bei welchem Kollegen ich studiere. Ich antwortete, bei Herrn Professor Streicher. Ich war so stolz, einen so berühmten Namen sagen zu dürfen. Darauf sagte er: „Beim Wickerl!" Streicher hieß Ludwig mit Vornamen. „Der Wickerl war ein Riesen-A…"

Streicher hatte viele Facetten. Er war ein ausgezeichneter Lehrer, was für mich sehr wichtig war. Er kam aus dem Weinviertel, sein Vater hatte dort ein Gasthaus gehabt. Von seinem ganzen Gehaben her war er ein Urvieh. Er redete im breitesten Dialekt, hatte große Pratzen, was für sein Instrument genial war, und er leistete unheimlich viel darauf. Bei den Philharmonikern hatte er es nicht leicht. Die meisten kamen aus Wien, aus bürgerlichen Familien. Für sie war er ein „Gscherter" vom Land. Aber vom Talent her war er eine Jahrhundertbegabung. Er legte noch im Alter eine Solokarriere hin und spielte weltweit, bis er 75 war. Als ich bei ihm lernte, war er schon ein älterer Herr. Von Montag bis Donnerstag unterrichtete er jeden Tag, dann fuhr er oft mit dem Nachtzug nach Deutschland, wo er am Freitag mit einem Orchester ein oder zwei Proben hatte. Am Sonntag spielte er ein Kontrabasskonzert auf höchstem Niveau, danach fuhr er mit dem Nachtzug zurück nach Wien und war am Montag wieder im Unterricht. Das machte er zu einer Zeit, in der andere schon zehn Jahre in Pension sind. Mit 82 Jahren ist er gestorben. Bei seinem Begräbnis lag eine Liste von seinen Schülern auf, die alle eine Stelle hatten, über 200 Schüler, unglaublich. Auch in Spanien hat er unterrichtet. Noch im Alter verschaffte ihm Königin Sophie eine hoch bezahlte Professur in Madrid, wo berühmte Leute wie Rostropowitsch waren. Einmal im Monat flog er dorthin, sein Assistent war einer seiner Meisterschüler. In Spanien sind heute Schüler und Enkelschüler von Streicher musikalisch tätig, das ist alles unsere Schule. Als wir vor zwei Jahren ein Konzert in Seoul gaben, traf ich eine Koreanerin, die mit mir bei Streicher studiert hatte. Ich lernte auch in Japan Leute kennen, die bei ihm studiert hatten. Man kann Schüler von Streicher überall auf der Welt treffen. Mit seinem Instrument leistete er Imponierendes und bewegte mit dem Kontrabass unglaublich viel. Ludwig Streicher war für meinen Lebensweg sehr wichtig. Ich verdanke ihm wahnsinnig viel und kann nur das Beste über ihn sagen.

Studentenleben in Wien – Substitut bei den Philharmonikern

In Wien wohnte ich die erste Zeit in der Johannesgasse, in einem Studentenheim für Musiker. Ich war sehr froh darüber, dass ich den Platz bekommen hatte. Ich konnte in Hausschuhen zum Unterricht gehen, denn meine Abteilung der Musikhochschule war damals auf der Seilerstätte, heute ist sie im 3. Bezirk und heißt Universität für Musik.

Vom Studentenwohnheim übersiedelte ich in die Wohnung eines Geschäftsfreundes meines Vaters, die dieser nicht nutzte. Sie lag in Gersthof, also musste ich mit dem Kontrabass in der Straßenbahn fahren, im 41er. Das bedeutete für mich viel Schlepperei. Wenn ich heute daran denke, würde ich es nicht noch einmal machen. In dieser ersten Zeit in Wien war ich nicht viel abgelenkt, obwohl ich das erste Mal von zu Hause weg war. Ich kannte kaum jemanden, daher übte ich fleißig auf meinem Instrument. Die meisten Vorlesungen waren nicht weiß Gott wie wichtig, daher konzentrierte ich mich mehr auf die Musik. Man musste diverse Nebenfächer belegen, Instrumentenkunde, Musikgeschichte usw. Die Musikhochschule war in verschiedenen Gebäuden untergebracht, viele Vorlesungen waren in der Singerstraße. Alles war leicht zu Fuß zu erreichen.

Das Substituieren bei den Philharmonikern begeisterte mich. Die Philharmoniker suchten stets junge Talente, denn sie hatten eine Doppelbelastung. Sie waren nicht nur ein eigenes Orchester, sondern gehörten auch zum Staatsopernorchester. Wenn die Philharmoniker auf Reisen gingen, fehlten meist zwei Drittel der Spieler in der Staatsoper. Die in Wien Gebliebenen mussten nun jeden Tag spielen. In dieser Zeit braucht man ein oder zwei Substituten für den Kontrabass. Ohne die ging es nicht, weil das Orchester sonst nicht vollständig gewesen wäre.

(Es ist doch gar nicht so leicht, einen geeigneten Substituten zu bekommen.)
Heute machen wir es so: Da es nicht fest geregelt ist, lassen wir uns von denen, die sich als Substituten gemeldet haben, etwas vorspielen.

Beim Kontrabass sind es vielleicht 15, davon testen wir zwei oder drei, die am talentiertesten sind. Ich hatte Glück, dass man mich damals genommen hat. Empfohlen hatte mich der Assistent meines Lehrers, er war Philharmoniker. Ich konnte also schon sehr früh bei ihnen spielen. Als Substitut bekam man schon etwas bezahlt. Stipendium hatte ich keines, ich hatte mich auch nicht beworben. Ich lebte sehr bescheiden und kochte selbst. Die erste Zeit fuhr ich jedes Wochenende heim. Meine Eltern waren stolz auf mich, weil ich Substitut war.

(Wie war es mit der Schwester?)

Bei der ist auf musikalischem Gebiet Hopfen und Malz verloren. Sie war einmal in einem Konzert von mir, sonst nie wieder. Meine Eltern besuchten auch eher selten ein Konzert. Wenn mein Vater oder meine Mutter einen runden Geburtstag hatte, schenkte ich ihnen zwei Karten. Mir fiel auf, dass sie nie den Wunsch geäußert hatten, ein Konzert von mir zu besuchen. Wenn sie das Bedürfnis gehabt hätten, hätten sie es mir wohl gesagt. Die Konzerte waren ihnen eigentlich egal. Der Kontakt zu meiner Schwester ist mäßig, sie interessiert sich mehr für das Reiten als für die Musik. Wenn ich sagen würde, wir haben ausgezeichneten Kontakt zueinander, so wäre das übertrieben.

An der „Komischen Oper" in Berlin

Bevor ich zu den Philharmonikern kam, spielte ich noch bei anderen Orchestern. Drei Jahre war ich in Berlin in der „Komischen Oper", und das kam so. Bei den Philharmonikern war eine Stelle frei. Ich wurde zum Probespiel eingeladen und freute mich schon, leider bekam ich die Stelle nicht, was mich natürlich sehr enttäuscht hat. Als Substitut hätte ich dort ewig weiterspielen können. Man muss sehr hart an sich arbeiten, um ein Probespiel zu gewinnen. Jetzt dachte ich mir, ich müsse etwas anderes machen. Damals war ich gegen Ende 20, ich brauchte dringend eine Stelle, sonst wird nichts mit mir! Gott sei Dank war ich immer zu schnellen Entschlüssen fähig, wie damals bei dem Wettbewerb in der Schule.

(Konntest du weiter als Substitut arbeiten?)
Ja, natürlich, aber als Substitut bist du immer abhängig. Du bist nie dein eigener Herr, du musst immer warten, ob du gerufen wirst. Daher bewarb ich mich in Deutschland. Es gibt eine Zeitung, die heißt „Das Orchester", in der stehen alle offenen Stellen. Ich schrieb an alle möglichen Orchester, zum Beispiel an die Münchner Philharmoniker. Überall, wo eine Stelle frei war, bewarb ich mich mit Lebenslauf, zwölf Bewerbungen waren es. Daraufhin bekam ich auch einige Einladungen, darunter eine von der Komischen Oper in Berlin. Ich wollte schon immer in eine größere Stadt, in eine Metropole. In Frage gekommen wären vor allem München oder Berlin. Ich hätte nicht gerne in einer kleinen Stadt gelebt.

Über die Einladung von der Komischen Oper freute ich mich sehr und habe viel geübt. Mit dem Nachtzug fuhr ich über Prag nach Berlin. Mit dem Kontrabass zu reisen, ist nicht einfach. Gott sei Dank hatte ich ein Abteil im Liegewagen für mich, so konnte der Kontrabass im unteren Bett schlafen und ich im oberen. Als ich in der Früh aufwachte, war ich in Berlin. Für das Probespiel hat man immer seinen eigenen Kontrabass mitgenommen, man muss ja die schwerste Literatur spielen. Das Probespiel war in jedem Orchester ähnlich. Bei uns in Wien ist es besonders streng, aber auch in Berlin ist man streng. Das Gute war, dass mich dort keiner kannte. Ich hatte keine Beziehungen oder sonst etwas. Ich kam als vollkommen unbeschriebenes Blatt nach Berlin.

Ich zog die Nummer eins, war also der Erste, der vorspielen sollte. Dieses Probespiel war am Nachmittag, die meisten finden am Vormittag statt. Zeit zum Einspielen hatte ich, ich war ja schon um halb acht in der Früh angekommen. Das Probespiel war für 14 Uhr angesetzt. Ob man gut angezogen ist, ist egal, man muss gut spielen können. Man kommt aber auch nicht abgerissen daher. Es gab keinen Paravent, wie in Wien, hinter dem die Jury sitzt. Ich hatte unglaublich viel geübt, bei mir ging es ja auch um viel. Ich war der einzige Wiener, viele waren aus Deutschland, aber auch Russen waren dabei. Tatsache ist jedenfalls, ich gewann das Probespiel eindeutig. Der Chefdirigent gratulierte mir und sagte sofort, dass sie mich verpflichten. Wunderbar! Ich freute mich und war stolz. Mit dem Nachtzug fuhr ich dann wieder nach Wien.

(Hat die Herkunft aus Wien eine Rolle gespielt?)

Nein! Das Interessante war, dass im schon wiedervereinigten Deutschland, es war 1996, in dem Orchester nur zwei oder drei nicht aus Ostdeutschland kamen, der alten DDR. Heute ist das ein bisserl anders.

Als ich mit dem Nachtzug zurückfuhr, überlegte ich, was ich für meine Übersiedlung machen muss. Ich fuhr also bald wieder nach Berlin, um über Zeitungsannoncen eine Wohnung zu suchen. Gleich beim ersten Anruf konnte ich eine Wohnung besichtigen und nahm sie. Sie war zwar völlig überteuert, aber gemütlich.

Ich blieb drei Jahre in Berlin, es war eine schöne Zeit, in der ich viel lernte. Ich lernte auch einen sehr interessanten Kontrabassisten kennen, einen wirklich bedeutenden Solisten. Norbert Duka war sein Name, er war ein Ungar, der damals in Berlin lebte. Ich kannte seinen Namen als Solist von Schallplatten. Er kontaktierte mich und sagte fast ein bisserl vorwurfsvoll: „Ich habe von Ihnen gehört! Sie sind in Berlin. Warum melden Sie sich nicht? Kommen Sie doch zu mir." „Selbstverständlich", habe ich gesagt. Ich glaube, es war ein Sonntag am Nachmittag, an dem ich ihm einen Besuch abstattete. Als ich bei ihm war, sagte er: „Spielen Sie für mich!" Er hatte einen Kontrabass stehen, auf dem spielte ich ihm vor. Darauf sagte er mit ungarischem Akzent: „Ist nicht schlecht, könnte man verbessern." Das weiß ich noch ganz genau. Ich spekulierte ja, wenn wieder einmal eine Stelle bei den Wiener Philharmonikern frei sei, mich zu bewerben. Ich nahm nun tatsächlich privat bei Norbert Duka Unterricht. Das hat viel gekostet, aber er brachte mir viel bei, ich profitierte durch ihn.

Üben in der Finsternis und das Probespiel in der Wiener Staatsoper

Als wieder eine Stelle für einen Kontrabassisten in der Wiener Staatsoper frei war, wollte ich mich bewerben. Da ich ohnehin eine gute Stellung in Deutschland hatte, stand ich nicht unter psychischem Druck. Obwohl ich also nicht um meine Existenz spielen musste, bereitete ich mich dennoch sehr gut vor.

Das Haus, in dem ich wohnte, war ein Altbau, das Wohnzimmer hatte eine gute Akustik. Es war ca. 30 Quadratmeter groß, fast leer und sehr hoch. Im Winter wird es in Berlin schon früh dunkel, so gegen 16 Uhr. Daher gewöhnte ich mir an, im Finsteren zu üben. Meine Stücke konnte ich alle auswendig. Man konzentriert sich nur auf das, was man hört. Und man hört sich einfach besser zu, wenn man nichts sieht. Optimal ist es, mit geschlossenen Augen zu üben oder eben im Dunklen. Da gibt es nichts mehr, was einen ablenkt. Je mehr Einflüsse man beim Üben ausschaltet, umso besser ist es. Dabei habe ich gelernt, unglaublich kritisch zu werden. Ich redete mir ein, ich sei die Jury und höre mir selber zu. Ich sagte mir immer, was könnte ich bei meiner Musik auszusetzen haben und was könnte ich noch besser machen. So bereitete ich mich psychisch auf die Situation des Probespielens vor.

Konkret läuft das Ganze so ab: Man wird vier Wochen davor eingeladen. Dabei wird das Programm bekannt gegeben, also was du spielen sollst. Du weißt aber nicht, was genau in der ersten Runde kommt. Vor dem Probespiel ziehst du eine Nummer. Wird diese aufgerufen, gehst du in den Saal. Wenn man noch nie ein Probespiel mitgemacht hat, ist man dieser Situation kaum gewachsen. Manche kommen in den Saal und sind vollkommen überfordert. Viele unterschätzen, wenn sie zu Hause üben, dass man beim Probespiel sofort perfekt sein muss. Wenn beim Üben ein Stück nicht gelingt, spielt man es eben noch einmal, beim dritten Mal kann man es schon ganz gut. Aber beim Probespiel hat man keine drei Anläufe, man muss auf Knopfdruck spielen können. Man kann nicht sagen, ich spiele noch einmal, das interessiert keinen von der Jury. Wenn du das Glück hast und in die nächste Runde kommst, so erfährst du das erst, wenn alle gespielt haben und das Ergebnis bekannt gegeben wird. Dann kommt jemand von der Jury und sagt zum Beispiel: Die Herren mit den Nummern 3, 7 und 9 sind weitergekommen. In der zweiten Runde geht es gleich wieder mit dem Spielen los. Man hat immer nur einen Versuch.

Auf diese Situation und alle Eventualitäten bereitete ich mich wochenlang vor. Es waren zwei Kontrabasskonzerte zu spielen, ein klassisches und ein romantisches, und vielleicht zehn Passagen aus der Orchesterliteratur. Beim Üben nahm ich immer drei Stellen zusammen, von denen ich dachte, sie passen am schlechtesten zusammen. Die übte ich einzeln, dann machte ich eine Minute Pause. Danach stellte ich mir vor, dass ich in den Saal hineingehe und jetzt die drei Stellen, die verlangt sind, hintereinander durchspiele. Solche Szenen überlegte ich und übte sie stundenlang im Finsteren. Dann überlegte ich, was ich schlecht gespielt haben könnte. Dabei kommt man zum Beispiel darauf, dass der Puls schneller ist, wenn man eine schnelle, sehr anstrengende Stelle spielt. Du hast statt normal 60 vielleicht 90 Puls in der Minute, weil du dich so hineingesteigert hast. Jetzt musst du aber wissen, wenn du anschließend die langsame Stelle spielst, was du mit deinem schnellen Puls machst. Man hatte gelernt, dreimal ruhig durchzuatmen. Ich stellte mir nun vor, was ich tun musste, damit ich in das langsame Spiel überwechseln konnte, damit der Puls und die Aufregung mich nicht störten. All diese Dinge muss man beim Üben überlegen.

Als ich zum Probespiel fuhr, wusste ich, dass ich gewinnen würde. Ich war so gut vorbereitet, dass ich keine Angst mehr hatte. Mit mir traten 15 Bewerber zum Probespiel an. Es bewerben sich ja viel mehr.

(Wie viele Kontrabassisten gibt es?)

Bei einer großen Besetzung acht. Das Probespiel schaffte ich Gott sei Dank. In Wien finden die Probespiele im Gustav-Mahler-Saal statt, es ist auch das Pausenfoyer. Der Saal liegt auf der Seite der Oper an der Kärntner Straße. Vom Grundriss her ist er so groß wie der hier im Landtmann, sowohl der Breite als auch der Länge nach. Der Paravent, er ist aus Holz, ist ungefähr dort, wo hier der Kleiderständer steht. Beim Paravent wird abgesperrt. Der Kandidat kommt von der anderen Seite bei der großen Tür herein. Der Saal, durch den du gehst, ist lang. Es kommt einem dabei alles so riesig vor, und du fühlst dich so alleine. Du weißt, hinter dem Paravent sitzt die Jury, man hört es ein bisserl rascheln. Du siehst die Jury nicht, aber du spürst sie. Wenn man so etwas noch nie erlebt hat und nicht psychisch darauf vorbereitet ist, kann das furchtbar sein. Manche werfen ihre Nerven weg. Man kann sich das als Außenstehender nicht vorstellen. Diese Situation habe ich in meinem Zimmer in Berlin wochenlang trainiert. Das Interessante ist, ich könnte diese Erfahrung gut an Studenten weitergeben, aber ich hatte leider nicht die Gelegenheit dazu.

(Du kannst dich ja bewerben um eine Professur!)

Das habe ich ohnehin einmal, aber sie wollten mich nicht. Das macht nichts. Nun erzähle ich dir weiter vom Probespiel. Auch dieses Hereinkommen in den riesigen Saal gehört zum Ritual. Viele scheitern an dieser Situation, sie können sich damit nicht auseinandersetzen. Das Spielen ist eine Sache, aber du musst auch die Angst überwinden. Du musst dich darauf einstellen, wie alles abläuft und was unangenehm sein könnte, damit dir das Ganze egal ist. Du gehst hinein und sagst zu dir: „Heute ist mein Tag, der Tag des Michael Bladerer!" Man stellt sich vor dem Probespiel nicht vor, man nennt nicht seinen Namen, man muss ja anonym bleiben. Das Alter kennt die Jury von der Einladung, eingeladen wird ohnehin nur, wer in Frage kommt. Heute sitze ich auf der anderen Seite des Paravents. Wir haben in Kürze wieder ein Probespiel für Kontrabass, jetzt sind die Bewerbungen da, vielleicht hundert, von überall. In der Jury sind 27 Personen, das ist nach der Probespielordnung festgelegt. Zwei Betriebsräte sind anwesend, einer davon bin ich, sechs Kontrabassisten hören zu, von jeder Gruppe des Orchesters ein Solist, vielleicht auch der Chefdirigent.

Für den Kandidaten ist das Probespiel nicht leicht, er kommt herein und sieht nur die Wand, er hat Angst. Für die Leute von der Jury schaut die Sache anders aus. Sie hören viele Probespiele, für sie ist das Routine. Die sagen höchstens: „Schon wieder ein Probespiel, das dauert furchtbar lang." Wird ein Kontrabassist gesucht, legt die Gruppe der Kontrabassisten fest, was sie in der ersten Runde hören wollen. Die 15 Kandidaten, die eingeladen wurden, werden der Reihe nach angehört und nach bestimmten Kriterien bewertet, nach einem Punktesystem. 2 Punkte sind das Schlechteste, 20 sind das Höchste, das man pro Kandidat vergeben kann. Ein Kandidat muss im Schnitt 11 Punkte erreichen, um in die nächste Runde zu kommen. Alle, die weniger als 11 Punkte haben, scheiden aus. Bei der nächsten Runde spielt sich alles wieder so ab.

(Wenn keiner die 11 Punkte erreicht?)

Dann wird das Probespiel abgebrochen. Wenn drei Kandidaten übrig geblieben sind, die 11,3 oder 11,7 oder ähnliche Punkte haben, so kann es sein, dass man sagt, das Niveau des Probespiels ist zu gering und wird abgebrochen. Wer gewinnt, hat im Allgemeinen mehr als 12 Punkte. Man soll kein „i-Tüpferl-Reiter" sein, aber man hat oft als Mitglied der Jury das Gefühl, dass es heute nichts wird. Jede Runde wird neu bewertet, es zählt der Schnitt aus allen Runden. Wenn jemand in der ersten Runde 13 Punkte hat und in der zweiten einen Schnitt von 10 Punkten, so ist er dennoch weiter, dann hat er nach Adam Riese 11,5 Punkte im Schnitt. Wenn er in der zweiten Runde nur 7 Punkte hat, dann ist das zu wenig. Man muss im Schnitt 11 Punkte haben, um weiterzukommen.

In Berlin ist das ganz anders, dort ist die Jury nicht festgelegt. Die Mitglieder der Jury stimmen mit Ja oder Nein ab. Die hören sich alle Kandidaten an und die Mehrheit entscheidet. Bei uns ist es vielleicht objektiver. In Berlin ist es mehr dem Zufall überlassen, wer überhaupt in der Jury sitzt. Bei uns ist es ganz klar, wer die 27 Mitglieder der Jury sind.

(Mich interessiert das Ritual bei den Wiener Philharmonikern, es hat etwas Mystisches an sich.)

Da hast du recht. Nach dem Probespiel liegen die Nerven des Kandidaten meist blank. Er hat drei anstrengende Runden gespielt, zum Schluss, sagen wir, sind nur mehr drei Kandidaten übrig. Bei meinem Probespiel war ich der Einzige in der letzten Runde. Ich hatte viel geübt, daher schaffte ich es. Es kann aber passieren, dass das Probespiel abgebrochen wird, auch wenn du der einzige Kandidat bist. Das ist mir einmal passiert. Wenn du also das Probespiel geschafft hast, wirst du hineingebeten und es wird Beifall geklatscht. Dann sagt ein Jurymitglied, meistens ein Betriebsrat: „Wir bedanken uns sehr für die hervorragende Leistung und gratulieren zum gewonnenen Probespiel. Wir erlauben uns, Sie bei der Direktion zum Engagement vorzuschlagen." Das ist ein herrliches Gefühl! Wenn du das Probespiel geschafft hast, ist noch lang nicht alles erreicht, dann kommt die Probezeit von zwei Jahren. Man beginnt mit der nächsten Saison. Mein Probespiel war im Jänner 1999, danach spielte ich noch ein halbes Jahr in Berlin. Dieses Gefühl, dass man nun den Umzug vorbereiten muss und ein neues Leben beginnen kann, das war herrlich.

(Man kann stolz sein auf dich! Du hast ja wirklich hart gearbeitet.)

Das ist gut so. Die Mischung von Talent und Fleiß ist wichtig. Man muss es objektiv sagen, am Ende ist der Fleiß das Wichtigere, Talent ist zu wenig. Viele, die ich kenne, haben es mit Talent alleine nicht geschafft. In meinem Jahrgang war einer, von dem der Professor Streicher sagte, er wäre der Begabteste von allen, aber aus dem wurde nie etwas. Streicher sagte wortwörtlich zu ihm: „Du bist der Begabteste von allen, du bist aber auch eine faule Sau!" Leider hat er Recht behalten.

(Jemand hat einmal gesagt, Genie sei 90 Prozent Transpiration und 10 Prozent Inspiration.)

Eine solche Formel gibt es wohl nicht, aber es ist etwas Wahres dran. Mir war immer klar, dass man ein Probespiel mit Talent alleine niemals gewinnen kann. Da hast du keine Chance.

(In der Klosterschule hat der Professor Pater Heinrich gesagt, dass in meiner Klasse nur zwei das Talent zu schriftstellerischer und wissenschaftlicher Arbeit hätten. Aus den beiden ist aber zu meiner Verwunderung nichts Berühmtes geworden.)

Aber du bist etwas geworden!

(Ich war schon sehr fleißig!)

Anders geht es nicht, das weißt du ja. Da ich mein Orchester stets sehr geliebt habe, wollte ich auch zusätzlich immer etwas einbringen.

Die Ehre des Philharmonikers – Frauen im Orchester

(Für mich sind die Philharmoniker das beste Orchester der Welt.)

Ich bin auch derselben Ansicht. Man muss aber hart daran arbeiten, dass es so bleibt.

(Es gibt sicher eine informelle Kontrolle bei euch.)

Ja, man sitzt zwischen Kollegen, die hören, wie du so spielst. Direkte Sanktionen gibt es zwar nicht, es reicht schon, wenn der Kollege den Kopf um ein paar Grad in deine Richtung dreht. Mir passierte einmal ein Missgeschick, da war ich noch Substitut. Ich spielte mit dem P., er war schon Pensionist, am hinteren Pult, für ihn war ich der Jungspund. Wir spielten eine relativ schwierige Oper. Bei einer nicht einfachen Stelle schaute er zu mir, wie ich das spiele, und schüttelte dann den Kopf. Das war für mich vernichtend, erniedrigend und unfassbar. So etwas will man als Musiker nicht erleben. Ich mache es umgekehrt, ich möchte so gut spielen, dass der Kollege sich denkt, ich möchte so gut spielen wie der Bladerer. Man muss ein Vorbild sein. Diesen Ehrgeiz habe ich schon.

(Auch im normalen Leben musst du als Philharmoniker gewisse Regeln einhalten. Man hat auch seine Ehre. Du kannst nicht alles machen. Man muss auf den Ruf achten. Ist das richtig so?)

Ja, das ist richtig. Es ist aber interessant, dass bei uns Leute vom Orchester auch jenseits der Musik immer wieder Spitzenleistungen vollbringen. Der eine ist Komponist und seine Stücke werden aufgeführt, der andere lernt zehn Sprachen usw. Es gibt viele Philharmoniker, die außerhalb ihrer Tätigkeit interessante Dinge bewerkstelligen, weil sie wissen, dass sie Talent und Fleiß haben. Es gibt erstaunlich viele Mehrfachbegabungen bei uns.

(Philharmoniker müssen ja sehr begehrt bei den Frauen sein.)

Es würde zu weit führen, wenn ich dazu etwas erzähle. In gewissen Kreisen und in Japan besonders ist man als Philharmoniker sehr attraktiv für Frauen.

(Vor Kurzem ging ich am Johann-Strauss-Denkmal im Stadtpark vorbei, da habe ich junge, hübsche Japanerinnen gesehen, die ehrfurchtsvoll davorgestanden sind.)

Das passiert in Japan auch, wenn man als Philharmoniker aus dem Haus geht, Japanerinnen umringen einen und wollen Autogramme.

(Wie ist das mit den Frauen im Orchester?)

Seit 1997 spielen auch Frauen bei uns, wenn ich richtig zähle, sind es jetzt 14 Musikerinnen. Bei uns gibt es keine Quote, die Probespiele sind ja anonym. Sind eine Frau und ein Mann gleich qualifiziert, dann muss die Frau bevorzugt werden. Das ist Gesetz und auch in Ordnung so. Zum Beispiel, wenn beim Probespiel eine Frau und ein Mann je 13,2 Punkte haben. Wie sollten wir es mit einer Quote machen? Dann dürfte man bei vielen Probespielen keinen Mann mehr einladen. *(Wie ist der Kontakt der Frauen zu euch Männern?)* Wunderbar!

Mozart und der Marathonlauf

Von 2005 bis 2009 leitete ich bei den Philharmonikern das Pressereferat und konnte dabei viel lernen. Zu meinen Aufgaben gehörten die Medienbeobachtung und der Kontakt zu Journalisten. Wenn wir zum Beispiel von einer wichtigen Reise zurückkamen, setzte ich schon während der Reise einen Text auf, den ich an einige Journalisten versandte. Die druckten dann das meistens auch netterweise so ab, wie ich es verfasst hatte. Die wichtigsten Zeitungen waren für mich die Kronen Zeitung, der Kurier, die Presse, der Standard und die Salzburger Nachrichten. Vor allem die Journalisten dieser Zeitungen kontaktierte ich immer wieder. Wenn ich das Gefühl hatte, dass einer tendenziell gegen uns war, suchte ich das Gespräch mit ihm. Ich fragte direkt, was los sei, warum negativ über uns berichtet wurde und Ähnliches. Überhaupt suchte ich das Gespräch, wenn ich das Gefühl hatte, die Kritik eines Konzertes war ungerechtfertigt. Wenn einmal ein Konzert nicht so gut war, kann das ruhig in der Zeitung stehen, das ist auch in Ordnung. Aber wenn ein tolles Konzert nach Strich und Faden zerrissen wurde, dachte ich mir, dass etwas anderes dahintersteckt. In solchen Fällen versuchte ich, mit den betreffenden Leuten persönliche Gespräche zu führen.

Durch das Pressereferat kam ich auch zum Marathonlauf. Unser Mozart-Marathon, ein Musikereignis, war im Mozartjahr 2006 zufällig am selben Tag wie der Wien-Marathon, ein Laufereignis. Anlässlich des 250. Geburtstages von Wolfgang Amadeus Mozart gab es viele Mozart-Veranstaltungen. Die beiden Marathons hatten ursprünglich nichts miteinander zu tun. Es war einmalig, dass sie auf denselben Termin fielen. Wir spielten an diesem Tag, es war ein Sonntag, zwei Mozart-Konzerte, eines am Vormittag und eines am Nachmittag. Als wir erfuhren, dass der Wien-Marathon am selben Tag stattfindet, dachten wir an eine Kooperation.

Ich besprach mit Wolfgang Konrad, der den Marathonlauf organisierte, was wir gemeinsam tun könnten. Zunächst wurde eine Pressekonferenz angesetzt. Bei dieser erklärte ich, dass ein Teil der Ringstraße mit der Musik aus dem Musikverein beschallt werden könnte. Das war eine gute Idee, denn das Konzert sollte um 11 Uhr stattfinden. Nach der Pressekonferenz schaute mich Konrad, der selbst mehrfacher österreichischer Meister im Hindernislauf war, an und sagte: „Sie sind ein drahtiger Bursch, warum laufen Sie nicht mit?" Ich fragte sofort „Wie lang muss ich dafür trainieren, und wann muss ich mit dem Training beginnen?" Er erwiderte: „Morgen!"

Konrad sponserte mir die Laufschuhe, er hatte einen Laufshop im 10. Bezirk. Für den Marathonlauf braucht man das Beste vom Besten. Ich probierte 17 Paar Schuhe aus, zum Schluss blieben zwei Paar über. Der Verkäufer meinte, es wäre egal, welche ich nehme, beide seien gleich gut. Schuhe müssen beim Laufen über weite Strecken gut gefedert sein. Ich kaufte mir noch eine Laufausrüstung. Das war im Dezember, es war schlechtes Wetter. Daher trainierte ich im Fitnessstudio auf einem Laufband ein bisserl. Mit den Philharmonikern war ich dann im Februar in New York. Dort lief ich im Central Park, es herrschte jedoch ein Schneesturm. Kein Mensch war dort, ich war der einzige Läufer. Nach einer halben Stunde kam mir doch ein Läufer entgegen, ein Kollege von den Philharmonikern.

Dann kam der Tag der beiden Marathons und ich rannte mit. Die Ringstraße wurde, wie geplant, mit unserer Musik live beschallt. Ich lief ungefähr 3 Stunden 50 Minuten. Auf diese Zeit war ich sehr stolz, denn ich wollte unbedingt unter 4 Stunden bleiben.

Das Neujahrskonzert

Eine tolle Geschichte ist mit dem Neujahrskonzert verbunden. Das erste war ein Silvesterkonzert im Jahr 1939. Die Jahreswende ist immer ein magisches Datum, es liegt viel Symbolik darin. Ein Jahr geht zu Ende, ein neues beginnt. Man schaut zurück und denkt nach vorne. Die Musik von Johann Strauss kann dies bestens ausdrücken, denn darin ist immer etwas Melancholisches, aber auch etwas leicht Fröhliches. Noch dazu findet das Neujahrskonzert im herrlichen Musikvereinssaal statt, mit einem großartigen Orchester! Diese Kombination ist einmalig, es gibt nichts Besseres.

Andere Orchester, wie die Berliner Philharmoniker, versuchen uns nachzuahmen. Sie haben ein Silvesterkonzert, aber sie haben nicht diesen Wienbezug in der Musik, den die Wiener Philharmoniker haben. In Berlin werden unterschiedliche Musikstücke gespielt, ich erkenne keine einheitliche Linie.

Im Jahr 2013, dem Wagner- und Verdi-Jahr, hat man versucht, die beiden in das Wiener Neujahrskonzert einzubeziehen. Sie waren ja Zeitgenossen von Johann Strauss. Dieser war von Wagner beeinflusst, das merkt man an der Instrumentation. Sie ist einfach großartig bei Wagner, besonders, was er mit den Harmonien macht, ist einmalig. Die Beziehung Richard Wagners zu Bayreuth kann man entfernt mit dem Neujahrskonzert vergleichen. Die Konzerte sind auf einen Ort bezogen. Wagner lebte und wirkte in Bayreuth und das Neujahrskonzert gehört zu Wien. Wagner baute in Bayreuth sein Opernhaus nur für sei-

ne Opern. So etwas Spezielles kann man nirgendwo anders nachbauen.
Die Familie Wagner lebt heute noch dort.
(Wagner durfte in Wien am kaiserlichen Hof nicht aufgeführt werden.)
Ja, er war sogar steckbrieflich gesucht wegen seiner Teilnahme an der
Revolution von 1848.
*(Wagner trug den Schlapphut der Revolutionäre – das Gegenstück zum
Zylinder.)*
Wagner war bei den Anarchisten dabei, er flüchtete in die Schweiz.
Wien zog die Komponisten an. Haydn war hier, Mozart, Beethoven,
Schubert, Mahler, Brahms, Schönberg. Dass sie alle in Wien waren,
war großartig!
*(Beethoven muss ein fürchterliches Leben geführt haben, er ist ziemlich
zerlumpt dahergekommen und ist gerne herumflaniert. Er hatte Ärger mit
der Polizei, weil er in fremde Fenster geschaut hat.)*
Ja, ja!
(Wagner ist nicht wienerisch.)
Ganz und gar nicht, aber er beeinflusste Johann Strauss und die anderen Sträusse. Die ganze Musik hat er beeinflusst. Im Zuge dieser libe-
ralen Gedanken wurden die Philharmoniker 1842 gegründet. Dahinter
steckt dieses demokratische Denken, dass man sich selbst bestimmt.
(Diese Revolution war wichtig für Wien.)
Die Revolution wurde zwar niedergeschlagen und es dauerte noch
eine Zeit, bis die Ideen verwirklicht wurden, aber die Philharmoniker
wurden gegründet. Die Ironie der Geschichte ist, dass Richard Wagner,
der Rebell, später von König Ludwig von Bayern so gefördert wurde.
Richard Wagner war Opportunist, er benutzte den König für sich. Der
König hat ihn fasziniert.
*(In Wien hat die Revolution 1848 eine besondere Bedeutung gehabt,
daher haben die Wiener Bürger Wagner als Gegensatz zur Monarchie besonders geschätzt.)*

Nachklang

Wir beenden das Gespräch im Café Landtmann. Michael Bladerer ist begeistert von der Musik, sie ist sein Leben. Man kann ihn im Fernsehen bei der Übertragung eines Konzertes beobachten, wie er aufmerksam und mit viel Gefühl seinem Instrument meisterliche Töne entlockt. Hinter seiner Kunst steht ein großes Maß an Selbstdisziplin. Diese war auch notwendig, um in das Orchester der Philharmoniker aufgenommen zu werden und in diesem zu bestehen. Michael beherrscht aber auch die Rituale, die zur Welt der Musik und ihrer Orchester gehören. Dies gibt ihm jene Souveränität, die ihn beflügelt, das Publikum mit seinem Spiel zu erfreuen.

Karl Haider, Fährmann, Abenteurer und Experte für das Nibelungenlied

Die Begegnung im Kaffeehaus

Kennengelernt habe ich Karl Haider durch meinen Freund Gottfried Kneifel, der wie ich das Gymnasium Kremsmünster besucht hat, er ist Wirtschaftsexperte und war Präsident des Bundesrates. Ich bezeichne Gottfried als meinen „Haberer" (wienerisch für Freund) und Kumpan. Für die Begegnung mit Karl Haider danke ich ihm sehr.

Wir, Karl, Gottfried und ich, trafen einander an einem schönen Julitag des Jahres 2014 im Café Landtmann, ich hatte einen Fensternischentisch für uns reservieren lassen. Gottfried Kneifel machte uns bekannt. Karl Haider ist 81 Jahre alt, sieht aber jünger aus. Er hat ein interessantes Leben hinter sich. Unter anderem war er kurz bei der Fremdenlegion, schließlich brachte er Menschen als Fährmann über die Donau bei Mauthausen, wobei er sich als glänzender Rezitator von Versen aus dem Nibelungenlied erwies.

Gottfried sagte, dass Karl Haider, mit dem ich schnell per Du wurde, extra wegen mir heute einen schönen Anzug trage. Karl Haider war überrascht, dass ich nicht die klassische Kleidung eines Universitätsprofessors trug. Schließlich begann Karl zu erzählen.

Aufgewachsen in einem Ort des Nibelungenliedes

Ich war Fährmann auf der Donau zwischen Enns und Mauthausen. Mit der Fähre fuhr ich ab dem 18. Juni 1994, und zwar nebenberuflich. Hauptberuflich war ich Bodenleger, das war eine sehr schwere Arbeit. Ich sagte immer, Leute, die dumm sind, müssen schwer arbeiten.

Aufgewachsen bin ich in St. Valentin in Oberösterreich, so wie meine Mutter. Mein Vater stammte aus Markt St. Florian. Er war Schmied und Schlosser, die Mutter hatte Schneiderei gelernt. Damals musste man für die Lehrzeit noch zahlen. Meine Eltern lernten sich in dieser Zeit kennen. Wir waren daheim acht Kinder, ich war das dritte Kind. Ich war noch nicht in der Schule, da konnte ich schon gut schwimmen und vier Meter tief tauchen. Gelernt habe ich das in einem Teich, der ein Joch groß und bis zu zweieinhalb Meter tief war. Das war in Raad bei Rems, einem Dorf in der Gemeinde St. Valentin.

Diese Landschaft östlich der Enns wird auch im Nibelungenlied erwähnt. Markgraf Rüdigers Gemahlin und ihre Gefolgsleute hatten dort ein prächtiges Zeltlager zum Empfang der Königin aufgebaut. Im 21. Kapitel („Wie Kriemhild zu den Heunen fuhr") heißt es:

„Über die Traune kamen sie / bei Ense auf das Feld;

Da sah man aufgeschlagen / Hütten und Gezelt,

Dass gute Ruhe fänden / die Gäste bei der Nacht.

Für ihre Kost zu sorgen / der Markgraf war bedacht."

Ich war ein wilder Hund, in gewisser Weise immer ein Grenzgänger. In der Zeit, als es uns schlecht ging, fischte ich viel schwarz. Als junge Burschen musizierten und sangen wir viel, zum Beispiel gerne dieses Lied:

„In Wean im Prater in an Beisl von an Nachtlokal

ist der Schurl von Favoriten mit an scheckerten Schal,

denn seine Olde, die Kanaille, geht alle Tag am Boi,

sagt sie zu dem Schani, zum wamperten Bladen:

Fix Laudon, no a Stamperl …"

(Karl kann sich an das Lied nicht mehr genau erinnern, er lacht.)

An einige seltsame Ereignisse kann ich mich erinnern. 1945, ich war zwölf Jahre alt, nahmen Fremdarbeiter, Polen und Tschechen, die bei den Bauern als Knechte gearbeitet hatten, die Rösser und meist einen Leiterwagen dazu, stellten ein Bett drauf und fuhren auf und davon. Gefragt hatten sie nicht, ob sie das dürfen, sie nahmen das Zeug einfach und waren dahin. Dann hatten die Bauern keine Rösser mehr. Der Arminger Sepp und ich erfuhren, dass in Haag viele Rösser sind. Wir gingen zu Fuß dorthin, nein, wir rannten. In St. Valentin hatten wir schon wunde Füße, daher nahmen wir zwei Rösser, die dort standen, und ritten durch den Ort zum Schraderbach. Wir stiegen ins Wasser, es war ein heißer Tag, und kühlten uns ab. Obwohl die Pferde uns nicht kannten, blieben sie brav beim Bach stehen und galoppierten nicht davon. Die Rösser brachten wir einem Bauern zurück, dem man seine gestohlen hatte. Der Bauer lud uns zum Dank dafür zu einer guten Jause ein. Das war einmalig. Der Arminger Sepp lebt nicht mehr, leider Gottes! Wir haben damals also für die Bauern, die keine Rösser mehr hatten, Arbeitspferde organisiert, damit sie wieder ihre Felder bewirtschaften konnten. Die Rösser, die wir den Bauern brachten, mussten deutsche Soldaten zurücklassen, die sich auf dem Rückzug vor den herannahenden Russen befanden.

Die Russen im Jahr 1945 – Rettungsfahrten über die Enns

Die Russen waren damals schon bis zur Enns vorgedrungen. Der Fluss war die Demarkationslinie, die Grenze zwischen der russischen und der amerikanischen Zone. Wir wohnten in der russischen Zone, also in Niederösterreich, am östlichen Ufer der Enns. Als Schulkind musste ich im Sommer jeden Tag, bevor die Schule anfing, das Heu mit dem Rechen zusammenziehen. Mein Vater arbeitete in der Nachkriegszeit in der Ennser Zuckerfabrik. Er war dort Maschinenmeister bei den Rübenschneidemaschinen, etwas wie ein Vorarbeiter, er führte eine Partie an.

In unserem Dorf gab es drei Bauern, einer von ihnen war mein Großvater, bei ihm wohnte ich damals. Er hatte eine Kuh und ein paar Schweine. Am Sonntag gab es öfter eine Sauhaxensuppe, das war ein richtiges Festessen für uns! Die Russen nahmen sich hie und da, ohne zu fragen, Schweine, aber auch andere Sachen. Damals hieß es, die Russen hätten Österreich vom Nationalsozialismus befreit, die Frauen von der Unschuld, die Bauern von den Schweinen, vom Most und vom Schnaps. Meine Mutter wurde von russischen Besatzungssoldaten so vergewaltigt, dass sie wochenlang im Lazarett lag. Das war im Juni 1945.

Meine Freunde und ich brachten deutsche Soldaten und Nazis, die vor den Russen flüchteten und nach Amerika wollten, in einer sechs Meter langen Zille, die deutsche Marinesoldaten in der Au zurückgelassen hatten, über die Enns nach Oberösterreich, dort waren sie sicherer. Vor einigen Jahren besuchte mich ein ehemaliger deutscher Soldat, den ich in die Freiheit gerudert hatte und der sich an mich erinnern konnte. Er wollte sich bei mir bedanken. Um mich zu finden, schaltete er sogar eine Zeitung ein. Man sagte ihm schließlich, dass es der Haider Karl war, der ihn über die Enns gerudert hätte. Dieser wohne auch irgendwo bei Enns. Der Mann fragte nun überall nach mir, wurde fündig und stand plötzlich vor meiner Tür. Als er mich sah, weinte er ganz furchtbar, ich ebenso.

Als Ruderer in der Zille rettete ich so manchem das Leben, der vor den Russen geflohen war. Sicherlich hätten die Russen, wir befanden uns ja in der russischen Zone, die Leute von der SS, die ich auch hinübergerudert hatte, sofort erschossen oder nach Sibirien gebracht, wenn sie sie erwischt hätten. Wenn die Amerikaner jemanden erwischten, der über die Enns in die amerikanische Zone gelangt war, haben sie ihn in ein Lager gesperrt. Ein solches Lager war bei der Zuckerfabrik. Nach einiger Zeit ließen sie die meisten wieder frei.

Mich hat es gefreut, andere retten zu können, und das freut mich heute noch. Manche sagten, ich hätte doch die Scheiß-Nazis von den Russen fangen lassen sollen. Denen antwortete ich, das seien auch Menschen. Es gab auch anständige Leute darunter. Ich fragte nie, wer der eigentlich sei, dem ich behilflich war, über die Enns zu gelangen. Das interessierte mich nicht, denn Mensch ist Mensch. Gauner gibt es überall. Der Herrgott hat die Gauner und die Braven ziemlich gleichmäßig auf der Welt verteilt.

(Ich erzähle vom jüdischen Psychiater Viktor Frankl, der im KZ einen SS-Mann gelobt hat, weil er nett zu ihnen war. Frankl meinte, die Anständigen und Unanständigen sind überall gleich verteilt.)

Das stimmt. Dazu kann ich noch etwas aus unserem Dorf erzählen. Während des Krieges trieb die SS Gefangene durch den Ort. Ob das Juden, Kriegsgefangene oder Zwangsarbeiter waren, weiß ich nicht. Als die Bauern davon hörten, dass Gefangene durch das Dorf getrieben werden, kochten sie Erdäpfel und legten diese griffbereit an den Straßenrand, damit die armen Menschen ihren ärgsten Hunger stillen konnten. Heute sagen manche, man hätte die Gefangenen erschossen, die man dabei erwischt hätte, wenn sie die Erdäpfel genommen haben. Das kann ich zumindest bei uns im Dorf nicht bestätigen. Niemandem ist etwas passiert.

Das Essen in der Zeit der Armut – spannende Augenblicke

(Wie war es mit dem Essen am Ende des Krieges?)

Wir bekamen während des Krieges pro Tag einen Achtelliter Milch. Damals war alles rationiert. Das Brot mussten wir fünf Kilometer heimtragen. Von den großen Laiben brachen wir öfter ein Stück Rinde ab und aßen das Brot heißhungrig. Dafür gab es dann Ohrfeigen.

Nach dem Krieg war es noch schlechter, weil kein Geschäft offen war. Die Mutter war im Lazarett. Ich schoss Krähen und fing Bisamratten mit der Falle, um überhaupt etwas zu essen zu haben. Bisamratten haben ein gutes rosa Fleisch. Ich erzählte, es seien kleine Hasen. Hätte ich gesagt, es seien Bisamratten, hätte keiner das Fleisch gegessen. Einen Bieber würde ich heute jederzeit wieder essen. Auch die Krähen und Raben haben uns geschmeckt. Wir fingen Fische mit der Hand, nicht mit der Angel, und haben sie gebraten. Auch im Winter, wenn der Raaderteich zugefroren war, haben wir gefischt. Auf dem Teich lag eine Zille, um die herum war der Teich eisfrei. Dort hielten sich die Karpfen auf. Um sie fangen zu können, hielten mich Freunde an den Füßen fest. Mit dem nackten Oberkörper ließ ich mich ins Wasser, fing die Karpfen mit der Hand und schmiss sie auf das Eis. Ich war wie ein Hund, der nach Fischen taucht. Sie nannten mich einen wilden Hund, freilich mit der Absicht, dass ich noch mehr Fische fange. Es war für uns Kinder eine spannende Zeit. In der Armut wachsen die Leute zusammen.

Ich zeige dir ein Foto, wie ich damals ausgesehen habe.

(Er zeigt mir ein Bild, das er mit anderen Fotos bei sich hat. Man sieht darauf einen Burschen mit gelocktem Haar, durchtrainiert und muskulös. Ich sagte, er sei ein fescher Bua gewesen!)

Das Foto zeigt mich im Mitterwasser, einem Nebenarm der Donau, zwischen Pichling und Ennshafen. Die Fische, die wir fingen, waren Aiteln und Zander. Mich nannten die Freunde alle Tarzan.

(Er zeigt mir noch ein Bild, das ihn in Badehose zeigt. Hübsch anzuschauen sind auch die jungen Frauen, sie haben Rock und Bluse an. Ich erzähle, dass bei uns Mädchen, die sich mit den Amis einließen, als Amihuren beschimpft wurden.)

Das weiß ich eh, das war bei uns auch so.

In der französischen Fremdenlegion –
Freddy Quinn und die Flucht

1946 übersiedelte die ganze Familie nach Enns in die amerikanische Zone, weil der Vater in der Zuckerfabrik arbeitete. Bis zur Übersiedlung lebten wir in einer Wohnung mit nur zwei Räumen. Insgesamt waren wir zehn mit Mutter und Vater. Vier Kinder schliefen in einem Bett, zwei mit den Köpfen nach oben, zwei mit den Köpfen nach unten. Das kann man sich heute nicht mehr vorstellen. In der neuen Wohnung hatten Vater und Mutter ein Zimmer. Die Buben schliefen in einem eigenen Raum und die Menscher *(Mädchen)* auch, drei waren es. 1947 begann ich die Lehre als Sattler und Tapezierer. Als ich mit der Lehre fertig war, starb meine Mutter. Mein Beruf als Tapezierer interessierte mich nicht, ich übte ihn auch kaum aus. Mein Vater heiratete nach dem Trauerjahr wieder. Seine neue Frau war eine Schwester meiner Mutter. 1951 zog ich von zu Hause weg nach Vorarlberg. Auf die Idee, dorthin zu gehen, brachte mich der Böhm Rudl. Er hatte erfahren, dass beim Tunnelbau Leute gebraucht werden und man gut verdienen würde. Geschlafen haben wir in Bludesch. Lange hielt ich es dort nicht aus, ich ging daher nach ein paar Monaten wieder nach Hause. Dort aber hieß es, dass ich wegmüsse, man hätte für mich keinen Platz mehr. Die Stiefmutter wollte das so.

Ich brachte in Erfahrung, dass in Braunau-Simbach ein Kraftwerk errichtet wird und Arbeiter gebraucht werden. Wieder machte ich mich mit dem Böhm Rudl auf, diesmal nach Braunau. Wir hatten eine Gaudi und tschecherten *(tranken)* viel. Der Böhm war aber kein guter Mensch, er stahl mit einem anderen, den ich auch kannte. Ein Gendarm des dortigen Postens hatte sie beobachtet. Wir alle kannten uns aus Enns, wo der Gendarm tätig war. Dieser kam zu mir und sagte: „Karl, verzieh dich da! Du wirst es eh in der Zeitung lesen. Die beiden sind keine guten Freunde, die stehlen Autos."

Dann fuhr ich mit dem Zug wieder nach Vorarlberg. Dort wurde mir gesagt: „Geh zur französischen Fremdenlegion, dort verdienst du 16.000 Franc im Monat." In Bregenz konnte man sich bei einer Stelle für die Legion bewerben, denn Vorarlberg gehörte damals zur französischen

Besatzungszone. Von Bregenz aus ging es über Lochau am Bodensee nach Lindau und weiter nach Offenburg, das ebenfalls in der französischen Zone lag. Dort war die deutsche Zentrale der Legion.

Ich hatte meine Gitarre immer dabei. Auch Freddy Quinn, er war einige Jahre älter als ich, war bei der Fremdenlegion. Er sang und spielte im Offizierskasino und hatte damals schon einen klingenden Namen. Zu dieser Zeit kamen zahlreiche Verletzte von ihrem Einsatz zurück nach Offenburg. Dem einen fehlte die Hand, dem anderen ein Auge. Jedenfalls war es furchtbar, sie anzuschauen. Das war der Grund, dass ich nach zwei Monaten abhaute und in Richtung Heimat fuhr. Gerade noch rechtzeitig, denn am nächsten Tag wären wir mit dem Soldatentransport nach Marseille und von dort nach Algerien verlegt worden.

(Ich frage nach dem Tagesablauf bei der Fremdenlegion.)

Die zwei Monate, die ich bei der Fremdenlegion war, hatten wir noch unsere zivile Kleidung an, die nicht viel wert war. Nach dem Krieg wurde die Kleidung aus alten Soldatenmänteln hergestellt. Wir wohnten in Baracken und schliefen in Stockbetten. Um sechs Uhr in der Früh wurde man geweckt. Zum Frühstück gab es Tee und Brot. Das gemeinsame Essen nahmen wir an einem langen Tisch ein. An einem Ende stand ein Kübel mit französischem Wein. Man konnte saufen, so viel man wollte, damit man nicht viel nachdenkt. Ich bin froh, dass ich das hinter mir habe.

Mit mir war einer aus dem Mühlviertel bei der Fremdenlegion, der eine Kleinigkeit ausgefressen hatte. Einen Verbrecher hätte die Fremdenlegion nicht genommen, man hatte dort Fahndungsbücher. Es gab im Lager einen Sicherheitsoffizier, der sich die Leute genau ansah. Wenn der Verdacht bestand, dass ein Verbrecher zur Fremdenlegion kommen sollte, so wurde dies der deutschen Polizei gemeldet. Einmal wollte ein Bankräuber zur Legion, doch man kam dahinter und meldete ihn der Polizei, die ihn verhaftete. Wenn jemand Schulden hatte oder Alimente zahlen musste, wurde man schon aufgenommen, so etwas war den Keilern egal. Aber eines steht fest, ich bin froh, nicht mehr an diese Zeit denken zu müssen.

Auch Freddy Quinn verabschiedete sich bald von der Fremdenlegion. 1951 jedenfalls war er dabei, ich erinnere mich gut an ihn und lernte ihn zu dieser Zeit schätzen.

(Ich erinnere mich an ein Interview mit Freddy Quinn im Fernsehen, das Helmut Zilk mit ihm führte. Freddy Quinn erzählte, dass er als Kind bei seinem Vater in Kanada war. Seine Mutter holte ihn später nach Wien. Dort war er am Ende des Krieges Bombenmelder. Er fuhr mit dem Fahrrad durch den 8. Bezirk und meldete, wo Bomben liegen. Er war in der Albertgasse im Gymnasium. 1945 wurde er mit jungen Burschen nach Ungarn auf Urlaub geschickt. Doch bald war Ungarn Kampfgebiet. Mit deutschen Soldaten floh er in einem deutschen Militärlaster nach Westen. Als sie nach Pilsen zu den Amerikanern kamen, wollten diese sie an die Russen ausliefern, da sie nach Mitternacht angekommen waren und der Vortag der Stichtag war. Doch Freddy verlangte den Commander der Amis zu sprechen, den er in kanadischem Dialekt ansprach. Jedenfalls gelang es ihm, dass die Amerikaner ihn und die mit ihm geflohenen Soldaten aufnahmen. Wahrscheinlich rettete er den Soldaten und sich auf diese Weise das Leben. Sein weiterer Weg führte schließlich nach Hamburg, wo er in einer Bar einen Sänger traf, der langweilige Lieder vor amerikanischen Soldaten sang. Freddy gab ihm Geld, damit er aufhöre und ihn singen ließe. So begann sein Aufstieg als Sänger. Jedenfalls war er nie Matrose. In einem Interview, das er für eine Zeitung gab, meinte er, er sei in Hamburg gezeugt worden. Freddy Quinn war sportlich, er liebte den Zirkus, in dem er mitunter sogar am Hochseil auftrat. Er meinte daher einmal: „Ich bin sicher der beste Hochseilartist unter den Sängern und vielleicht sogar der beste Sänger unter den Hochseilartisten." Einmal sang Freddy Quinn in einer Bar in Hamburg, wo er griechische Volksweisen für den reichen Reeder Aristoteles Onassis im-

provisierte. Der ließ ihm tausend Dollar im Kuvert hinterlegen. So meine *Informationen über Freddy, für den ich stets Sympathien hegte und dessen Wege sich mit Karls Wegen kreuzten.)*

Angekommen bei der Fremdenlegion, mussten wir unsere Rucksäcke abgeben. Viel blieb uns dann nicht. Als ich mich von der Fremdenlegion verabschiedete, ließ ich etwas Gewand und meine Gitarre zurück. Wenn sie mich auf der Flucht erwischt hätten, hätte man mich sofort zur Straflegion gesteckt. Ich flüchtete in Autobussen, die am Heck eine Leiter hatten. Über die kletterte ich auf das Dach und legte mich oben so hin, dass man mich nicht sehen konnte. So war ich unterwegs, bis ich endlich wieder in Enns ankam. Dort schaute mich jeder schief an. Ich besaß ja nichts, man bezeichnete mich als Fechter *(Bettler)*, als „Umadumzieher" *(Vagabund)* und Falott. Ich war ziemlich arm, ich hatte nur das, was ich am Leib trug.

Zu Hause nahmen sie mich nicht auf, daher schlief ich unter der Ennsbrücke. So tief war ich gesunken. Die barmherzige Frau Steiner nahm mich dann auf. Damit ich mir Schuhe kaufen konnte, ist sie mir gutgestanden. In zwölf Monatsraten zahlte ich meine Schuhe ab. Auch das Gewand kaufte ich auf Raten. Furchtbar war das alles für mich. Die beiden Dirndl vom Jodelbauer in der Südtiroler Straße in Enns haben meine Wäsche gewaschen, gratis. Das werde ich nie vergessen! Die Bauersleute waren aus Südtirol hierhergezogen und sprachen natürlich deutsch. Sie sagten zu ihren Dirndln: „Nehmt euch ein wenig an um den Karl. Das ist eh ein armer Bub." Damals war ich am tiefsten Punkt meines Lebens angelangt. Trotzdem habe ich nie etwas gestohlen, keinen Schilling und auch sonst nichts. Das Eigentum des anderen respektierte ich, ich rührte es nie an. So bin ich von meinen Eltern erzogen worden.

(Gottfried meinte, dass Karl schwarz gefischt habe, sei auch ein Delikt.)
Ja, die Fische musste ich fangen, damit die anderen und ich etwas zu

essen hatten. Es wird dir keiner etwas tun, wenn du den Fisch mit der Hand fängst, brätst und isst.

(Ich werfe ein, dass die alten Wilderer das Wild in verbotener Weise erlegt haben, weil sie sich sagten, dass Gott allen Menschen das Recht zur Jagd gegeben habe. Ebenso ist es beim Schwarzfischen. Zur Ehre des Schwarzfischers gehört wohl, dass er die Fische mit der Hand fängt.) Um Geld zu verdienen, arbeitete ich in Kaprun, wir zementierten das Kraftwerk. Ich war dort der Koch. Eigentlich scheute ich keine Arbeit. Ich habe viel erlebt und kann heute auf ein spannendes und interessantes Leben zurückblicken.

Die Fahrt auf der Donau zum Schwarzen Meer – Schnaps und die Schweinehirtin

Mein schönstes Erlebnis war, als ich 1978 allein mit meiner Donauzille von Enns bis zum Schwarzen Meer fuhr. Damals gab es noch den Tito, den Ceaușescu und alle diese kommunistischen Systeme im Osten. Mir hat sicher auch geholfen, dass ich meine Gitarre mithatte. Mit einem Instrument in der Hand kommt man als Musikant durch fast jedes Land. Sonst hätte man mich vielleicht erschossen oder eingesperrt. Die Zille war 6 Meter lang und 1 Meter 35 cm breit. Ein Zelt führte ich mit. Ich hatte diese Fahrt gut vorbereitet.

Damals war ich schon selbstständiger Unternehmer als Bodenleger. Ich verlegte Stein, Holz und Terrazzo, habe Stiegen angefertigt und freitragende Treppen gebaut. Ich hatte das gelernt. Im Laufe von vier Jahren eignete ich mir das Wissen darüber an und legte die Prüfungen ab. In den besten Zeiten hatte ich in meiner Firma 13 Mitarbeiter beschäftigt.

Mein Traum war es immer, einmal im Leben auf der Donau durch Europa bis zum Schwarzen Meer zu fahren. Und diesen Traum erfüllte ich mir! Die Verwirklichung von Träumen ist für Menschen ganz wichtig. Fünf Wochen habe ich mir für diese Donaureise Zeit genommen. Meine Mitarbeiter waren während dieser Zeit auf Urlaub. Gestartet war ich in Enns, ruderte durch die Wachau und schließlich nach Hainburg. Ab dort schmückte ich die Zille nicht nur mit der österreichischen Flagge am Heck, sondern auch mit der tschechischen am Bug aus Höflichkeit. Damals benötigte man noch für jedes Ostland ein Visum. Ich hatte je eines für Tschechien, Ungarn, Jugoslawien, Bulgarien und Rumänien.

Meine Schifffahrt war sehr ereignisreich. Gleich nachdem ich bei Hainburg die Staatsgrenze passiert hatte, kam ein Patrouillenboot der tschechischen Polizei. „Folgen Sie mir", hat es geheißen. Ich fuhr mit dem Boot zum nächsten Kai und wartete dort. Eine Dame kam mit zwei großen Bodyguards. Sie fragte mich: „Sie fahren an das Schwarze Meer?" Ich bejahte, sie meinte nun: „Sie müssen haben eine Puschka!" Ich erwiderte: „Nix haben Puschka." Sie sagte: „Muss haben Puschka! Beim Schwarzen Meer sind Lipowaner, schlechte Leute, sie machen Zapzarap *(sie stehlen)*." Ich sagte: „Ich nix haben!" Und sie sagte: „Ich schaue." Sie stieg auf mein Boot und fand fünf Flaschen Schnaps. Sie rief: „Aha, Sie schmuggeln?" Ich erwiderte: „Ich nix schmuggeln. Das ist für mich, zur Desinfektion." Sie sah mich zweifelnd an. Ich öffnete eine Flasche und trank einen Schluck. Das macht man so, dass man zuerst trinkt, dann reichte ich ihr und den beiden Begleitern die Flasche weiter, damit auch sie trinken. Denen schmeckte es vorzüglich, innerhalb kürzester Zeit tranken wir gemeinsam einen Liter Schnaps. Dann sagte die Dame: „Dobrý *(gut)*! Fahren Sie!" Nicht nur die drei Kontrollorgane hatten einen Dampf *(waren betrunken)*, sondern auch ich.

Dann ruderte ich weiter nach Komárom. An der ungarischen Grenze hatte ich ein bemerkenswertes Erlebnis. Man sagte, ich solle hier warten, denn der Grenzbeamte sei noch nicht da. Hier führte eine Brücke über die Donau, auf der sah ich einen Milizsoldaten. Ich beobachtete,

wie ein Fischer an ihm vorbeiging und salutierte. Dann marschierte er
zur Donau und holte seine Angel heraus. Binnen kurzer Zeit hatte er einen unglaublich großen Fisch gefangen. Jetzt holte ich mein Angelzeug
heraus, das ich neben einer Steinschleuder, Flossen und Taucherbrillen
mitführte. Ich setzte meine Kappe auf und wanderte hinunter zum
Fluss. In kurzer Zeit hatte ich ein paar Fische gefangen, geputzt und
ein Lagerfeuer angefacht, um die Fische zu braten. Da kam ein Zöllner,
der mich etwas fragte, was ich nicht verstand. Ich zog die Fischerkarte
heraus und sagte: „Haider Karl, international." Der Zollbeamte war
damit zufrieden, ich hatte keine Probleme, aß gut und schlief auch gut.

Bald war ich in Jugoslawien. Vor dem Eisernen Tor, wo die Donau
zwischen engen Felswänden durchfließt, kam ich in Turbulenzen und
fuhr in einen Seitenarm. Hier fielen Bremsen über mich her, diese läs-
tigen Insekten, sie richteten mich ganz schön zu. Das war eine Qual,
das kann sich niemand vorstellen. Nach eineinhalb Stunden hatte ich
endlich das Eiserne Tor hinter mir. Es war ein schöner Herbsttag. Die
Bauern trieben gerade die Schweine zusammen und führten sie zur Donau, wo sie sich suhlen konnten und auf den Feldern genug zu fressen
hatten. Dort legte ich an. Es war ein herrlicher Anblick, wie die Schweine gemütlich am Ufer lagen. Plötzlich erblickte ich eine Schweinehirtin,
sie dürfte um die 18 Jahre alt gewesen sein. Gerne hätte ich mit dem
Madl angebandelt. Doch leider stank die junge Dame furchtbar, da sie
auf einem Saubären geritten war.

In der Nacht wird der Fluss bei der Schleuse zurückgestaut. Ich ging
hinauf, um etwas zu essen, eine Pljeskavica, so etwas wie ein Fleischla-
berl, und leistete mir ein Pivo, ein Bier. Als ich gerade aß, sah ich, wie mit
dem steigenden Wasser auch meine Zille mit der gesamten Ausrüstung
in die Höhe stieg. Einer schrie: „Problema, problema, pruson, pruson",
das heißt so viel wie „schnell, schnell". Wasser lief in die Zille, meine
Wäsche, die ich im Boot ausgebreitet hatte, schwamm davon. Ich hatte

nur mehr das, was ich am Leib trug. Ich zog mich dann aus und schöpfte das Wasser aus der Zille. Das war eine enorme Arbeit. Mein Gewand fand ich leider nicht mehr. Die Leute von der Strompolizei besorgten mir Schuhe. Ich fuhr weiter stromabwärts zur bulgarischen Grenze. Was ich nun sah, beeindruckte mich sehr, eine wunderschöne Insel. Sie gehörte noch zu Jugoslawien. Ich ruderte hin und legte an. Zu meiner Überraschung waren dort einige Polizisten. Sie fragten mich, ob ich Tourist sei, was ich bejahte. Nun musste ich warten, denn die Polizisten glaubten, ich sei ein Spion. Sie untersuchten alle meine Sachen. Ich wiederholte immer sehr selbstbewusst: „Ich bin Karl Haider, international." Folgender Spruch war eine wichtige Erfahrung in meinem Leben, er fiel mir jetzt ein: „Frisch aussa, wias drin is, net kriachn am Bauch. Ins Gsicht schaun und d' Händ gebn, is in Oberösterreich da Brauch!" Nach diesem Auftritt ließ man mich sofort weiterrudern. Man sah in mir nun keinen Spion mehr, sondern einen selbstbewussten Touristen. Am nächsten Tag fuhr ich weiter. Geschlafen hatte ich ausgezeichnet, da die Beamten auf mich aufgepasst hatten.

(Ich schaue mir Fotos von dieser Reise an, die Karl mitgebracht hat. Ein Foto zeigt ihn mit Gitarre. Auf einem anderen sieht man einen verkehrten Baum, bei dem die Wurzeln oben sind, auf wieder einem anderen Foto die Brücke von Cernavodă.)

Ich ruderte also die Grenze entlang. Nach der bulgarischen Hafenstadt erstreckt sich eine riesengroße Ebene. Bei Hochwasser dehnt sich die Donau dort bis zu 20 Kilometer über beide Ufer aus. Schließlich gelangte ich mit meiner Zille bei Silistra auf rumänisches Gebiet. Hier teilt sich die Donau in zwei große Arme. Ich beobachtete, wie das Wasser sich immer den Weg des geringsten Widerstandes sucht. Nun ruderte ich durch Cernavodă. Das ist zwar eine rumänische Stadt, aber das Wort ist eigentlich bulgarisch und bedeutet so viel wie „schwarzes Wasser". Und tatsächlich hat die Donau hier schwarzes Wasser.

Dieser Teil Rumäniens an der Donau wurde einst durch deutsche Siedler zivilisiert und bewohnbar gemacht. König Bela der Dritte hatte Sachsendeutsche 1178 in das Land gerufen, um gegen nomadisierende Stämme zu kämpfen und das Land urbar zu machen. Auch der Deutsche Ritterorden hat bei der Besiedelung Rumäniens eine wesentliche Rolle gespielt. Solche Gedanken sind mir während meiner Zillenfahrt auf der Donau durch den Kopf gegangen.

(Gottfried Kneifel unterbricht Karl und meint: „Warst du auch mit den Vampiren in Transsilvanien beisammen? Haben sie dir das Blut ausgesaugt?" Karl lacht und sagt bloß: „Ja, da gibt es viele Geschichten, aber die meisten sind Märchen. Deshalb erzähle ich darüber lieber nichts. Die Rumänen jedenfalls waren sehr nett und gastfreundlich zu mir. Ich denke gerne an diese Leute zurück. ")

König Barbarossa, der Ärger mit Mauthausen – Gedichte und Geschichten des Fährmanns

König Barbarossa zog 1190 auf seinem dritten Kreuzzug von Regensburg kommend durch Mauthausen. Als er auf der Donau nach Osten fuhr, verlangte er freie Durchfahrt, aber die Kontrollorgane waren stur und sagten, auch er müsse Maut bezahlen. So stritten sie drei Stunden, dann wurde Barbarossa zornig und ließ Mauthausen anzünden. Seitdem heißt es dort: Rote Haar und roter Bart wachsen selten auf gute Art. Später ertrank Barbarossa im Fluss Saleph. Es gibt ein Gedicht über seinen Ertrinkungstod, da war er 68 Jahre alt, für die damalige Zeit ein biblisches Alter. Für die österreichische Geschichte war Barbarossas Tod fatal. Leopold V. zog nun an der Spitze des deutschen Kontingentes in das Heilige Land und war in Akkon siegreich. Er hisste die österreichische Fahne, schließlich vertrat er Barbarossa. Dies sah Richard Löwenherz und weil Leopold von niederem Adel war, riss er die Fahne herunter und trampelte auf ihr herum. Darauf flehten alle zu Gott, er möge Richard Löwenherz bestrafen. Tatsächlich wurde dieser bestraft. Ein Sturm zog auf und es kam zum Schiffbruch. Jetzt war der Seeweg versperrt und Richard Löwenherz musste auf dem Landweg entlang der Donau weiterziehen. In Wien, in Erdberg, wurde er aufgrund seines Siegelringes erkannt. *(Ich erzähle dazu ergänzend, dass der in Akkon gegründete Deutsche Ritterorden die Farben Schwarz-Weiß trug. Diese wurden später auch die Farben des deutschen Turnvereins und der deutschen Fußballnationalmannschaft. So spannend kann Geschichte sein. Nun sagt Karl Haider ein Gedicht von Ludwig Uhland auf über einen Schwaben, der beim Feldzug Barbarossas mit Türken in Bedrängnis kam und sich tapfer wehrte.)*

Als Kaiser Rotbart lobesam
Zum heil'gen Land gezogen kam,
Da mußt er mit dem frommen Heer
Durch ein Gebirge wüst und leer.
Daselbst erhub sich große Not,
Viel Steine gab's und wenig Brot,
Und mancher deutsche Reitersmann
Hat dort den Trunk sich abgetan;
Den Pferden war's so schwer im Magen,
Fast mußte der Reiter die Mähre tragen.
Nun war ein Herr aus Schwabenland,
Von hohem Wuchs und starker Hand,
Des Rößlein war so krank und schwach,
Er zog es nur am Zaume nach;
Er hätt' es nimmer aufgegeben,
Und kostet's ihn das eigne Leben.
So blieb er bald ein gutes Stück
Hinter dem Heereszug zurück;

Da sprengten plötzlich in die Quer
Fünfzig türkische Ritter daher.
Die huben an auf ihn zu schießen,
Nach ihm zu werfen mit den Spießen.

Der wackre Schwabe forcht sich nit,
Ging seines Weges Schritt vor Schritt,
Ließ sich den Schild mit Pfeilen spicken
Und tät nur spöttisch um sich blicken,
Bis einer, dem die Zeit zu lang,
Auf ihn den krummen Säbel schwang.

    Da wallt dem Deutschen auch sein Blut,
Er trifft des Türken Pferd so gut,
Er haut ihm ab mit einem Streich
Die beiden Vorderfüß' zugleich.

Als er das Tier zu Fall gebracht,
Da faßt er erst sein Schwert mit Macht,
Er schwingt es auf des Reiters Kopf,
Haut durch bis auf den Sattelknopf,
Haut auch den Sattel noch zu Stücken
Und tief noch in des Pferdes Rücken;
Zur Rechten sieht man wie zur Linken,
Einen halben Türken heruntersinken.

    Da packt die andern kalter Graus;
Sie fliehen in alle Welt hinaus,
Und jedem ist's, als würd' ihm mitten
durch Kopf und Leib hindurchgeschnitten.
Drauf kam des Wegs 'ne Christenschar,
Die auch zurückgeblieben war;
Die sahen nun mit gutem Bedacht,
Was Arbeit unser Held gemacht.

Von denen hat's der Kaiser vernommen.
Der ließ den Schwaben vor sich kommen;
Er sprach: „Sag an, mein Ritter wert!
Wer hat dich solche Streich' gelehrt?"
Der Held bedacht sich nicht zu lang:
„Die Streiche sind bei uns im Schwang;
Sie sind bekannt im ganzen Reiche,
Man nennt sie halt nur Schwabenstreiche."
(Karl Haider rezitiert auswendig mit viel Elan und Nachdruck dieses spannende Gedicht von Ludwig Uhland. Ich bewundere ihn.)

Dieses Gedicht lernte ich in der Schule, das ist schon lange her. Richard Löwenherz wurde damals in Erdberg gefangen genommen und in Dürnstein eingesperrt. Der Sänger Blondel suchte überall nach ihm und fand ihn in Dürnstein. 1193 wurde Löwenherz freigelassen, er starb 1199. Die Mutter von Löwenherz war Eleonore von England, sie war eine fruchtbare Regentin, sie hatte zehn Kinder.

Solche Geschichten habe ich aus Büchern, die ich vor langer Zeit gelesen habe. Ich lese so etwas aber immer noch gerne. Als Fährmann erzählte ich den Leuten, die ich über die Donau gefahren habe, auch aus der Zeit der römischen Herrschaft am Donau-Limes. Zum Beispiel, dass Mark Aurel 180 nach Christus in Wien an der Pest verstorben ist oder dass Lauriacum (Lorch) 212 durch Kaiser Caracalla das Stadtrecht erhalten hat.

(Gottfried Kneifel mischt sich wieder ein: „Auf der Fähre erzählte der Karl den Leuten immer solche Geschichten. Er nahm im wahrsten Sinn des Wortes die Leute mit, von einer Seite auf die andere. Dabei gab er ihnen Geschichten nicht nur aus der Umgebung mit. Fährmann sein ist mehr als Navigieren und Witzemachen. Ein Fährmann nimmt die Leute mit und gibt ihnen etwas mit. Die Touristen an der Donau wollen Geschichten über die Region hören. Das erhöht den Reisewert.")

Als ehrenamtlicher Fährmann auf der Radfähre Ennsegg, einer Einrichtung des Tourismusverbandes, begann ich am 18. Juni 1994. Dabei erzählte ich immer Geschichten von der Donau. Sie ist der zweitlängste Strom Europas, ihr zweiter Name ist „Schicksalsstrom der Nibelungen".

(Gottfried Kneifel, der Karl schon lange kennt, findet schöne Worte für seine Erzählkunst, mit der er seine Passagiere auf der Fähre erfreute. Er sagt, wenn der Karl erzählt hat, glaubte man, König Attila reite am Treppelweg neben der Donau. Man merkte direkt, wie sein Rappe schnaubte. Gottfried schildert dazu: „Wenn der Karl solche Geschichten erzählte, hingen die Leute an seinen Lippen. Manche waren von den Erzählungen derart begeistert, dass sie mit ihm auf der Fähre nicht nur über die Donau fuhren, sondern auch wieder zurück. Die Leute schätzten es, mit Karl Haider zwischen Enns und Mauthausen überzusetzen. Vor allem für die Radtouristen ist die Fähre eine Attraktion.")

Die Motorbootfähre war zehn Meter lang, es gibt sie noch, sie wurde sogar auf drei Anlegestellen ausgeweitet: Enns, Mauthausen und St. Pantaleon direkt im Mündungsbereich der Enns in die Donau. Noch eine Qualität hatte ich als „Ennser Original". Gleichgültig, ob ein Verein, eine Gasthausgesellschaft, die Fährleute, ein Betrieb oder eine Großfamilie ein Fest veranstaltet haben, oft war ich der Saubrater. Es machte mir richtig Freude, wenn ich merkte, wie gut den Gästen die am Holzkohlengrill frisch gebratenen Spanferkel schmeckten! Die Zubereitung ist eine besondere Zeremonie, vom Kauf des Ferkels über das Würzen und langsame Braten bis zu den ersten zarten Kostproben, die den Festgästen das Wasser im Mund zusammenlaufen lassen, von den knusprigen Schwarten, die beim Hineinbeißen krachen, ganz zu schweigen. Ja, Spanferkel zubereiten kann in Enns und Umgebung kaum jemand besser als ich. Dafür hatte ich einen speziellen PKW-Anhänger samt transportablem Holzkohlengrill.

(Auch dazu fällt Karl ein passendes Gedicht ein.)

Täglich frag ich traumverloren:
ist das Schwein bereits geboren,
das in seinem Testament
mich unter den Erben nennt?
Endlich will mein Magen Grammeln
anstatt Hülsenfrüchte sammeln.
Ich will nicht jahraus, jahrein
ein Fisolenfriedhof sein,
darum werde ich auch nie
zu einem Freund der Kalorie.
Meine ganze Sympathie
hat allein das Borstenvieh.
Wenn durch meine kleine Küche
lieblich ziehen Fleischgerüche,
wenn paniert im goldnen Fett
lockend schwimmt ein Schweinskotlett,
wenn es duftet animalisch,
dann freu ich mich kannibalisch.
Und ich preis mit Kind und Frau
den Geburtstag einer Sau.
(Karl lacht.) Ist das nicht gut? Dieses Gedicht trug ich gerne beim
Saubraten vor. Jawohl!

*(Am Tag nach diesem Gespräch suche ich im Internet nach diesem Gedicht
und finde es auch. Es trägt den Titel „Kalorienlied". Geschrieben hat es im
Jahr 1945, in einer Zeit, in der es den Deutschen schlecht ging, ein gewisser
Walter Herbe. Karl dürfte dieses Gedicht derart verinnerlicht haben, dass
er es so vorträgt, als ob er es selbst verfasst hätte. Jedenfalls hat Karl meine
Sympathien, auch weil er gewisse Ähnlichkeiten in der Erzählkunst mit*

Karl May hat, mit dem Unterschied, dass die Geschichten von Karl Haider grundsätzlich stimmen.) (Ich frage Karl nach den Sprachen, in denen er sich halbwegs verständigen kann.) Rumänisch kann ich zwar nicht, aber ein bisserl Serbokroatisch, das hat mir bei meiner Fahrt auf der Donau geholfen. Außerdem kann ich ein bisserl Suaheli, aus der Zeit, als ich mich in Afrika mit der Hochseeschifffahrt beschäftigte und die Taucherprüfung ablegte. Damals lernte ich eine Afrikanerin aus Uganda kennen. Ihr Vater wurde im Krieg im Kampf gegen Deutschland eingesetzt, da Uganda zu dieser Zeit eine britische Kolonie war. Man hatte ein furchtbares Bild von den Deutschen gezeichnet, sie seien bestialisch und würden Kinder fressen, hatte man ihm gesagt. Als der Vater später einmal nach Deutschland gekommen war, sah er, wie die Deutschen wirklich sind. Er brachte Sympathien für die Deutschen auf und sah, dass nicht alle Deutschen üble Nazis waren.

(Gottfried Kneifel wirft ein, er sei beim Karl in die Lehre gegangen, dieser hätte ihn zum Fährmann auf der Donau-Radfähre ausgebildet. Danach musste er bei der Landesregierung eine Prüfung für das Schiffsführer-Patent ablegen, zuerst für ein 10-Meter-Boot, später noch eine zweite Prüfung für ein Boot von 20 Metern Länge.)

Eine gute Ausbildung ist wichtig, für einen Fährmann muss die Sicherheit über alles gehen! Das ist das erste Gebot, wichtig ist auch die Verlässlichkeit. Jede Überfahrt und jedes Anlegemanöver ist anders. Wind, Wetter, Regen, Wellengang durch die Großschifffahrt oder übermütige Sportbootfahrer sind ebenso zu beachten wie das Wohl der zahlenden Passagiere. Die Prüfung zum Fährmann, also das Schiffsführer-Patent, habe ich schon in den 1970er-Jahren erworben. Mit dem könnte ich auch im Mittelmeer und auf den Ozeanen fahren. Das traue ich mir sogar heute noch zu.

Wasser, Brennnesseln und die Musik

(Karl bewahrte sich die Freude für alles, was mit Wasser zusammenhängt, aber auch die Freude an den Pflanzen, die ihn seit früher Jugend fasziniert haben.)
Mein Leben ist die Donau und überhaupt das Wasser. Ich habe versucht, mir ein umfangreiches Wissen nicht nur auf dem Gebiet des Wassers anzueignen, sondern auch auf dem Gebiet der Pflanzenwelt. So bin ich zur Überzeugung gelangt, dass eine der gesündesten Pflanzen die Brennnessel ist. Gott bestückte sie mit Brennhaaren, damit der Mensch auf sie aufmerksam wird. Ich esse von den Brennnesseln die Blüten. Wenn man Eisenmangel hat, helfen Brennnesseln. Wir Menschen sollten viel mehr auf die alten Hausmittel, auf die Heilpflanzen und Kräuter der Apotheke Gottes zurückgreifen, der Wiesen, Wälder und Felder. Die heilende Wirkung der Brennnessel ist nur ein Beispiel von vielen.

Die Musik war für mich auch immer ein guter Lebensbegleiter! Ich brachte mir alleine das Spielen auf der Hawaiigitarre bei, ich bin sehr musikalisch, ähnlich wie mein Vater, der Flügelhorn blies.

(Gottfried Kneifel und ich beneiden Karl um seine Musikalität. Gottfried ist genauso unmusikalisch wie ich. Ich wollte bei der Kremsmünsterer Studentenkapelle gerne die Tschinellen spielen, aber nicht einmal das konnte ich. Einmal probierte ich es, man forderte mich aber sofort auf, die Idee aufzugeben. Gottfried wiederum wollte gerne die kleine Trommel spielen, aber der Kapellmeister warf ihn hinaus.)
Ich nahm drei Stunden Unterricht bei einem Musiklehrer für Hawaiigitarre. Der erklärte mir die Saiten und die Einteilung, die Noten kannte ich. Ich bat den Lehrer, er solle mir ein Lied vorspielen. Er antwortete: „Haider, ich sage Ihnen was. Im ganzen Konservatorium spielt keiner Hawaiigitarre. Ich kann Ihnen nur die Grundbegriffe erklären!" Ich meinte, dass sich dann alles andere erübrige, ich würde es selber lernen. Ich probierte daheim und übte viel. Auf einmal konnte ich auf

dieser Gitarre spielen. Ich hatte zwar keinen Verstärker, aber ein Radio, das ich als Verstärker verwendete. Beim Rösslwirt hatten sie die Fenster offen, während ich dort spielte. Auf einmal kam der Musiklehrer herein, der mich von der Straße aus gehört hatte und sagte ganz überrascht: „Ja, sagen Sie, Herr Haider, wo haben Sie denn spielen gelernt?" Ich antwortete: „Bei Ihnen." „Nein", sagte er, „bei mir nicht! Sie müssen einen anderen Lehrer gehabt haben." Nun gab ich ehrlich zu: „Ich habe es mir selber beigebracht." „Ja, ich staune nur", fügte er hinzu.

(Als ich Karl fragte, ob er heute noch Gitarre spielt, antwortete er traurig.)

Ich habe ein schweres Schicksal hinter mir. Mein Sohn verstarb im Alter von 42 Jahren. Er hatte meinen Betrieb übernommen und Tag und Nacht gearbeitet, so wie ich es als Fliesen- und Bodenleger getan hatte. Bei ihm schlugen sich die viele Arbeit und der Ärger im Geschäft auf den Magen, daran ist er gestorben. Ich habe fünf Kinder. Ein Sohn ist Fliesenlegermeister. Einer hat Gastronomie gelernt, der ist Koch und Kellner. Er wurde selbstständig und machte ein Lokal auf. Leider trank er und gab sein Geschäft auf. Jetzt ist er Lastwagenfahrer in einer Firma. Eine Tochter von mir, die Gerlinde, arbeitete im Büro einer Firma, nun ist sie in Pension. Ich habe vier Enkelkinder.

(Er macht eine Pause und sagt:)
Also lieber Herr Professor, das wäre alles, was ich zu erzählen habe.
(Ich sage abschließend, er sei ein ausgezeichneter Erzähler.)

Nachklang – Abenteuer an den Grenzen

Im Gespräch mit Karl, dem Fährmann, erfuhr ich viel über sein Leben. Ich bedankte mich bei Gottfried Kneifel, dass er mir den Kontakt ermöglicht hat. Wir saßen noch eine Zeit lang im Kaffeehaus. Ich fragte Karl Haider, welche Bedeutung Grenzen für ihn hätten, da er als Fährmann und auch als Reisender immer mit Grenzen zu tun gehabt hätte. Er meinte, er sei ein Mensch, der immer seine Grenzen ausloten wollte und im Vergleich zu vielen anderen dies auch getan hätte. Schließlich half er Menschen mit seinem Boot, Grenzen hinter sich zu lassen. Karl Haider hatte viel mit Grenzen zu tun. Als Jugendlicher nach dem Krieg lernte er die Grenze direkt an der Enns kennen, die Demarkationslinie, er erlebte den Wiederaufbau unseres Landes und die nachfolgenden Friedensjahre. Die Donau hatte für ihn eine besondere Faszination, und überhaupt das Wasser, das zu überwinden Erfahrung, Wissen, aber auch Selbstbewusstsein bringt. Elemente wie Wasser, Erde oder Feuer, so wie beim Saubraten, spielten im Leben des Karl Haider eine bedeutende Rolle. Aber auch die Bodenhaftung (von seinem Beruf her als Bodenleger) ist für ihn wichtig. Als Fährmann liebte er es, seine Gäste, die an das andere Ufer der Donau wollten und somit eine Grenze überwanden, mit Strophen aus dem Nibelungenlied zu erfreuen.

Abschließende Worte –
die Buntheit der kleinen Welten

Meinen freundlichen Gesprächspartnern, den Hauptdarstellern dieses Buches, sei herzlich gedankt, dass sie mir ihre bunten, kleinen Welten eröffneten. Gerade diese sind es, die den Kulturwissenschafter interessieren. Sie können, wie zu sehen war, höchst spannend und aufregend sein. Jene Leute, die mit Grenzen zu tun haben, sind bisweilen höchst trickreich, großzügig und voll des Witzes. Sie haben Mut, sie sind auf ihre Ehre bedacht und erfreuen sich an den Blumen, die am Wegesrand blühen.

böhlau

ROLAND GIRTLER
**STREIFZUG DURCH DEN WIENER
WURSTELPRATER**
DIE BUNTE WELT DER SCHAUSTELLER
UND WIRTE

Der Wurstelprater ist reich an Geschichte und Geschichten: Bereits kurz
nach der Öffnung des ehemaligen kaiserlichen Jagdgebiets für die Bevölkerung im Jahre 1766, begannen sich Kaffeesieder und Wirte am Rande des
weitläufigen Areals zu etablieren. Zahlreiche Vergnügungen folgten und
lockten die Stadtbewohner an. Kinder erfreuten sich an den Puppenspielen,
deren Hauptfigur der lustige Hanswurst war, der schließlich zum Namensge-
ber dieses Teils des Praters wurde. Roland Girtler nimmt seine Leserinnen
und Leser mit in den Kosmos der Schausteller und Artisten, der Seiltänzer,
Messerwerfer und Leierkastenleute. Seine Gespräche und Alltagsbeobach-
tungen ergänzt Girtler auf bekannt unterhaltsame Art um historische Quel-
len zum Wiener Wurstelprater und eröffnet so einen einzigartigen Blick auf
diese faszinierende Welt zwischen Schießbuden und Grottenbahn.

2016. 255 S. 18 S/W-ABB. GB. 135 X 210 MM | ISBN 978-3-205-20280-6

BÖHLAU VERLAG, WIESINGERSTRASSE I, A-IOIO WIEN, T:+43 I 330 24 27-0
INFO@BOEHLAU-VERLAG.COM, WWW.BOEHLAU-VERLAG.COM | WIEN KÖLN WEIMAR

böhlau

ROLDAND GIRTLER
EIGENWILLIGE KARRIEREN
WER SEINE EIGENEN WEGE GEHT, KANN NICHT
ÜBERHOLT WERDEN

Ein Privatgelehrter, der alle Vorträge und Vernissagen seiner Stadt aufsuchte, bei denen es gratis zu essen gab; Eine Puppenspielerin, die ein Wildererkochbuch herausbrachte; Ein Universitätsprofessor, der Präsident eines Mickymausclubs und angesehener Operettenforscher ist; Ein Osttiroler Bauernsohn, der zum Wildschützen wurde; Ein ehemaliger Holzknecht, der die alte Bauernkultur erlebte; Ein Urenkel von Kaiser Franz Josef, der in Bad Ischl wohnt; Eine Landlerin aus Siebenbürgen, die in Rumänien ihrer alten Kultur treu bleibt; Ein Bergretter, der viele Menschen aus ihrer Not befreite; Ein Musikant im Ausseerland, der dereinst zu den Ausseer Paschern gehörte; Ein Müllentsorger und Totengräber, der meint, er habe hunderte Menschen unter sich; Ein Bordellbesitzer, der zum Biobauern wurde; Ein Unternehmer im Wiener Prater, der die Grottenbahn rettete; Ein Kriminalbeamter, der als Kolumnist einer angesehen Kriminalzeitschrift Aufsehen erregte; Eine Wirtin in Osttirol, die offen für Rebellion und Wissenschaft eintritt, und ein Wirt im Prater, der bestes Bier anbietet. Menschen mit „Eigenwilligen Karrieren".

2011. 459 S. 17 S/W-ABB. GB. 135 X 210 MM | ISBN 978-3-205-78644-3

BÖHLAU VERLAG, WIESINGERSTRASSE 1, A-1010 WIEN, T:+43 1 330 24 27-0
INFO@BOEHLAU-VERLAG.COM, WWW.BOEHLAU-VERLAG.COM | WIEN KÖLN WEIMAR

ROLAND GIRTLER

**DER VAGABUNDIERENDE KULTUR-
WISSENSCHAFTLER**

EINE RADTOUR DURCH ÖSTERREICH,
TSCHECHIEN UND DEUTSCHLAND

Roland Girtler wettet im Wirtshaus mit seinen Freunden um ein Glas Bier,
dass er es schafft, in drei Wochen von Wien über Hamburg nach Rügen und
retour zu radeln und gleichzeitig kulturwissenschaftliche Betrachtungen über
das Reisen, Wandern und Vagabundieren niederzuschreiben. Seine Wette hat
Girtler gewonnen. Die unorthodoxe Herangehensweise an alltägliche Not-
wendigkeiten und die kommunikative Fröhlichkeit des vagabundierenden
Kulturwissenschaftlers garantieren, dass seine Beobachtungen und Erlebnis-
se in ein aufschlussreiches Lesevergnügen münden. Die beschriebene Reise
ist auch zeitgeschichtlich interessant, denn eine solche Radtour umwehte in
den frühen 1990er Jahren kurz nach Öffnung der Grenzen noch der Hauch
des exotischen Abenteuers.

2014. 284. 12 S/W-ABB. GB. 135 X 210 MM. | ISBN 978-3-205-79537-7

BÖHLAU VERLAG, WIESINGERSTRASSE I, A-IOIO WIEN, T:+43 I 330 24 27-0
INFO@BOEHLAU-VERLAG.COM, WWW.BOEHLAU-VERLAG.COM | WIEN KÖLN WEIMAR